# 신비육효

별주부 선생님은 현재 동탄 별주부 철학원에서
사주·육효·주역을 상담 및 강의를 하고 있습니다.

☎ 상담 문의 010-9373-3861

내인생은 내가 점친다!

# 신비육효

별주부 선생님

신비한 육효점 비법 공개

六爻

# 추천사

옛 어른들은 알기로는 소강절이요, 점서하면 매화역수라 하였다.

매화역수는 주역으로부터 나왔고 이 육효점도 주역으로부터 나왔다. 주역은 의리역과 상수역으로 나뉘는데, 이것은 주역을 해석하는 주요한 법으로 고래로부터 연구되어 온 방법인데 상수라는 것은 어려운 것이 아니다.

상은 본을 뜨는 것이요, 수는 그 안에 숨겨진 수학적 원리로 길흉을 밝히는 것에 불과하다. 육효는 중국 서한 시대에 경방이라는 사람이 주역 6효에 붙은 납갑에 세응을 붙여서 창안해 낸 방법으로 음양오행의 생극제화로만 길흉을 판단하는 아주 심플한 방법으로 유가에서 애용되어 왔으며, 예전엔 동전이나 솔잎을 사용하여 수를 내기도 하였는데 이를 무속인들이 신점을 보는 방법에서 사용하여 왔기에 미신시하여 온 경향이 있지만 동전이나 솔잎의 수를 세어 길흉을 판단해 온 방법은 고래로 유자들이 자주 사용하여 온 방법이었다.

여러 가지 이유로 인하여 쇠퇴 일로를 걸어 왔으나 예전 어른들은 대정수라 하여 사주와 대정작괘를 합편하여 일 년의 신수를 내시곤 하였으므로, 사실 사주를 연구하는 분들은 거의 다 사주와 육효를 연구하여 길흉의 단안으로 내어오곤 하였으나 대정수의 육효사주나 신수로 감정하는 방법은 현재에 맥이 끊기고 그만한 문장가들이 나오고 있지 않으므로 사용하는 이가 끊기고 말았으니 애석하다 하겠다.

다행히 2000년도부터 신산육효를 비롯해 여러 가지 저서들이 주를 이루고 출판을 하여 왔는데 금번에 출간을 하는 별주부 선생님은 불과 육효를 2개월 만에 습득하여 자유자재로 사용하는 경지에 이르시고는 다년간 현장과 가정에서 길흉을 연구하여 수많은 실전과 사례를 수집하고 있었습니다.

명문대학 수학과를 졸업하시고 다년간 교육의 현장에서도 경험을 쌓아 오신 수학 교육자이기도 하신 분으로 옆에서 지켜본 바 실력의 고준함이 있고 음양오행에도 확고한 신념이 계시기에 출간을 권유하고 종용하기를 수어 달, 드디어 간행을 하였으므로 이에 간략한 추천사를 대신하게 되었다.

백화산인 김역동

# 책을 내기에

무술년, 어느 가을 날 우연히 사주명리와 육효를 만나게 되었습니다. 늘 궁금했지만 알 수 없었던 내 인생의 한편을 비워 둔 채 묵묵히 해야 할 일을 반복하며 살아가던 그 즈음, 명리라는 학문과 육효를 만나 인생의 전환점을 맞게 되었고, 수많은 실관사례를 책으로 발간하게 되었습니다.

역학인이 아닌, 일반인으로 반평생을 살았기에 학문적 기초가 부족함을 잘 알고 있습니다.

야학노인과 경방, 왕홍서 등등 수많은 선학들의 가르침을 완벽히 깨우치지 못했지만, 그간 만여 개의 실관을 했고 결과가 확인 된 점사만 수록했습니다.

현대인은 원하든 아니든, 수많은 선택을 해야 합니다.

육효점이 급한 것이 더 잘 맞는다고 하지만, 현대인들은 조건을 완벽히 이해하지 못한 채 선택을 강요당합니다. 하여, 생사를 가르는 급한 것은 아니나 문점자가 절실하다면 반드시 신묘한 답을 주셨습니다.

때론 야학노인의 충과 월파 공망 복신, 고가 동효만 하겠냐고 하였으나 월파와 육충이 괘상 전체를 뒤집기도 하고, 정효에 없는 복신이 괘의 핵심인 경우도 있었습니다.

육효는 단시점이기에 월일을 핵심으로 보지만, 긴 점을 볼 때는 연간을 통변하는 것이 명확했습니다.

선학의 가르침과 고서를 더 명확히 하고자 하는 개인적 욕심에 부끄러운 실력이지만 출간하게 되었습니다.

많은 가르침을 부탁드리며, 출간을 권해 주신 사주명리의 대가 역동 선생님께 감사드립니다.

계묘년 을묘월 어느 날에
동탄 별주부에서

목
차

## 01 | 별주부 선생님의 신비한 육효 이야기

내 인생은 내가 점친다!
그럼, 어떤 것을 점칠까?
신비한 육효 이야기!

육효점은 주역의 64개의 괘에 오행을 더해 인간사의 길흉화복을 보는 점학입니다. 사서삼경의 하나인 주역에서 파생된 육효는 유학자들이 많이 쓰던 점법이며, 많은 사례가 고전에 남아 있습니다. 시작은 전쟁에 나간 자식의 안위를 묻는 것에서 출발하였으며, 3억 가지가 넘는 인간사의 답을 얻을 수 있습니다. 하루에도 무엇인가를 끊임없이 선택해야만 하는 현대인에게 가장 필요한 조언입니다.

어떤 것을 물어볼까?
우리 아이가 이번 시험에 1등할까요?
학원 선생님 / 학교 담임선생님과 잘 맞을까요?
특목고를 가야 할지 / 원하는 예체능을 밀어줘도 되는지
임용고시 합격할지 / 편입, 로스쿨 합격할지
화내고 집 나간 우리 아이 언제 돌아오나요?
우리 강아지 많이 아픈데 언제 나을지
부모님 수술이 잘될지
이번 태풍에 시골집이 괜찮은지

이 집 언제 팔릴까요? / 이 집 사면 돈 될까요?
저 사람이 동업하자는데 믿을 수 있을까요?
이 대학에 합격할까요? / 취직이 될까요?
좋은 결혼 인연 언제 오나요?
저 사람이 나에게 마음이 있나요?

## 02 | 육효점이란 무엇인가?

주역의 팔괘의 원리를 응용하여 인간의 길흉을 판단하는 점법으로, 복희씨의 하도와 주문왕의 낙서에 근거를 두고 있다. 주역의 64괘의 이름만 빌어오고 각 효마다 12지지를 붙여 오해의 생극제화만으로 길흉을 주역보다 더 정밀하게 푸는 비법이다.

## 03 | 육효의 기원과 조상들의 육효점 활용일화

육효는 한나라 때의 경방이 창시자로 알려져 있고, 유학자들의 많은 사랑을 받은 학문이다. 유학의 대성 시대였던 조선 시대 역시 많은 유학자들이 육효점을 친 것으로 알려져 있다. 이순신의 승전일화나 난중일기, 이황, 이이 등 한학자라면 대중적으로 쓰였던 점학이었다.

## 04 | 육효점 잘 치는 방법

이 책은 오행이나 사주 이론을 처음 접하는 사람도 쉽게 육효점을 치게 하는 일종의 안내서입니다. 따라서 육효의 깊은 이론이나 고전의 활용은 다음 기회로 하고, 일상에서 우리가 쉽게 자주 만나는 문제들의 점치는 방법과 풀이 방법, 실관사례로 풀어나가겠습니다.

육효점은 단순하게 핵심만 보는 것이 비법입니다.

육효는 오행의 생극제화(木生火-火生土-土生金-金生水-水生木-木剋土-土剋水-水剋火-火剋金-金剋木)만 봅니다.

**진합** 생합으로 해인합(수생목), 진유합(토생금), 오미합(화생토)

**극합** 깨지는 합으로 묘술합(목극토), 자축합(토극수)

**육충** 진술충/인신충/묘유충/사해충

월과 정효나 변효가 육충이 되는 것을 월파라고 합니다. 정효에 원하는 육친이 없으면 본궁의 납지를 붙여 복신으로 찾습니다. 복신은 월일에 대입하여 왕상, 휴수를 판단하고, 파나 치 또는 합이 되면 복신에서 풀립니다.

책에 소개되는 하늘의 비법인 월파, 공망, 고, 복신, 그리고 동효만 보아도 충분히 하늘의 소리를 들을 수 있습니다. 이후 더 숙달되면 천금부나 야학노인 점복전서 등 고전에 준한 통변을 하게 되면, 귀신도 놀라서 도망간다는 경지에 이르게 됩니다.

주제별 풀이법과 실관사례가 수록되어 있으니, 내 상황에 맞게 기준으로 보고 통변하시면 됩니다.

# 05 | 육효 기초 이론

## 팔괘

팔괘는 소성괘라고 하고, 육효는 소성괘 2개를 합친 대성괘를 씁니다.

∴ 팔괘표수록

| 8궁 기본괘 (수괘, 팔순) | 건 (乾宮) | 곤 (坤宮) | 진 (震宮) | 손 (巽宮) | 감 (坎宮) | 이 (離宮) | 간 (艮宮) | 태 (兌宮) |
|---|---|---|---|---|---|---|---|---|
| | ☰ | ☷ | ☳ | ☴ | ☵ | ☲ | ☶ | ☱ |
| | ☰ | ☷ | ☳ | ☴ | ☵ | ☲ | ☶ | ☱ |
| 상효 | 壬戌 (임술) | 癸酉 (계유) | 庚戌 (경술) | 辛卯 (신묘) | 戊子 (무자) | 己巳 (기사) | 丙寅 (병인) | 丁未 (정미) |
| 오효 | 壬申 (임신) | 癸亥 (계해) | 庚申 (경신) | 辛巳 (신사) | 戊戌 (무술) | 己未 (기미) | 丙子 (병자) | 丁酉 (정유) |
| 사효 | 壬午 (임오) | 癸丑 (계축) | 庚午 (경오) | 辛未 (신미) | 戊申 (무신) | 己酉 (기유) | 丙戌 (병술) | 丁亥 (정해) |
| 삼효 | 甲辰 (갑진) | 乙卯 (을묘) | 庚辰 (경진) | 辛酉 (신유) | 戊午 (무오) | 己亥 (기해) | 丙申 (병신) | 丁丑 (정축) |
| 이효 | 甲寅 (갑인) | 乙巳 (을사) | 庚寅 (경인) | 辛亥 (신해) | 戊辰 (무진) | 己丑 (기축) | 丙午 (병오) | 丁卯 (정묘) |
| 초효 | 甲子 (갑자) | 乙未 (을미) | 庚子 (경자) | 辛丑 (신축) | 戊寅 (무인) | 己卯 (기묘) | 丙辰 (병진) | 丁巳 (정사) |

∴ 세응표수록

| 8궁 / 세위 | 건궁 (金) | 태궁 (金) | 이궁 (火) | 진궁 (木) | 손궁 (木) | 감궁 (水) | 간궁 (土) | 곤궁 (土) |
|---|---|---|---|---|---|---|---|---|
| 상효 世 | 건<br>건위천 | 태<br>태위택 | 이<br>이위화 | 진<br>진위뢰 | 손<br>손위풍 | 감<br>감위수 | 간<br>간위산 | 곤<br>곤위지 |
| 초효 世 | 구<br>천풍구 | 곤<br>택수곤 | 여<br>화산여 | 예<br>뇌지예 | 소축<br>풍천소축 | 절<br>수택절 | 비<br>산화비 | 복<br>지뢰복 |
| 2효 世 | 돈<br>천산돈 | 췌<br>택지췌 | 정<br>화풍정 | 해<br>뇌수해 | 가인<br>풍화가인 | 둔<br>수뢰둔 | 대축<br>산천대축 | 림<br>지택림 |
| 3효 世 | 비<br>천지비 | 함<br>택산함 | 미제<br>화수미제 | 항<br>뇌풍항 | 익<br>풍뢰익 | 기제<br>수화기제 | 손<br>산택손 | 태<br>지천태 |
| 4효 世 | 관<br>풍지관 | 건<br>수산건 | 몽<br>산수몽 | 승<br>지풍승 | 무망<br>천뢰무망 | 혁<br>택화혁 | 규<br>화택규 | 대장<br>뇌천대장 |
| 5효 世 | 박<br>산지박 | 겸<br>지산겸 | 환<br>풍수환 | 정<br>수풍정 | 서합<br>화뢰서합 | 풍<br>뇌화풍 | 리<br>천택리 | 쾌<br>택천쾌 |
| 유혼 | 진<br>화지진 | 소과<br>뇌산소과 | 송<br>천수송 | 대과<br>택풍대과 | 이<br>산뢰이 | 명이<br>지화명이 | 중부<br>풍택중부 | 수<br>수천수 |
| 귀혼 | 대유<br>화천대유 | 귀매<br>뇌택귀매 | 동인<br>천화동인 | 수<br>택뢰수 | 고<br>산풍고 | 사<br>지수사 | 점<br>풍산점 | 비<br>수지비 |

## 작괘

### ∴ 괘를 얻는 방법

1) 육효점 주사위 사용

- 하늘에게 묻고 싶은 것을 고하고 무심하게(무심하게가 가장 중요합니다. 집중해서 오로지 질문에만 집중해야 깔끔한 괘가 나옵니다.) 주사위를 던진다.
- 육효 주사위는 정팔면체 2개(다른 색깔로 구입)와 정육면체 1개로 구성되고 보통 짙은 색 정팔면체를 괘효, 옅은 색을 하괘, 정육면체를 동효로 본다.

- 무심히 주사위를 던지고 각 효의 숫자대로 괘를 만든다.
- 예를 들어서 상괘가 5, 하괘가 1, 동효가 3이란 수가 나온다면 풍천소축 3효가 된다.

2) 어플 사용

「하늘도마뱀」이나 「도사폰」에서 육효점을 찾아 원하는 것을 하늘에 고하고 단시점을 사용하든가, 숫자를 직접 상괘/하괘/동효를 기입해 만든다. 어플은 우리가 굳이 통변하지 않을 것도 나오기에, 괘만 만들고 해석은 이 책에 준해서 하면 된다.

# 06 | 육효의 기본 용어 익히기

## 육친의 기본 통변

兄 형제, 동료, 돈 쓰는 글자, 라이벌

孫 자손, 편안함, 제자, 기도, 질병을 극하니, 제사, 기도, 굿, 부적의 의미도 있음

父 부모, 문서, 계약, 학업, 질병, 우울, 비, 도장

財 재물, 여자, 부인, 선물, 기쁨, 음식

官 승진, 허가, 귀신, 관재, 구설, 시비, 질병, 남편, 시체

육효는 오행의 상생 · 상극으로만 풀이합니다.

| 木生火 | 火生土 | 土生金 | 金生水 | 水生木 |
|---|---|---|---|---|
| 木剋土 | 土剋水 | 水剋火 | 火剋金 | 金剋木 |

육효의 각 효에 있는 글자들의 상생 · 상극을 풀이하면 됩니다.

나를 생해 주는 것 - 부(父)

내가 생해 주는 것 - 자손, 손(孫)

나를 극하는 것 - 관(官)

내가 극하는 것 - 재(財)

나와 같은 글자 - 형(兄)

## 세효란?

세응표에서 괘를 찾으면 각 괘마다 몇 효에 세가 있는지 봅니다. 세란, 이 점을 치는 주체로 나, 우리 편, 우리 측, 또는 나와 관계없는 점의 주인공도 될 수 있습니다. 자세한 내용은 분류별 실관사례에서 자세히 살펴보겠습니다.

## 동효란?

점의 결과의 핵심요소로 초보자는 동효만 읽어도 길흉화복을 가늠할 수 있습니다.

**동변효 해석하기**

동변효는 동효는 처음이고, 변효는 마지막 결과입니다. 짧은 점은 변효는 해석 생략 가능합니다.

| | |
|---|---|
| **형변재** | 돈 쓰고 돈 들어오다, 형제가 돈 쓰다, 꿔 준 돈 받다 |
| **형변형**<br>(진신) | 돈이 예상보다 2배 나갈 것이거나 이미 지출된 경우 |
| **형변형**<br>(퇴신) | 돈 나갈 것이 예상보다 적다, 또는 오히려 돈 굳었다 |
| **형변부** | 부모에게 돈 쓰다, 학교에 수업료 내다, 형제가 수술하다, 동료가 이사 가다 |

| | |
|---|---|
| **형변관** | 벌금 내다, 형제가 소송이나 질병에 걸리다 |
| **형변손** | 친구가 임신하다, 돈 나가고 돈 들어오다, 조카에게 돈 쓰다 |
| **손변형** | 손이 동하면 돈 들어오다, 기도하다, 굿 하느라 돈쓰다 |
| **손변손**<br>(진신) | 횡재, 복권 당첨 수, 병이 완치되다 |
| **손변손**<br>(퇴신) | 일회성으로 돈 들어온다, 한 번만 좋은 일 있다 |
| **손변부** | 자손이 수술하다, 아이에게 연락 오다, 중한 병을 앓고 있는 환자라면 편안하게 죽다, 낙태했다, 피임시술하다 |
| **손변관** | 자손이 죽다, 병이 좋아졌다 아니다의 반복, 직장을 퇴사할지, 이혼할지, 갈등의 연속 |
| **손변재** | 기쁨, 재물 모두 돈 되는 공식, 손동은 근심, 즉 관을 깨는 글자로 동하면 좋은 경우가 많다 |
| **재변형** | 돈 들어오고 돈 나가다(보통 지출이 이미 예정된 경우) |
| **재변손** | 무조건 돈 들어온다 |
| **재변재**<br>(진신) | 기쁨 2배, 재물 2배 |
| **재변재**<br>(퇴신) | 한 번 크게 돈 들어온다 |

| | |
|---|---|
| **재변관** | 관공서에서 돈 들어오다(보험금이나 적금), 남편에게 돈 들어오다, 대출금 받다 |
| **재변부** | 장학금 받다, 돈 들어오고 집 팔렸다, 부모에게 돈 받다 |
| **관변형** | 관동은 재의 힘을 빼므로 일단 돈 나간다, 남편에게 돈 나가다, 소송으로 돈 나가다 |
| **관변손** | 어려움이 해결되다, 병이 낫다, 직장 그만두다 |
| **관변부** | 관공서에서 연락 오다, 승진하고 부서 이동한다 |
| **관변재** | 관공서에서 일이나 돈 받는다 |
| **관변관**<br>(진신) | 직장이면 승진, 명예가 2배로 좋다, 돈이라면 대출금 2배, 돈 많이 나간다, 질병이 2배로 위험하다(무거워지다), 도둑맞다 |
| **관변관**<br>(퇴신) | 어려움이 멈추다, 돈 적게 나간다 |
| **부변형** | 수업료 내다, 집수리에 돈 쓰다, 부모님께 돈 쓰다, 수술비로 돈 쓰다 |
| **부변재** | 장학금 받다, 부모님이 용돈 주다, 부모님이 돌아가시다(재극인) |
| **부변관** | 회사에서 연락 오다, 계약하고 승진하다, 서류 통과되다 |
| **부변부**<br>(진신) | 공부, 시험이면 장원급제 |
| **부변부**<br>(퇴신) | 근심이 없어지다, 비가 그치다 |

진신과 퇴신은 동변효가 같은 오행으로,
인(寅)-묘(卯)가 되면 진신,
묘(卯)-인(寅)이 되면 퇴신,
해(亥)-자(子) / 진(辰)-술(戌) / 신(申)-유(酉) 이런 경우는 진신,
자(子)-해(亥) / 술(戌)-미(未) / 유(酉)-신(申) 이런 경우는 퇴신이라고 합니다.

육효점은 내 이야기면 세효를 중심으로, 나와 상대방이면 세응으로, 내 얘기가 아닌 아들, 남편, 친구 등등 타인이라면 그 타인을 용신으로 보면 됩니다.

## 공망

육효에서 공망은 하늘의 비밀을 알려주며 보통 '비어 있다, 감추는 것이 있다, 거짓이다, 준비가 되어있지 않다'로 봅니다.
공망효가 동하면 공망으로 보지 않습니다.
공망은 사람의 심리를 볼 때는 점의 기간과 상관없이 끝까지 유효하나, 기타 다른 경우는 공망이 풀리면 정효의 육친의 성격을 그대로 드러냅니다.

## 07 | 점사 보는 방법

### 신수점

나의 신수점과 타인의 신수점이 있습니다. 신수점은 나 또는 타인의 현재 상태를 보는 것으로, 월일에 대입하여 왕상, 휴수로 판단합니다.

본인의 신수점은 세효-세효에 임한 육친-월일왕상비교-동효-하늘의 비밀(월파, 공망, 고, 복신) 순서로 살핍니다.

휴수한 글자에 문제가 있으니, 휴수한 문제를 분점하면 됩니다.

세효에 어떤 글자가 와도 월일 왕상(월과 일에서 오행으로 생 받는 관계)하면 버틸 수 있다. 따라서 큰 문제가 없으므로 통변 안 해도 무방합니다.

- 세효가 휴수하면: 의지 없고 자신감 부족, 세효가 월일에 극 받으면 지금 상태가 극도로 힘든 상태, 본인 의지와 관계없이 어려운 환경에 처해 있다.
- 세효가 형이면: 약하면 돈 많이 쓴 사람, 현재 돈 없는 분
- 세효가 손이면: 약하면 돈과 자손 둘 다 문제, 강하면 재물을 원하는 강한 욕구, 또는 남편이나 직장에 문제가 있는 상태를 말합니다.
- 세효 재효: 약하면 현금 없는 분, 다이어트나 음식을 못 먹는 사람
- 세효 관효: 지병이 있거나, 돈 병, 아니면 남편이나 남친 문제를 묻습니다.
- 세효 부효: 왕상 휴수 관계없이 우울함, 마음의 병이 있다고 해석합니다.

## 타인 신수점

우리 남편은 '관(官)'으로 보고, 우리 큰아들, 딸, 조카는 '손(孫)'으로, 어머니, 시아버지, 친구 아버지, 이모 등 나의 손윗사람은 '부(父)'로 내 친구, 사촌 친척은 '형(兄)'으로 모두 육친의 왕상휴수만 보고 나쁜 글자에 극 받지 않으면 무탈합니다.

용신공망은 출장이나 현재 그 자리에 없거나, 혹은 사망의 의미도 있습니다.

# 08 | 실관 사례

## 신수점

**A 50대 중반 여자분의 신수(지산겸 5효) 인월/오일(인묘공망)**

인생을 잘 살아오신 분인데 요즘 되는 일도 없고 우울하다고 합니다. 전화기 너머의 목소리가 다 죽어가는 목소리…. 이럴 경우 당연히 신수점을 봅니다.

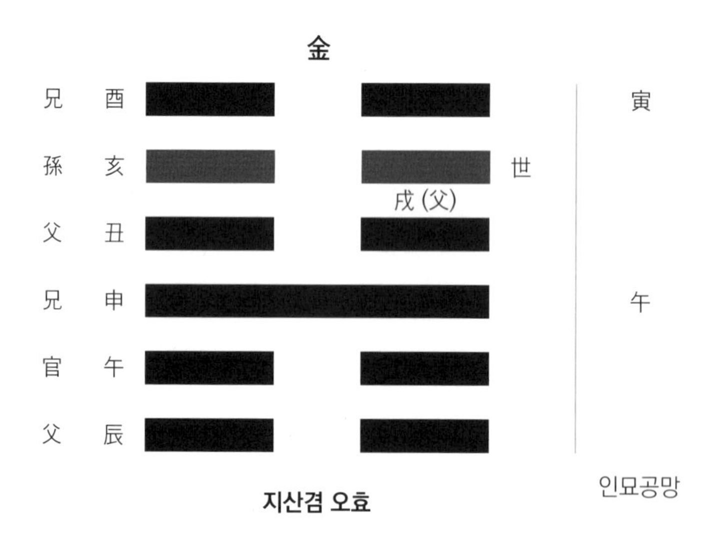


**지산겸 오효**

세효가 오효이고, 육친이 손을 잡았고 월일 모두 휴수하니 지금 힘들고 방전되어 있는 상태입니다. 하지만 월에 재물이 있고, 남편 또한 일진에 왕하고 자손도 왕하니 딱히 어려움이 없어 보입니다. 세가 동하여 손변부를 이루니 내 마음이 이랬다저랬다 하는 모습이나 열심히 움직이니, 자신감 부족으로 보입니다.

올해 들어서 일이 좀 적다고 합니다. 곧 좋아지니 걱정은 금물!!

이번 주 쉬면서 하시면 될 듯합니다.

정효에는 없으나, 저 인묘공망이 이 내담자의 부족한 재물을 보여 줍니다.

**B 신수 좀 봐 주세요.(천화동인 삼효) 인월/오일(인묘공망)**

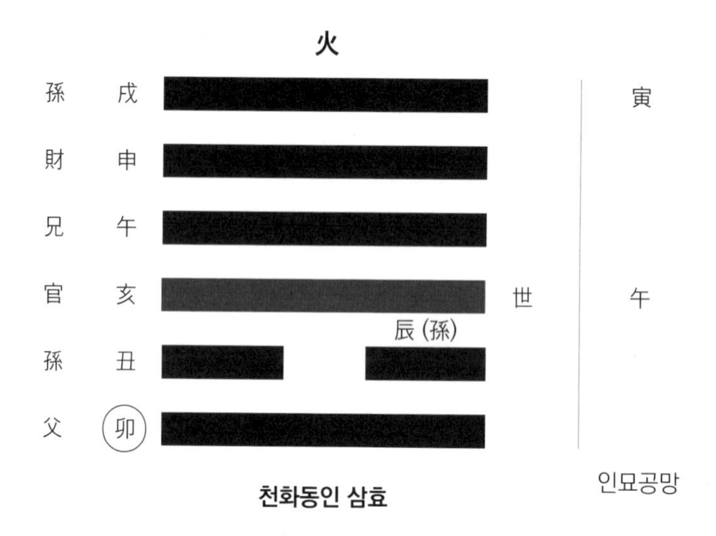


새로 영업을 준비하는 영업주님의 신수입니다. 세가 3효이고 관을 잡았으나 월과 일에 매우 휴수합니다.

즉, 사업주가 '자신이 없다' 또는 '실력이 없다'로 풀이 하는데, 자격은 있으나 처음에 돈이 많이 나가 버거운 모습입니다.

이 분은 정신과 개업의로 십여 년간 종합병원에서 근무하다 개인병원을 개원한 사람입니다. 분양 상가를 받아 오픈하려고 하는데, 신수점이라고 하나 재물의 형태도 보여주니 고전할 운입니다.

이 분은 약 5년 간 병원 영업 중인데 역시 병원이 잘 운영되지는 않는 상태입니다.

## C 이제 제 구설이 사그라들까요?(뇌지예 이효) 묘월/미일(신유공망)

일전에 직원의 고발로 직위해제가 되고, 조사를 받던 분입니다. 본인의 잘못이 있으나 최종 2개월 정직이 부당하다며 소송을 제기하려고 합니다. 본인의 신수가 알고 싶다는데….

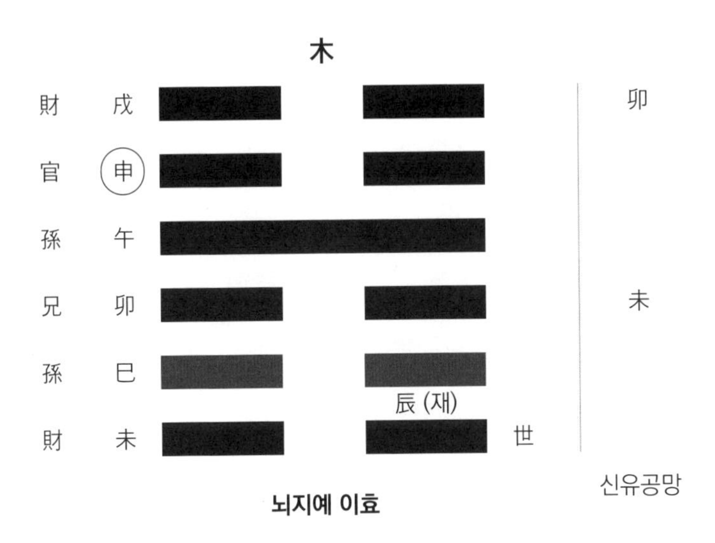

뇌지예 이효

세에 재를 잡고 초효에 임했습니다. 세가 월에 생 받아서 왕하니, '자신 있다'입니다.

이 괘는 동효는 손동으로 '근심이 없어진다'인데, 관공망을 중히 해석해서 처분을 내려줄 상급 기관이 '내 편이 아니다'로 통변했고, 실제 이 사람은 계속 회사에서 명예가 바닥에 떨어진 채로 정년만 기다리는 신세가 되었습니다.

**D 친정엄마의 신수점(산풍고 상효) 사월/사일(자축공망)**

90수에 가까우신 어머님으로 오랜 병환에 계신 분입니다. 꿈이 계속 안 좋아 부적이라도 해야겠다고 연락이 왔습니다.

"어머님의 신수는?"

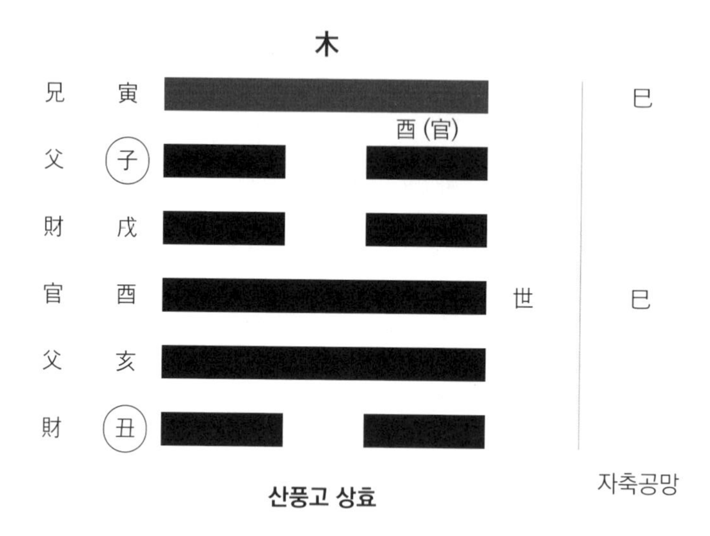

산풍고 상효

자식이 물었으니 세는 볼 필요 없이 부의 상태만 봅니다.

이효, 오효 매우 휴수한 상태로 간신히 목숨만 연명하고, 형이 동하니 노환입니다. 보통, 저리 부라는 용신에 해당하는 글자가 동시에 뜰 경우 우리는 문제 있는 글자, 즉 공망 된 글자를 어머니로 봅니다. 지금보단 가을이 되어야 더 기운을 차리실 것으로 보입니다. 이 점사는 2년 전 점사인데 아직 무탈하게 생존해 계십니다.

## E 남편의 신수점(태위택 상효) 신월/자일(오미공망)

"우리 남편 신수 좀 봐 주세요!"

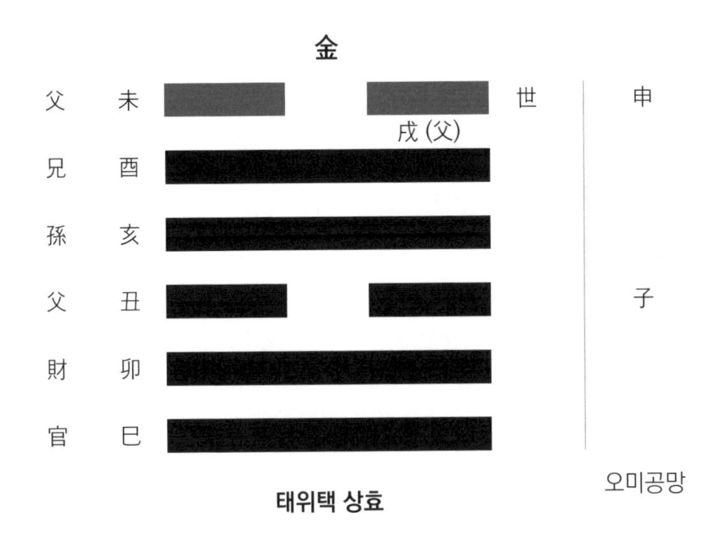


부인이 괘를 내었습니다. 사실 남편, 관이 용신이라 세는 볼 필요가 없는데, 상효 세에 임한 부인의 저 걱정스러운 마음이 잘 읽힙니다.

초효에 있는 남편은 월일 모두 휴수하나 상효인 부인은 힘들지만 배려하는 모습이 보입니다. 건강도 별로고 자신감도 없고 자식과 부인 모두 좋으나 본인만 힘든 모습입니다. 내년 상반기나 가야 좋아집니다.

이 점사의 주인공인 남편은 대기업 부장 7년 차로 계속 승진에 누락되신 분으로, 2018년 점사인데 아직도 부장으로 재직 중입니다.

**F 새로 취업한 40대 중반 여자분의 신수(뇌천대장 삼효) 해월/진일 (인묘공망)**

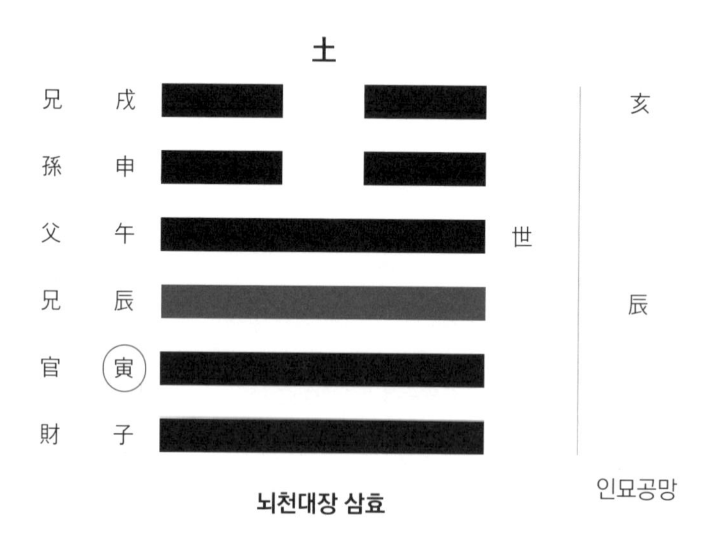

뇌천대장 삼효

몇 달 전에 오너와 성격이 안 맞아서 그만둔 여자분의 점사입니다. 세효가 사효이고, 부를 잡았으니 지금 많이 힘들고 우울합니다.

월일 모두 생을 받고 있지 못하니 지금 아무것도 못하고 있는 상태입니다. 월에 재물이 있지만 저 형효가 동하므로 계속 돈 나갈 일이 많으니 결국 이분의 우울함은 재물과 관련된 것입니다.

이렇게 형이 동하면 크게 쓰는 곳이 없어도 흐지부지 재물이 흩어집니다. 재물은 다시 재물로 분점하여 해결해 드렸습니다.

## 신년운세 보는 법

기본적으로 신수점과 같이 봅니다. 저는 경험상 월일을 그해의 메인 테마로 통변하니 잘 맞았습니다. 휴수한 육친이나, 애매한 결과는 분점이 잘 맞았으니 잘 활용해 보십시오.

**A 60대 중반인 여자분(택풍대과 상효) 자월/해일(진사공망)**

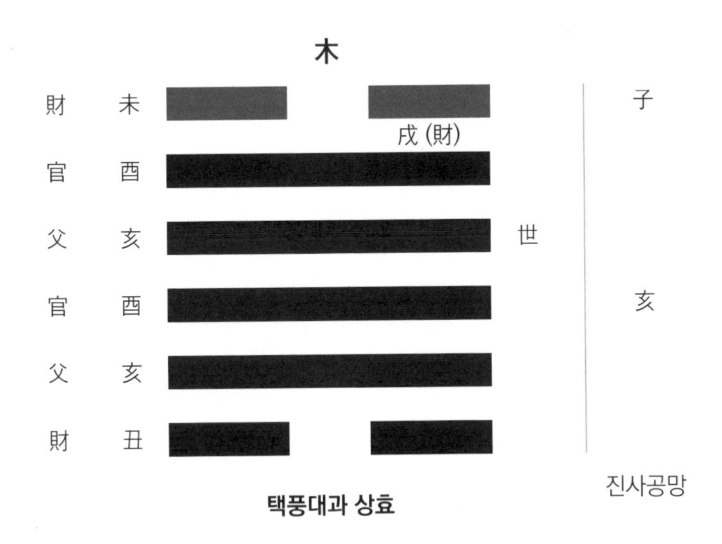


택풍대과 상효

세가 사효 부를 잡고 있고 월일 왕상하며 동효인 재가 진신됩니다. 월일 모두 부로 문서로 통변했고 실제 이분은 이해에 4개의 문서를 잡았습니다. 보통 부는 우울함이나 수술, 질병도 가능하지만 재가 진신되는 것으로 문서로 읽어 드렸습니다.

## B 고등학생의 신년운세(화천대유 초효) 자월/묘일(진사공망)

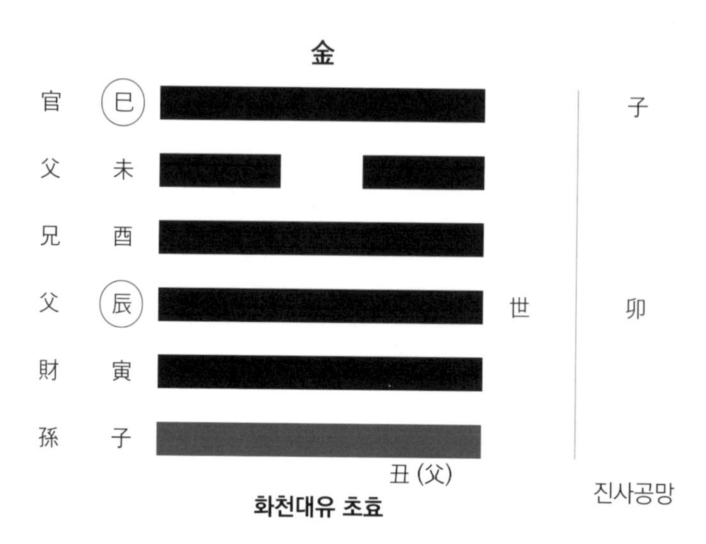


엄마가 자식의 운세를 물었습니다.

삼효 세는 큰 의미는 없으나 부를 잡았으니 걱정하는 엄마의 마음을 읽으면 됩니다.

자손은 초효에 나와 있고 동하는 모습입니다. 월에서 생 받으니 자신감 있고 동변효가 손변부니 여러 가지 자신만의 공부 방법으로 밀고 가는데….

일진이 재라 학업에 길상은 아닙니다. 저 일진에 머문 재를 해결하기 위해 학업 분점을 보면 됩니다.

## C 대학 졸업반인 아들의 신년운세(뇌화풍 상효) 묘월/사일(인묘공망)

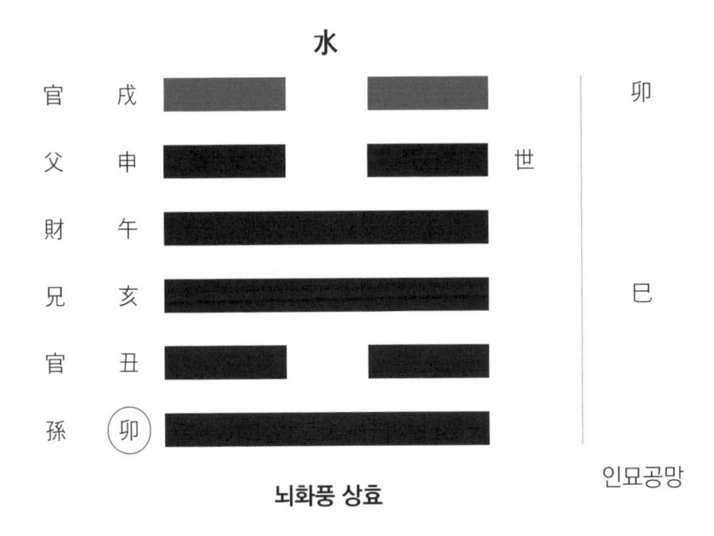

뇌화풍 상효

세는 오효 부임으로 엄마의 근심하는 모습입니다. 항상 자손을 묻는 엄마는 대부분 80%이상 저 부효를 잡습니다.

일진이 재이고, 동효가 상효 관이니 좋은 직장에 취업할 운입니다. 문제는 초효의 공망인 아들인데, 육효에서 공망은 아주 중요한 비법입니다. 충분히 좋은 직장에 갈 수 있으나 본인은 아직 크게 생각하지 않습니다.

실제 이 점사의 주인공인 아들은 부모님 회사에 경영 수업을 받으러 초여름에 입사했으니, 저 묘의 공망이 풀리고 향방을 정했습니다.

## 일진 보는 법

### ∴ 가장 점의 결과를 빨리 아는 법

문제는 평범한 일상이 많아 점의 신묘함을 못 볼 수 있다는 한계가 있습니다. 일진은 어느 괘이든 동효보다 일진을 더 중요하게 보고, 그다음 동효를 봅니다.

일진은 그날 하루의 점사이므로 변효는 크게 보지 않습니다. 일진이 명쾌한 괘가 아닌 경우가 많으나, 중차대한 일이 생기려면 극명한 괘가 나오니 일진이라도 불리한 괘가 나오면 꼭 주의해야 합니다.

**A 일진을 무시한 결과(풍천소축 상효) 자월/묘일(진사공망)**

이건 제 점사입니다.

일진은 반드시 날을 먼저 봐야 합니다. 세는 초효 부효로 왕상하나 일진이 형이라 돈 나갈 운이고, 상효 역시 돈 나가는 운이니, 아주 심상치 않은 괘입니다. 저 상효 형동은 일진에 나온 형이니 큰돈이 나간다는 뜻입니다. 설상가상으로 손공망, 재공망이라….

"이거 뭐지?? 난 돈 나갈 일 없는데?"

아무 생각 없이 괘를 풀이하고 잊고 있었는데, 저녁 8시경 부탁한 핸드폰을 찾으러 잠시 외출 후 돌아오는 길에 블랙아이스인지 뭔지 8차선 도로가 얼어서 앞 차 추돌사고를 냈습니다.

제 차는 앞 범퍼 깨지고, 앞 차 벤츠는 뒤 범퍼 날아가고….

우회전이라 속도를 줄이며 우회전 차선으로 진입했는데 브레이크 제동이 안 되었습니다.

"득… 드득… 드드득… 꽝!!!"

이 잠깐의 사고가 540만 원을 먹어 치웠습니다.

결국 손공망은 막을 방법이 없으니, 알고도 조심하지 못한 제 탓이 가장 큽니다. 이 일진의 핵심은 '돈 나가니 집에 있어라' 인데….

지금도 생각하면 속이 쓰립니다.

### B 아오, 일진이 사나워서!(택뢰수 이효) 유월/오일(자축공망)

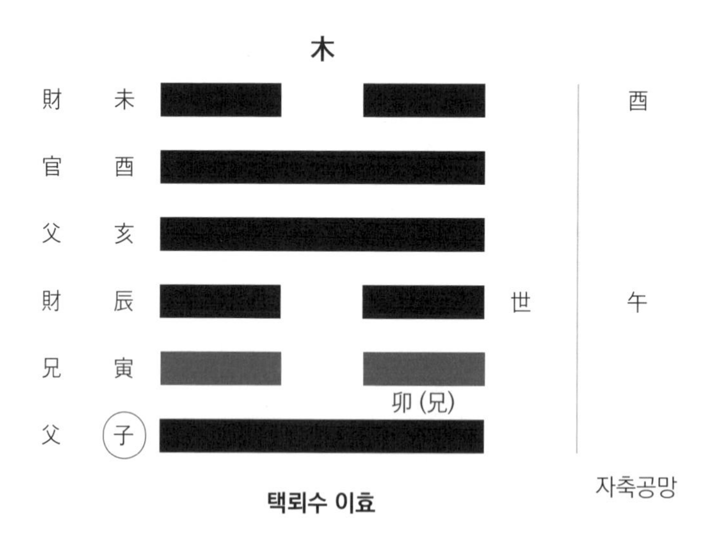


이 점사도 역시 본인의 점사입니다. 일진을 매일 물어보는 사람이 없으므로…. 세가 삼효 재를 잡고 일진이 손효. 다 좋은데 저 이효 가택효에 바로 맞습니다.

"엥?? 이게 뭐지? 오늘 꾸지뽕 따러 가는 것 말곤 없는데…."

결국 그날 오후 5시, 라면 물 끓이다가 손가락 3개 홀라당 데이고, 2주 간 레이저 치료하였습니다.

정말 일진 무시하면 안 됩니다.

## 재물점 보는 법

### ∴ 재물운

세효에 재 잡으면 일단 희망용신이기에 유리합니다. 재물점에서는 긴 점인지 기간을 정해서 볼 건지 잘 판단해야 합니다.

경험적으로 부동산은 개인의 운보다는 정책의 향방이 더 큰 변수였습니다. 따라서 길게 보는 것보단 그때그때 2~3년 주기로 보는 것이 더 정확했습니다.

재동, 손동: 무조건 길합니다.

동변효로: ○손, ○○재, 뭐든 돈 됩니다. 일회성 질문은 재가 휴수해도 돈이 들어옵니다. 돈 들어오는 날은 재가 강한 날, 공망이면 공망이 풀리는 날, 그도 아니면 재가 충이나 합하는 날 들어옵니다.

세응의 일대일 점사에서는 재동이면 깎을 수 있고 형동 관동은 상대측이 돈을 더 달라고 합니다. 상대에게 돈을 빌릴 경우 우리가 상대를 극하거나 재동 손동 모두 돈이 들어옵니다.

세효에 손효를 잡을 경우 재물을 강렬히 원하는 것으로 손이 동하지 않으면 의미가 없습니다.

사업 창업이나 회사가 잘될지 볼 때, 아파트나 토지 등 부동산 구입 시에도 일진에 재가 있으면 좋은 곳, 비싼 곳입니다.

세효 공망: '잘 모르겠다.', '나도 확신이 없다.'로 통변합니다.

## A 무신월의 재물운(수산건 사효) 신월/인일(진사공망)

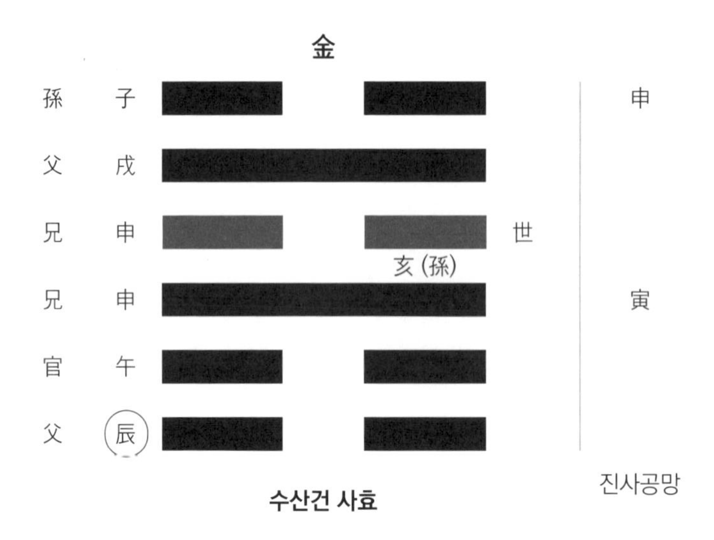


이분은 프랜차이즈 술집을 운영하시는 분으로, 남의 자본 90%를 끌어들여 장사하고 계신 분입니다. 매달 고정 비용이 이자와 같이 나가기에 매달 말일이 무서운 분입니다. 다행히 아직까지는 큰 수익이 났는데….

세가 사효에 형효가 붙었으니 돈을 많이 쓰신 분입니다. 다행히 일진에 재가 붙었으니 현금 흐름은 괜찮은데, 저 초효의 공망 문서가 보입니다. 안 팔리는 부동산이 있다고 하네요.

그래도 하늘은 '걱정 마라, 너만 사서 걱정한다.'고 하십니다.

### B 태양광 사업하려고(손위풍 삼효) 묘월/진일(신유공망)

이 태양광은 한 5-6년 엄청 많이 물어보던 점사입니다.

"새로 시작하려고 하는데… 유망할까요?"

손위풍 삼효

세가 상효이며 형효를 잡았고, 월에 생을 받고 있으니 이 일을 해본 사람입니다. 일진에 재가 있으니 돈이 되는 곳은 맞고, 문제는 저 동효인데 저리 관이 동하는 것을 보면 수익이 나지 않는 사업입니다. 신유공망은 태양광 납품 회사가 튼실하지 못한 것이니, 이 사업은 '남은 돈 벌어도 나는 어렵다.' 추천 드리지 못하는 사업입니다.

현재 태양광 회사의 영업 직원이라고 합니다. 사주상 아직 창업의 시기로 적합하지 않으니 준비의 시간이 필요합니다.

## C 이 가계 계약하면 잘될지(풍택중부 이효) 술월/해일(인묘공망)

사주에 손재주가 뛰어나신 분으로 물을 써야 하는 분이라 식당하시냐고 했더니 맞다고 하십니다. 새 가게 자리의 리스트를 가져왔습니다.

- 첫 번째 자리

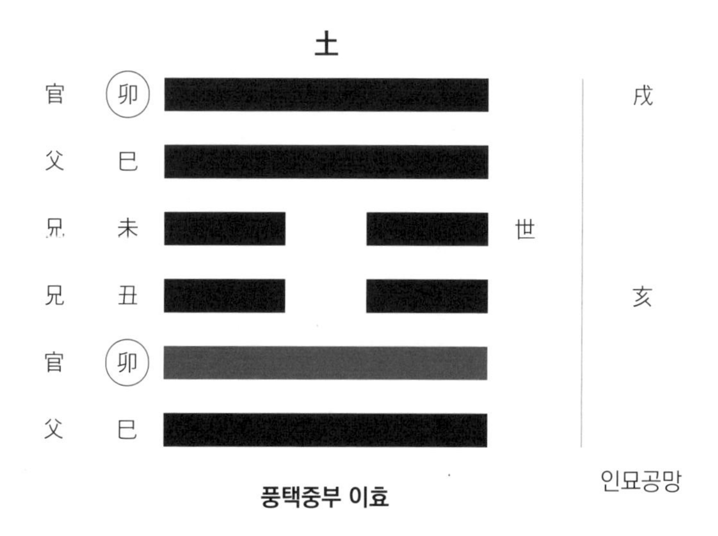


세에 형효 잡았으니 돈 많이 쓰신 분으로, 월에서 밀어주니 경력 있고 잘하시는 분, 이 정도 규모의 월세는 충분히 감당 가능합니다.

일진이 재이니 비싼 자리고, 장사 잘되는 곳입니다. 문제는 동효인데, 저리 관이 동하니 관귀의 소행이면 터를 눌러야 하고, 대출이면 부담스럽습니다.

• 두 번째 자리

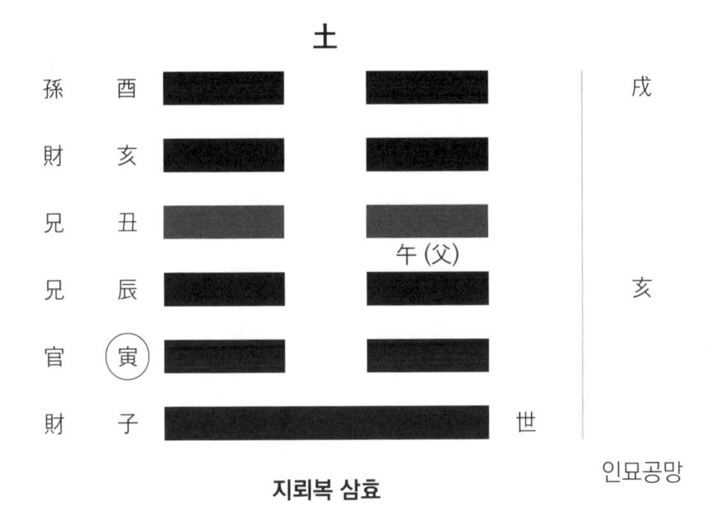


**지뢰복 삼효**

세에 초효로 재효 잡으니 좋고, 일진 재에 동효가 형변재이니 초반에는 고전해도 갈수록 돈 버는 자리입니다. 이 자리는 합격!

**D 새 사업을 시작하려고 합니다.**(풍천소축 삼효) 축월/인일(자축공망)

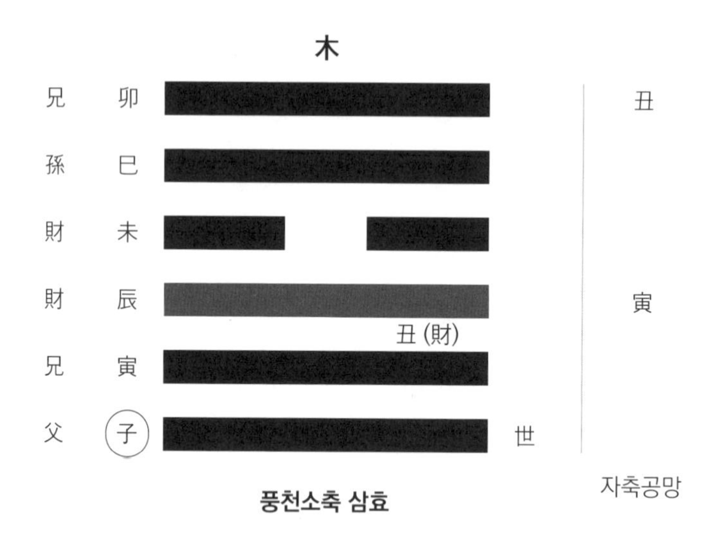


직장 생활만 20년 정도 하시다가 이제 내 사업을 해보겠다며 조기 정년하신 분의 점사입니다. 세가 초효로 부효를 잡았으며 공망에 월일 모두 휴수합니다. 이 일은 초보이며 본인도 확신이 없고 세효 부효는 힘들어 오래 유지 못 한다는 뜻입니다. 일진은 형효니 과잉 공급된 업종으로 비슷한 경쟁 상대가 너무 많습니다. 월에 재가 붙었으나 육충으로 재물이 흩어지고 동효는 재가 퇴신 되므로 사면초가인 상태입니다.

이분은 10억 정도 투자한 상태로 은행에서 약 3억을 차용하여 이자를 상환하는 중입니다. 이미 시작했으니 잘 마무리하는 것이 관건인데, 임대 기간이 있으니 이대로라면 약 5억의 손해가 예상됩니다. 이분은 실제 6개월 동안 매출이 200만 원도 안 나왔다고 합니다.

## E 프랜차이즈 창업하려고 합니다.(천산돈 이효) 축월/유일(자축공망)

무려 아홉 곳을 보고 왔는데 다 안 좋고 이게 제일 나은 곳입니다.

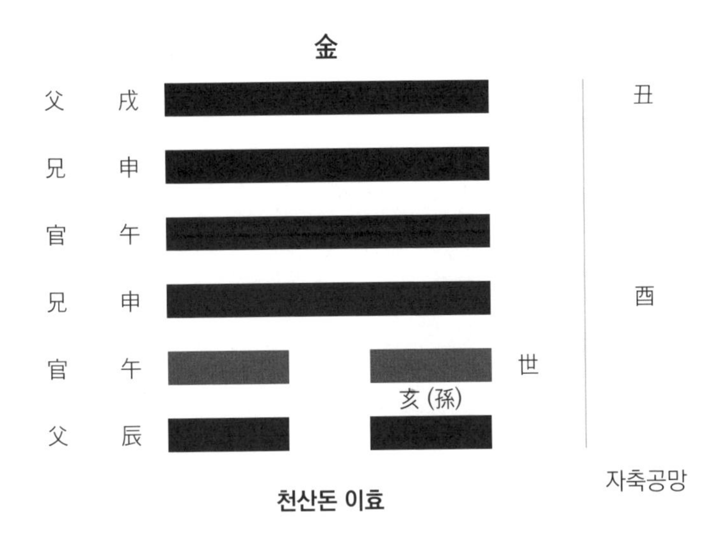


천산돈 이효

일단 일이 형효이니 비싼 자리는 아니고, 이효 세효가 월일에 생 받지 못하니 이 자리는 마음에 안 들고 돈도 별로 들어 있지 않습니다.

결국 세효가 동해서 관변손으로 움직이지요? 항상 세가 동하면 내가 움직입니다. 뭔가 결정하려고 할 때 '안 한다.', '내 마음이 바뀐다.'로 통변하시면 됩니다. 결국 이분은 아직까지 자리만 보고 계십니다.

## F 지금 하는 가게, 잘될까요?(화풍정 상효) 술월/묘일(오미공망)

유명 아웃렛 매장에서 옷가게를 하는 분들이 친구 3명과 방문하셨습니다. 휴무가 같아서 같이 오셨답니다. 이 업종은 회사에서 매장을 주는 거라 권리금 같은 것은 발생하지 않는다고 합니다.

**화풍정 상효**

세가 이효 관효를 잡고, 월 · 일에 모두 휴수합니다. 이런 경우 보통 '가게를 그만하고 싶다.'인데, 저 동효가 형변부로 움직이는 게 보입니다. '동료 따라서 나도 움직이고 싶다.' 또는 '이미 동료가 다른 곳으로 차려서 나갔다.'로 통변 가능합니다. 이 자리는 월이 손이니 일 년 중에 6개월은 장사가 됩니다. 나머지 달은 현상 유지 정도. 그렇기에 '좀 더 고급 브랜드로 단가 높은 매장을 갖고 싶다.'입니다. 일단, 핵심인 "장사 잘될까요?"의 답은 "그냥그냥 좋은 것도 아니고, 아닌 것도 아니다."

## G 또 같이 온 친구, 매장 잘될까요?(풍지관 사효) 술월/묘일(자축공망)

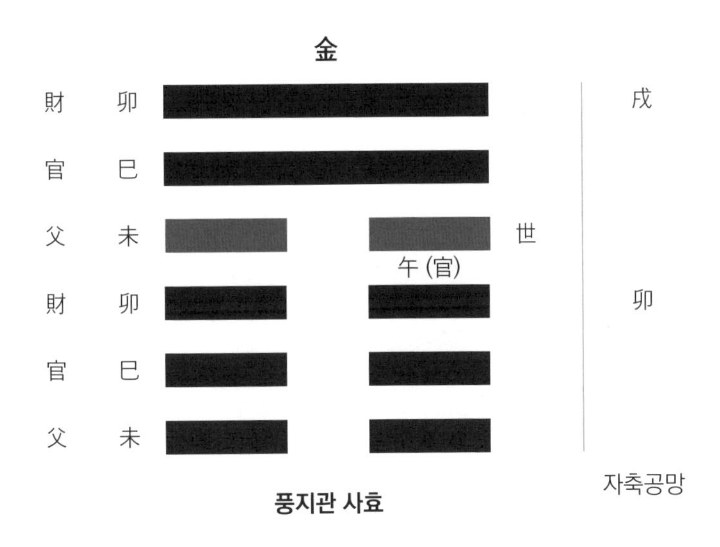


이 자리는 쏠쏠하게 돈 버는 곳입니다.

일단 일진이 재이고, 사효 세가 월에 생 받으니 영업의 귀재라 장사 수단이 제법 좋은 사람입니다. 하지만 동효가 세효로 움직이니, 이분은 여기도 잘되지만 좀 더 번화한 자리로 옮기고 싶어 하는 마음이 보입니다.

보통 가게점을 보면 이 정도로 좋은 곳은 많이 나오지 않습니다. 이보다 더 좋은 곳을 찾아야 움직이는 게 상식입니다.

이 두 분 중 첫 번째 분은 3개월 후 명동 신세계백화점으로 옮겼고, 두 번째 분은 계속 그 자리를 유지 중입니다.

## H 코로나로 개업하고 너무 힘듭니다.(수천수 삼효) 진월/자일(신유공망)

어찌하다 보니, 코로나 시국에 술장사를 시작하신 분으로 5개월 차 영업 중입니다. 평택이라 가게가 없어 잘될 거라고 확신하고 대출을 몽땅 끌어서 시작하신 분입니다.

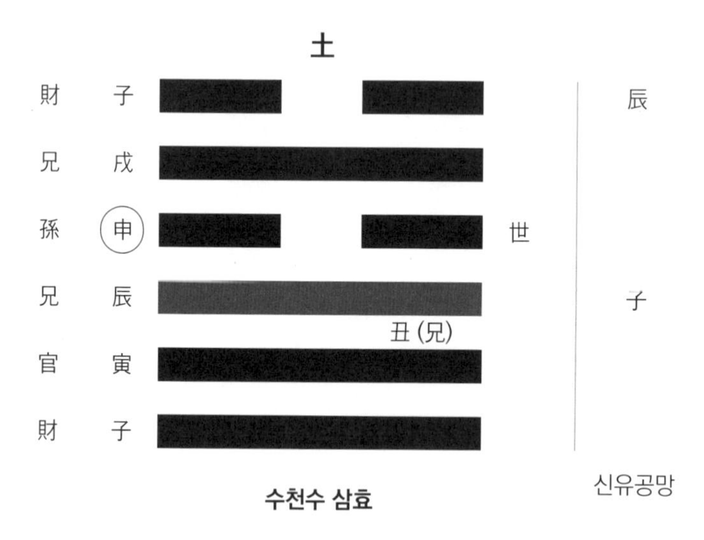


일진이 재라 좋고 세효는 사효 공망이지만, 손효를 잡았으니 재물을 강렬히 원합니다. 손효는 꼭 기억하세요. 동해야 돈이 옵니다. 손효만 잡고 있는 것은 강렬한 욕망만 보여 줍니다.

세효 공망은 나도 확신이 없을 때, 잘 모를 때 나옵니다. 동효가 삼효 형효이나 퇴신하니 약간의 매출 저하는 있으나, 일진이 든든해 큰 걱정 마시라 통변했습니다. 이곳은 아직도 지역 명소로 성업 중입니다.

## Ⅰ 20년 동안 임대업 하시는 분의 재물운(감위수 이효) 진월/자일(신유공망)

부모에게 아주 어린 시절 인천에 400평 상가 빌딩을 받아서 임대업만 하신 분입니다.

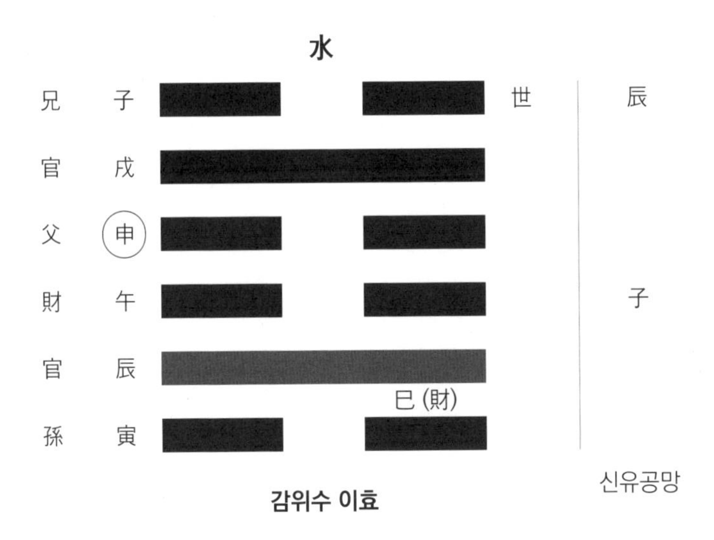

감위수 이효

세효는 상효로 형효이고, 월일에 관과 형이 있고 동효는 관변형으로, 소송으로 돈이 계속 나가는 모습입니다.

가택효가 동하니, 집이나 내가 관리하는 곳인데 본인은 대수롭지 않게 생각하고 있어서 기억나는 괘입니다.

소송 관련 실관에 또 등장하지만, 이분은 실제 임차인과 3년여의 소송 끝에 밀린 월세와 공과금도 못 받고, 아직 임차인을 내보내지도 못하고 있습니다.

## J 새로운 매장으로 옮긴 지 두 달된 분(택뢰수 초효) 진월/자일(신유공망)

이분은 앞의 옷가게 점사의 첫 번째 주인공으로, 신세계백화점 고급 브랜드 제일 좋은 자리로 입점했습니다.

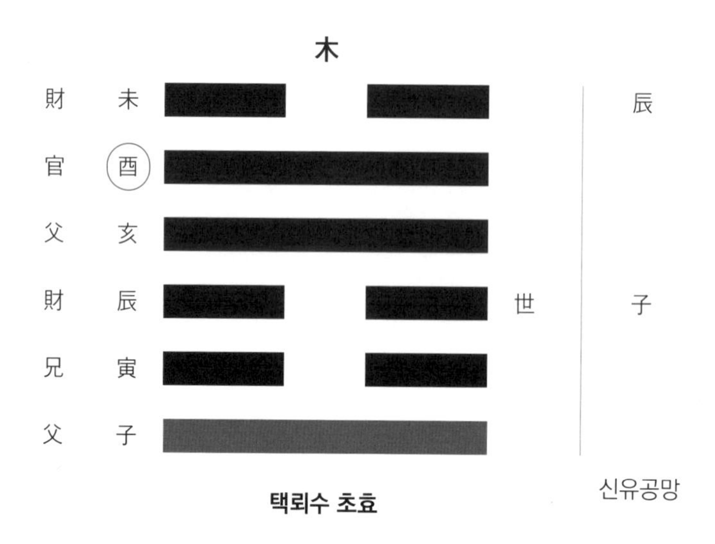


택뢰수 초효

세에 삼효로 재를 잡았으니, 희망 용신으로 좋은데 일진이 부효라 합격은 아닙니다. 손님이 제로는 아니지만, 돈 벌기는 어렵습니다.

저 관공망 또한 의심스러운데, 이 브랜드는 옷 한 벌에 천만 원은 되는지라 사모님들이 고객이 되어야 합니다. 저 동효 부효는 결국 오래 못하고 떠난다는 뜻이 있는데, 결국 1년 후에 파주 매장으로 옮겼습니다.

가게 장소나 집 살 때 부효가 동하면, 돈의 여부를 떠나 제 경험상 생각보다 빠르게 그곳을 움직이게 됩니다.

### K 50년 전통의 국수 공장 사장님의 재물운(화택규 삼효) 진월/자일 (신유공망)

부모님의 국수 공장을 대를 이어 경영하는 분입니다. 세효가 사효로 손효공망을 잡았으니, 코로나 시국에 칼국수 가게로 나가는 대형 납품이 줄어서 큰 걱정을 하는 상태입니다. 역시 내공이 있는 곳이라 괜찮습니다.

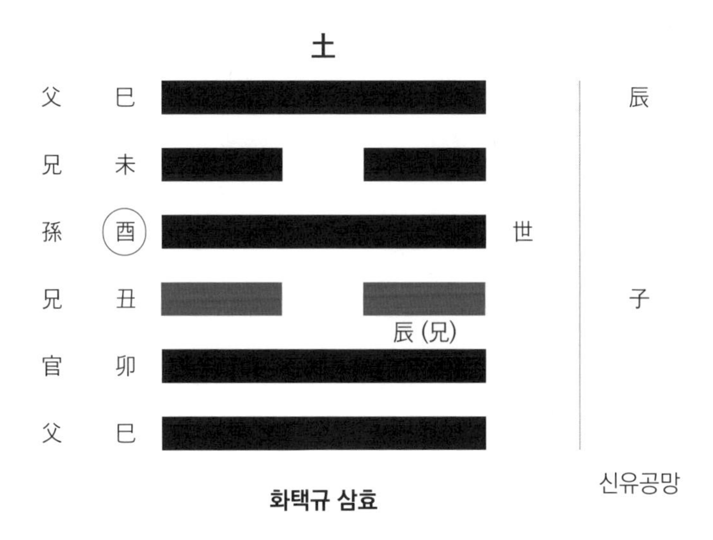


화택규 삼효

일진이 재라서 단골고객은 유지되니 걱정 없고, 동효 또한 형효가 동하나 퇴신 되니 괜찮습니다. 실제 HACCP 인증을 받으려고 설비를 다시 도입해야 해, 목돈 지출이 예정되어 있답니다.

좀 안타까운 것은 월이 형이니, 이 업종 또한 비수기와 성수기가 극명하게 나뉘는 업종입니다.

## L 부동산 개업 2개월 차 사장님의 재물운(곤위지 오효) 진월/자일(신유공망)

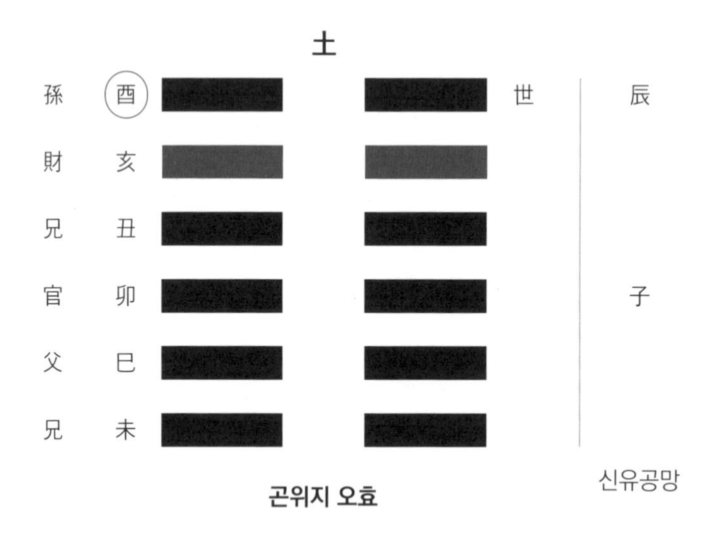


일진에 재이니 걱정 없고, 동효 또한 재물이 움직이니 걱정 근심의 이유가 없습니다. 지금도 잘되고 앞으로도 쭉 잘됩니다.

### M 남자친구의 사업이 잘될지(수천수 오효) 해월/미일(오미공망)

"중국에 있는 남자친구가 작년 초에 제가 물류 쪽 사업을 시작할 거라고 했답니다. 우연히 시작하게 됐고 계속 승승장구했는데…."

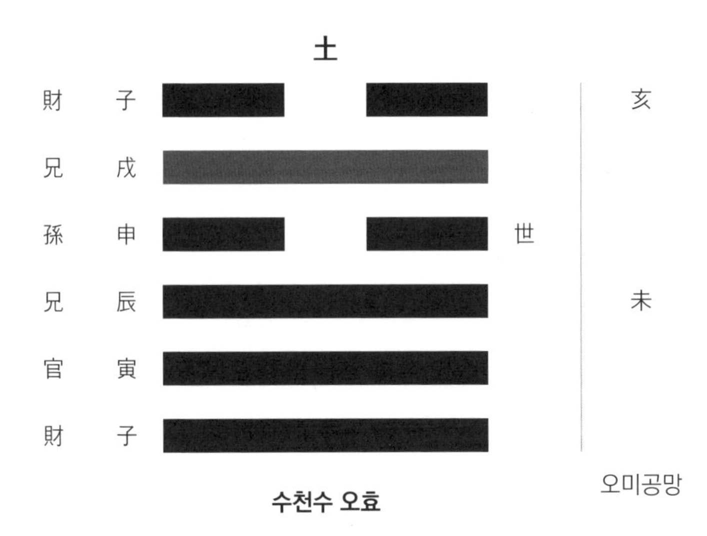

**수천수 오효**

일단 사업이 어떤지 봤습니다. 수천수 오효, 세효 삼효로 남자친구가 형효 잡고 일에 생 받으니 끌어갈 힘은 있습니다. 허나, 경쟁자도 많고 심지어 나를 꼼짝 못 하게 누르고 있습니다. 뭔가 서류를 빌미로 통관을 안 시켜 주는데…. 그나마 다음 달까지만 돈이 보이고 그다음에는 문 닫아야 할 형편입니다.

마메도*****

남자친구 이름이 너무 어려워서 기억도 안 납니다. 아랍계 사람인데, 그쪽에도 무속인이 많다고 합니다. 아는 한국 동생을 통해 유명한 무당에게 봤는데 육효와 똑같은 점괘를 받았다고 합니다.

"760만 원의 치성을 권유받았는데
남자친구가 하고 싶다는데, 효과가 있을지…."

그거야 본인 마음입니다. 정성으로 하려고 했으면 하면 되는 것이지, 미리 간 볼 필요가 없습니다.

### N 매출이 너무 안 나와요.(뇌화풍 이효) 진월/술일(인묘공망)

1월까지는 동업자와 했는데 지금은 아르바이트생으로만 운영하고 본인은 다른 매장에 신경 써야 합니다. 가게의 계약 기간은 11월 말까지인데, 직원들 4대보험이나 비용을 생각하면 빨리 접고 싶다고 합니다.

일단 본인이 최소 원하는 순수익은 한 달에 150만 원입니다.

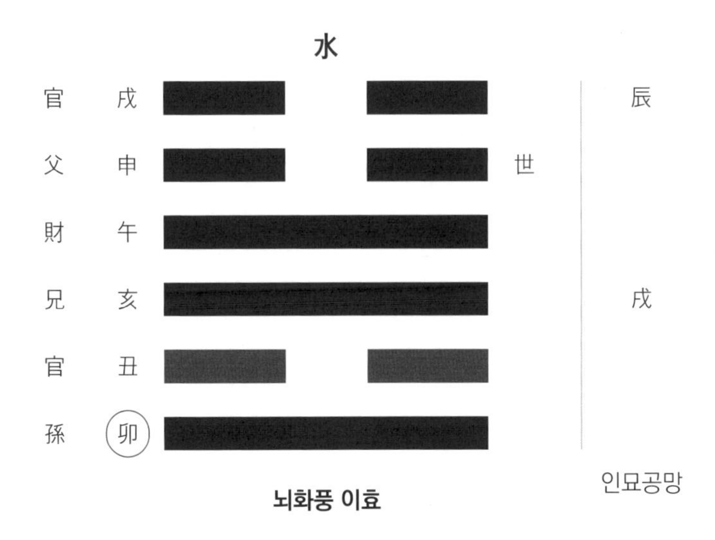


아이고, 이런…. 이효가 관효 동효로 어림도 없습니다.

그럼 월에 백??

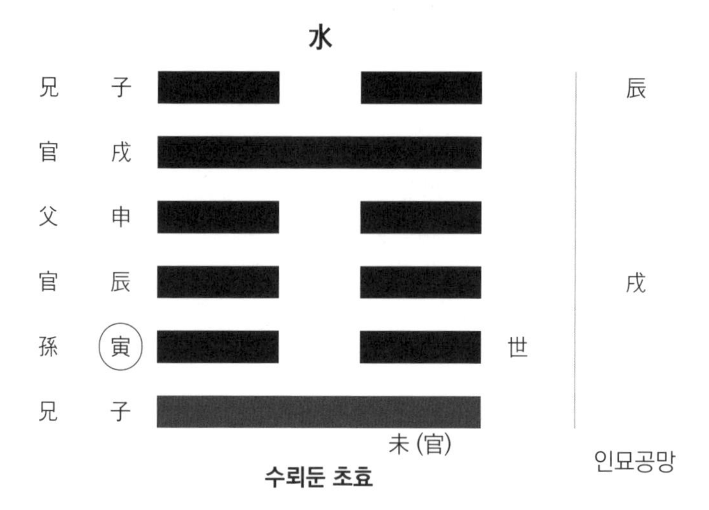

수뢰둔 초효

아이고, 이런….

그럼 오… 십??

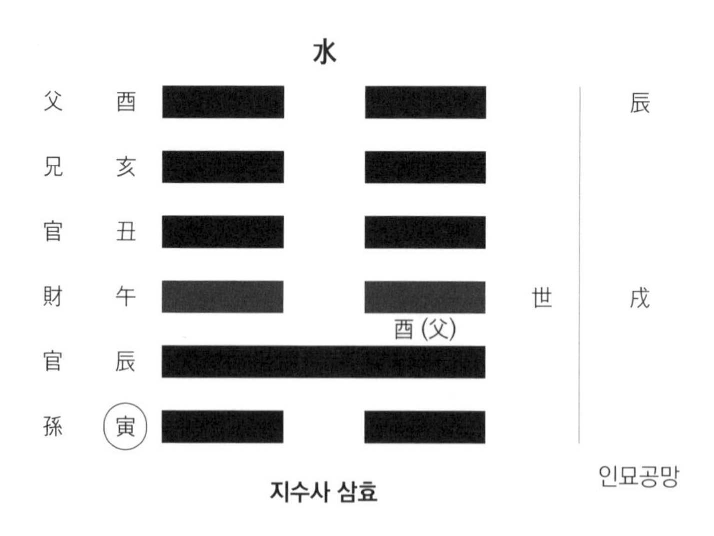

지수사 삼효

겨우 한 달에 오십만 원 건지려나 봅니다.

이건 그냥 자선 사업 수준이니, 겨울이나 되어야 매상이 오릅니다.

## O 병오월 문서운(화수미제 사효) 오월/인일(오미공망)

동탄 어드매쯤 오피스인지 부동산 분양만 전문적으로 하시는 분입니다.

"이달에 계약 20개 쓸 수 있을까요?"

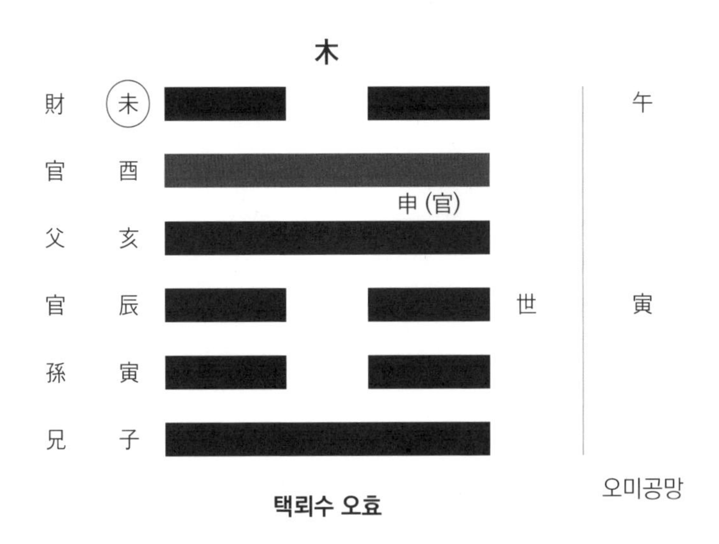

택뢰수 오효

세효 삼효로 재효 잡고 월에서 생 받으니 좋습니다. 돈이 왕하니 좋은데, 오효의 관동이 좀 꺼림칙하지요?

20개보다는 덜 나온다는데, 본인은 확실한 것이 좋답니다.

"15개는 가능할까요?"

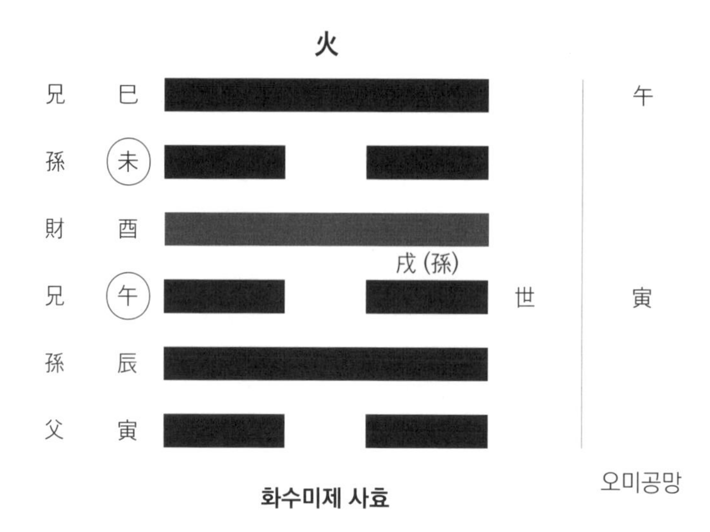

화수미제 사효

동효가 재효로 왕성하게 움직이지요?? 이건 충분합니다.

또 다른 사업장, 여기는 목표가 3개랍니다.

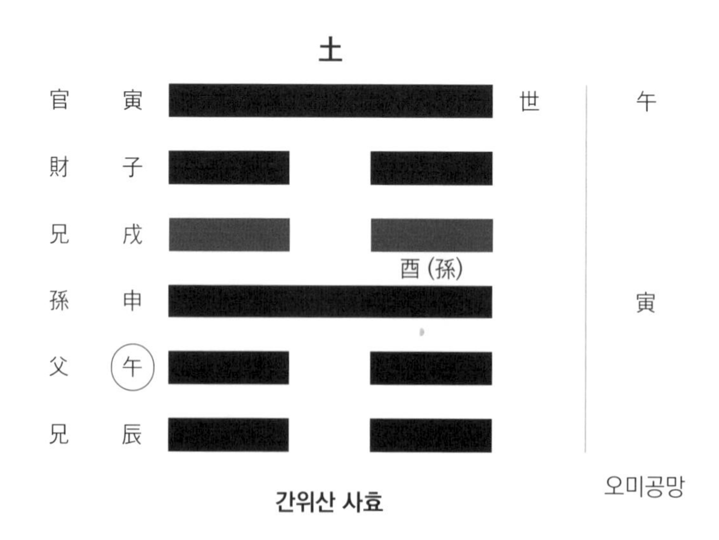

간위산 사효

이런… 어림도 없으니 헛물켜지 마라. 되는 곳만 주력하기로 했습니다.

**P 이 직원 괜찮은가요?(뇌수해 오효) 술월/인일(자축공망)**

질문 그대로 백화점에서 옷 매장을 하시는 분입니다.

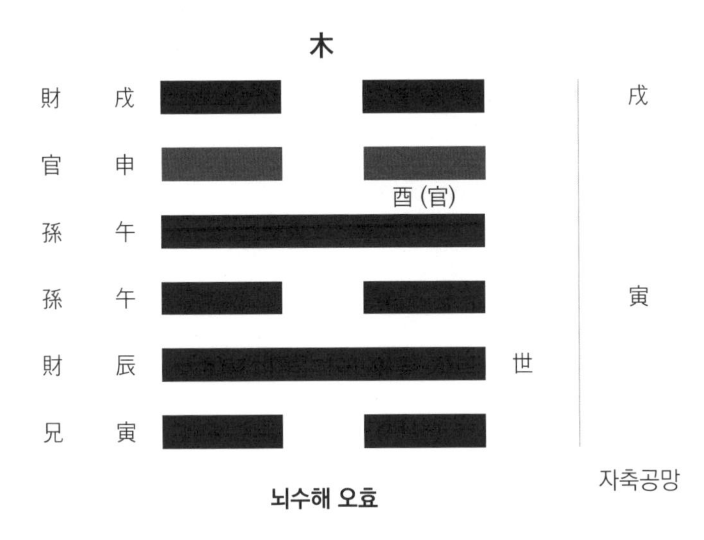

뇌수해 오효

저 오효 관효는 동하니 구설, 소문인데 데려오면 말이 많습니다. 직원은 재효로 월에 생 받으니 실력이 있는 사람입니다. 아마 뒷말이 나올 겁니다. 백화점 내에 다른 매장 직원인데 이미 다 말 해 놓은 상태라고 합니다.

"에이, 미리 다 결정하고 뭐 하러 점을 봅니까?
점괘가 나쁘다고 상황을 바꿀 수도 없고."

관이 진신 되니 말이 엄청 많겠으나, 결정된 것이니 별 도리가 없습니다.

"매장 매출은 어떨까요?"

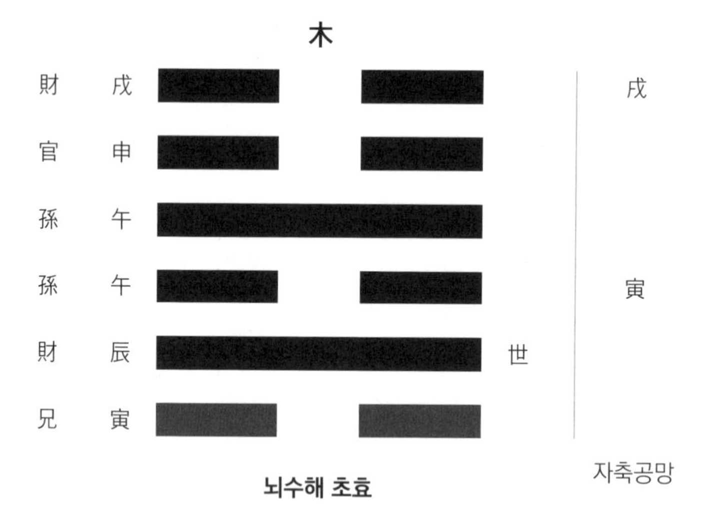

**뇌수해 초효**

세효 이효로 돈은 잡았으니 매출은 좀 나오지만, 술월까지만 보입니다. 통상 의류는 겨울 매출로 일 년을 버틴다는데 저 괘는 해월부터는 쭉 내리막입니다.

## Q 8월에 분양받은 아파트입주입니다.(화산려 이효) 오월/인일(진사공망)

현재는 월세가 좀 나오는 다가구를 소유하고 계신 분이 이사 갈 집이 어떤지 물었습니다.

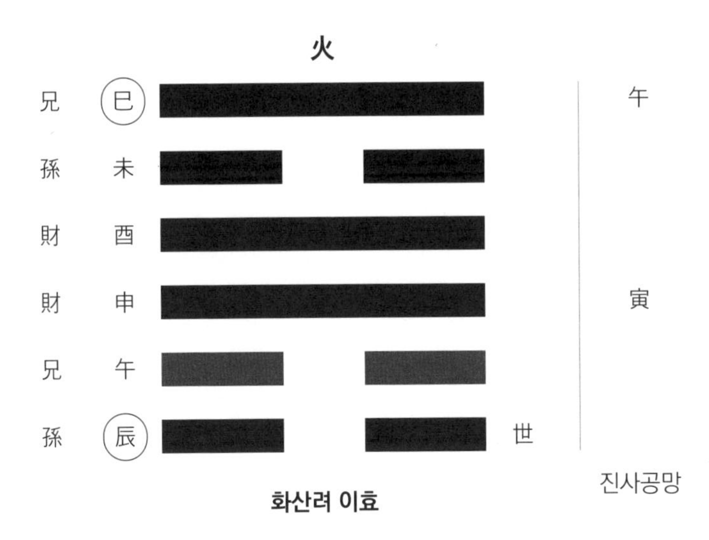


화산려 이효

이 경우는 이효는 가택효, 오효는 가족효로 이효와 오효와의 관계만 봅니다. 이효가 오효를 화생토로 생해 주지요? 편안한 집입니다.

흠이라면 형효가 동하니 유지비가 많이 드는 곳입니다.

올해 퇴직하는 분으로 연금과 월세로 먹고살 만하니 그냥 다가구에 머물자는 남편과 새집으로 가고 싶은 부인의 마음이 엇갈려 오시게 됐답니다.

**R 청라에 있는 오피스텔로 이사할 예정입니다.(산화비 사효) 진월/신일(오미공망)**

"이 집에서 편안할까요?"

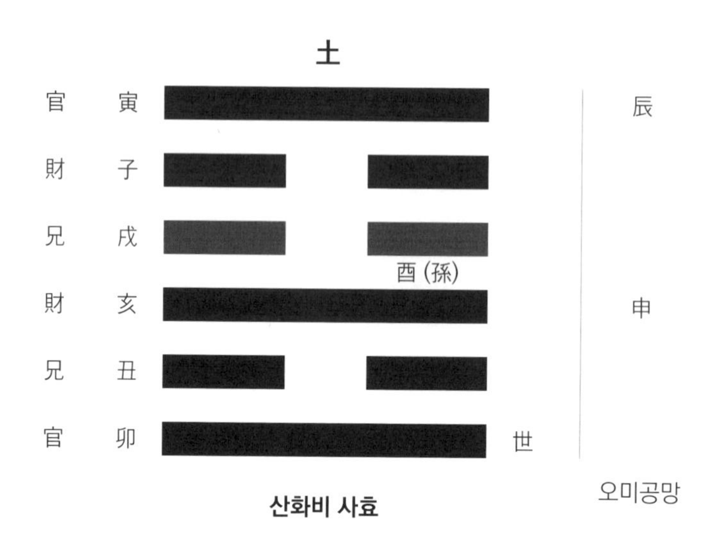


**산화비 사효**

이효와 오효만 봅니다. 이효는 형효 가택효, 오효는 재효 가족으로 이 사람은 본인 혼자 토극수로 극 받고 동효는 형효로 역시 내 재물을 빼 갑니다. 절대 가면 안 되는 집입니다. 관재와 구설로 가득한 집으로 흉가입니다.

당연히 Pass!

## S 이사 가려고 집 보고 왔어요.(풍지관 사효) 해월/유일(인묘공망)

일전에 '현재 사는 집터가 너무 세다'고 나왔는데, 실제 이 가족들은 그 집에 사는 4년 동안 방에서는 못 자고 거실에서 온 가족이 지냈다고 합니다. 가끔 꿈인지 생시인지 이상한 사람들이 보이기도 하고, 잠을 깊게 못 자고, 아이들이 자주 놀라서 그냥 이 집이 우리랑 안 맞는다고 생각했다고 합니다. 대단한 분이시지요?

깜짝 놀라며 이게 그런 거냐며… 자신도 자주 느낀다고 합니다(이상한 그림자나 오싹한 느낌).

이사를 권유해 집을 보고 왔습니다.

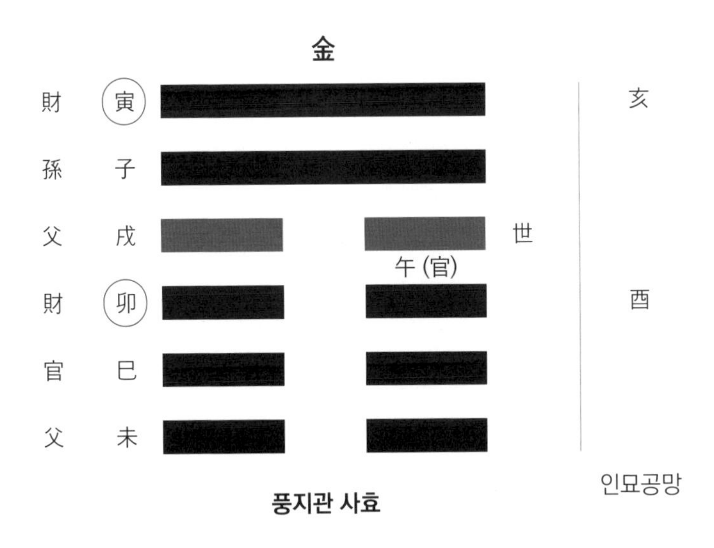

풍지관 사효

첫째 집은 풍지관 사효. 전셋집이니 편안한지만 봤습니다.

이효 가택효로 관효 관귀가 있네요. 오효 가족효로 손효 수극화로 가족이 편안할 것이지만, 저 동효 술토가 우리 자수를 극 해서 이 집은 관귀가 빨리 이사 가라고 내쫓는 집으로, 힘들게 살다 나옵니다.

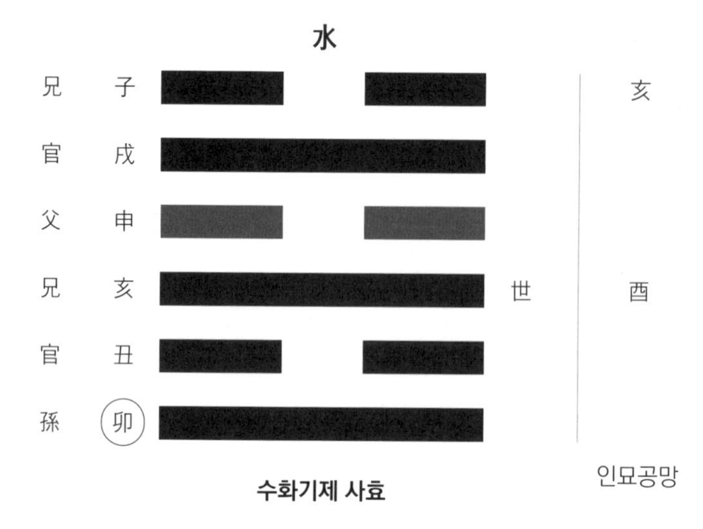


수화기제 사효

두 번째 집은 수화기제 사효. 이 집은 무해무덕하니 큰 문제없는 집입니다. 이 집으로 12월 초에 이사를 결정했습니다.

남편이 외국에서 근무해 아기 둘과 이사할 엄두가 안 나서 집이 이상해도 계속 이사를 미뤘는데, 더는 못 미루겠다며 무서워서 그동안 온 가족이 방에 안 들어갔다고 합니다.

## T 이사 운이 있을까요?(택뢰수 삼효) 해월/미일(신유공망)

소개로 전화하셨다는 분입니다. 올해 말이나 내년에 이사하고 싶은데, 원래는 갈 곳이 정해지고 점단해야 더 정확한데 일단 가택이 움직이는지만 봤습니다.

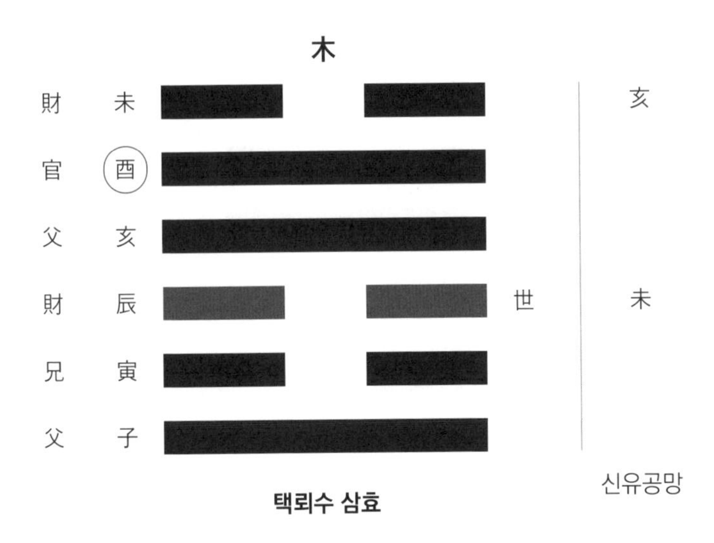

택뢰수 삼효

세효 삼효 재효로 가고는 싶은데 가택 이효는 요지부동입니다.

관공망으로 봐서 남편은 이사하고 싶지 않으니 내년 운이 오면 다시 재점하라 했습니다.

"결혼 1년 차인데 아기는 언제 올까요?"

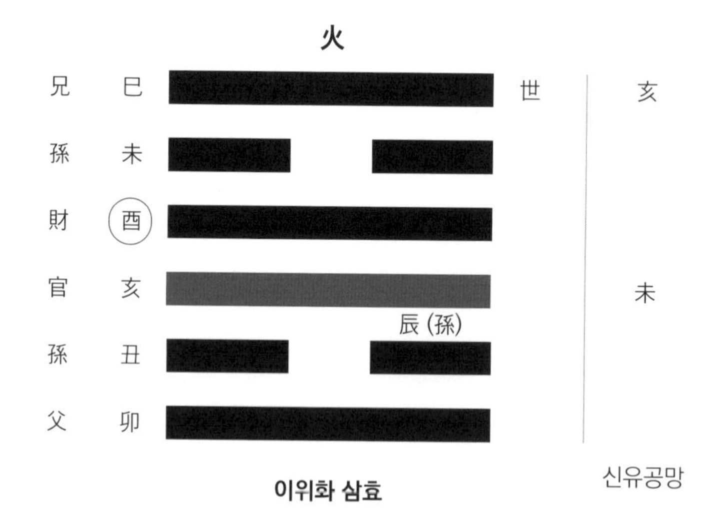

**이위화 삼효**

자손이 왕하니 바로 생기는데 문제는 저 동하는 관효입니다.

"남편의 사정으로 계속 미뤄지는데??" 했더니 깜짝 놀라며 남편이 직업 군인이고 떨어져 있어 계속 기회가 미뤄졌다고 합니다.

### U 공사 대금 언제 받을까요?(풍산점 삼효) 묘월/진일(술해공망)

대리석 납품을 하는 분의 점사입니다. 소송을 한 상태로 납품한 대금을 못 받아 현재 아르바이트 중입니다.

다른 모든 사업은 정리가 되었고 이 건의 금액이 너무 커서 이 일이 해결되어야 집도 이사 가고 빚도 갚는데….

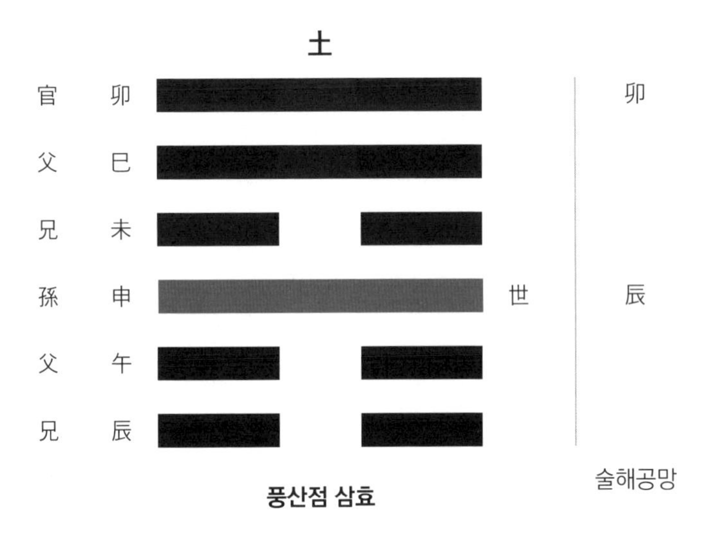


풍산점 삼효

세효 삼효로 손효 잡았으니 꼭 받아야 하는 절실함이 보입니다. 하지만 동효는 관효로 한 푼도 못 받습니다. 마지막 대법원 판결이 남았는데, 지급명령을 받아도 핵심인 내 돈은 안 나옵니다.

그렇다면 대금을 줘야 하는 업체의 현 상황은?

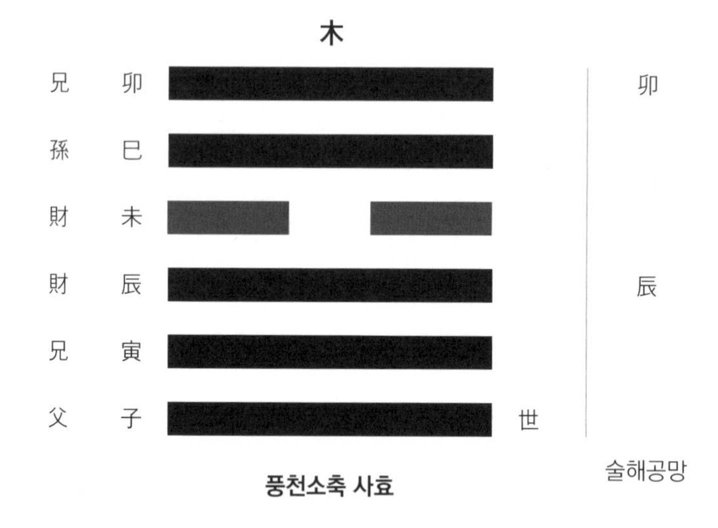


풍천소축 사효

응효 회사 사효로 돈이 돌고 있으나 줘야 할 곳이 지천입니다. 내 코가 석 자로 내 돈 막을 일이 지천이니 일부라도 받아야 합니다.

차라도 가져가라 해서 들고 왔는데 이미 압류가 된 차라서 처분도 못하고 그냥 타고 다닌다고 합니다.

너무 답답해서 남편의 재물운을 점단합니다.

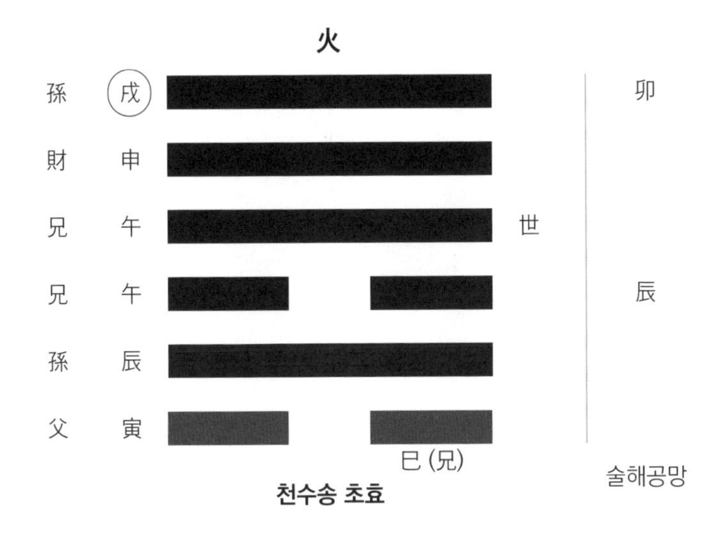

천수송 초효

괘에 남편이 보이지도 않고 손공망에 맨 돈 내라는 고지서만 잔뜩 쌓이는 운입니다. 사주 역시 부부 모두 천간 겁재대운이니 조심, 또 조심이 방책입니다.

## V 제가 사는 집이 저랑 맞을까요?(진위래 이효) 진월/진일(오미공망)

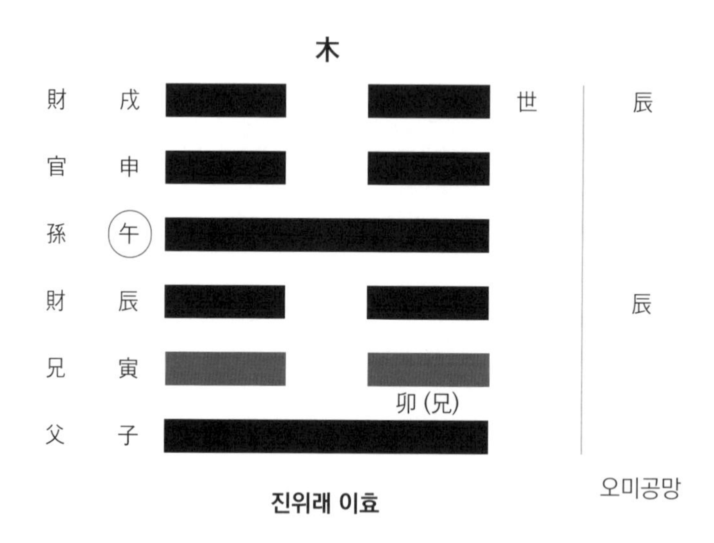


질문 그대로 봤습니다. 이효 가택효가 오효 가족효에 금극목으로 눌리니, 이 가족은 이 집터에서도 무탈합니다.

단, 가택이 저리 형효로 동하면 돈 나갈 일이 많아지고 집 수리에 몸도 소소히 아프나, 전체적으론 무탈합니다.

## 부동산 매매점 보는 법

**반드시 기억할 점**

- 세효공망: 안 한다.
- 만약 일대일 점사에서 응효공망은 응이 안 한다.
- 아무리 월일이 재가 붙어도 세가 휴수하면 안 산다.
- 일진에 손이나 재 있어야 좋다.
- 재동/손동: 좀 깎아도 준다.
- 형동/관동: 돈 더 달라고 한다.
- 내가 살 집을 볼 때는 편안할지도 같이 본다.(이효는 가택효, 오효는 가족효): 이효가 오효를 생하거나 같은 오행이거나, 오효가 이효를 극하면 사는 동안 가족이 편안하다.
- 매매달이 점에서 안 보일 경우 금궁은 해/자/인/묘월, 수궁은 인/묘/사/오월, 토궁은 신/유/해/자월, 목궁은 진/사/오/미/술/축월로 통변한다.

이때 가장 중요한 것은 내 물건을 보러 오는 달을 찍어 준 것이지, 100% 팔린다는 것은 아니다. 아무리 운이 좋고 내 물건이 좋아도 가격이 터무니없다면 절대 안 팔립니다.

또, 아무리 점괘가 좋아도 세가 휴수하면 절대 안 합니다.

매매점은 결과가 빨리 확인되고 적중률도 매우 높습니다. 요 몇 년 간 가장 많이 보는 점사이기도 합니다. 월세/전세도 매매처럼 보시면 됩니다.

## A 이 아파트 사도 될까요?(화지진 상효) 술월/유일(신유공망)

부동산 10년 차 사장님의 전화입니다. 오늘 6시 계약인데 5시 50분에 전화가 왔습니다.

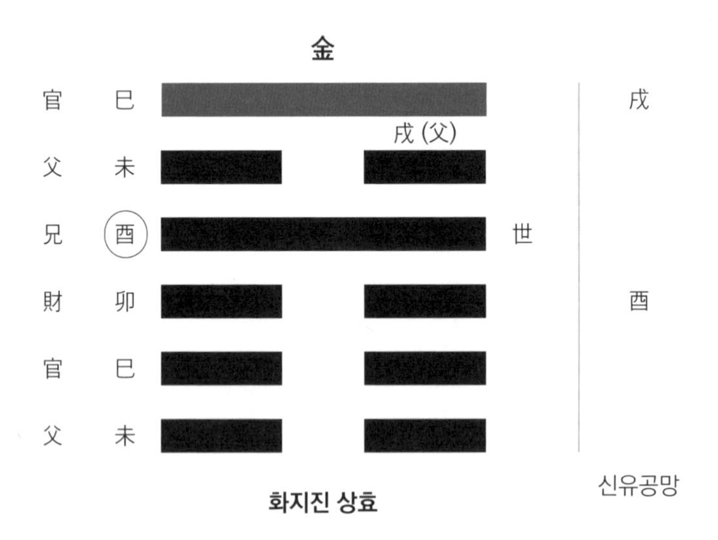


화지진 상효

세효공망: 안 한다.

세효가 사효로 공망에 형효를 잡았으니, 줄만큼 다 주고 사는 물건입니다. 일진에서 세효를 생하니 아주 마음에 드는 물건입니다.

문제는 동효입니다.

저리 관이 동하면? 더 달라고 합니다. 결국 상대방이 더 달라고 요구해 계약을 못 했습니다. 사실 저 아파트는 돈이 들어있지 않고 비슷한 물건이 너무 많아 추천하기 어려운 아파트입니다.

## B 가게 매매 언제 될까요?(택수곤 삼효) 자월/오일(오미공망)

전화 점사로 어떤 분인지 잘 모릅니다. 질문만 그대로 괘를 냈습니다.

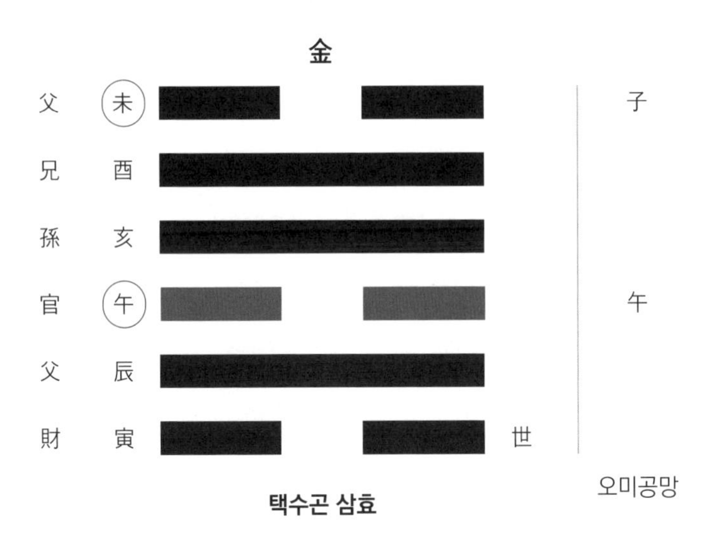


택수곤 삼효

세효가 초효 재효를 잡았으니 팔 수 있는데, 문제는 저 동효입니다. 계속 깎아 달라고 하니 팔려면 권리금 없이 무권리로 크게 손해를 봐야 합니다.

자월이니 보러 오는 손님은 있고, 꼭 팔아야 한다면 어차피 계속해야 손해 보는 자리이니 빨리 정리하는 것도 상수입니다.

## C 족발집 하려고 합니다.(감위수 사효) 묘월/신일(술해공망)

구로구에서 과일가게를 하는데 너무 힘들고 안 돼서 새로 짓는 복합 상가 1층에 족발 가게 자리를 보고 왔습니다. 장사가 잘될까요?

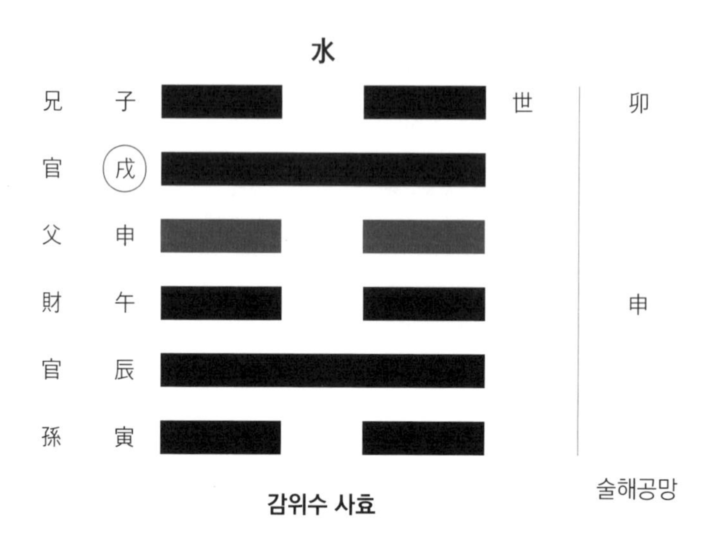

감위수 사효

세효는 형효로 돈 꽤 써야 하는 자리이고, 일에 생 받으니 엄청 마음에 드는 자리입니다. 관공망인 것으로 보아 아직 준공 허가가 안 난 곳입니다. 핵심은 재물인데, 월에만 손이 있으니 일 년 중에 인/묘/사/오달만 장사가 됩니다.

따라서 추천 못 하는 자리입니다. 거기에 부효가 동하니 이럴 경우 빨리 접고 떠나게 됩니다.

## D 도대체 이 아파트 언제 매매되나요?(수뢰둔 삼효) 유월/술일(인묘공망)

30대 중반 여자분의 점사입니다.

계속 안 나간다고 꼭 팔아야 하는데, 아무도 안 보러 온답니다.

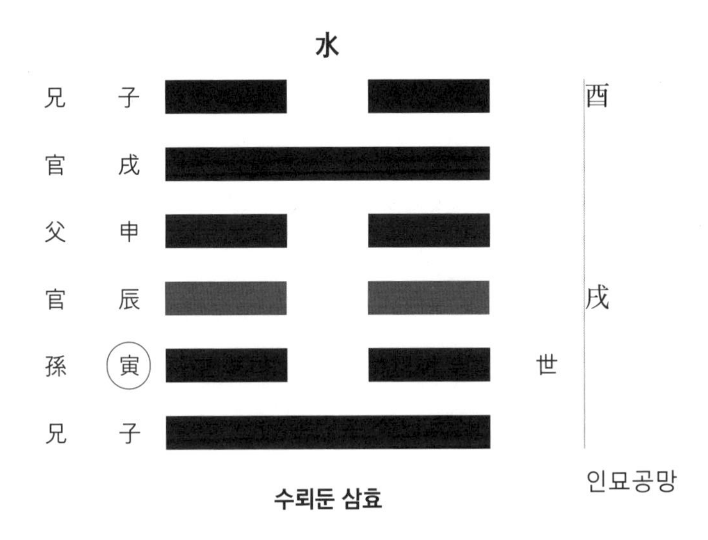


**수뢰둔 삼효**

세효는 이효로 손효공망, 월 · 일 모두 휴수합니다. 이럴 경우는 '본인도 팔 가망이 없다고 본다'로 통변하시면 됩니다.

술일 재가 없으니 돈이 안 보이고 저리 관이 동하니 값만 깎이고 아무도 집을 보러 안 옵니다. 재가 복신으로 삼효 밑에 숨었으니 그나마 팔려면 술월이나 내년 묘월에 가능합니다.

통상 재물점에서 복신은 흠이 있다고 보는데, 이 집은 빌라형 타운하우스로 맨 구석에 있는 집이라고 합니다.

꼭 기억할 것은 일진에 손재가 와야 집 보러 옵니다.

## E 단독주택 매매가 될까요?(수산건 삼효) 미월/해일(인묘공망)

70대 할머님으로 아들 둘에게 100평 단독주택을 증여해 줬는데, 이게 팔려야 자기들 아파트를 살 수 있다고 합니다.

내놓은 지 5년이 넘었는데 아무도 안 보러 온다고 합니다.

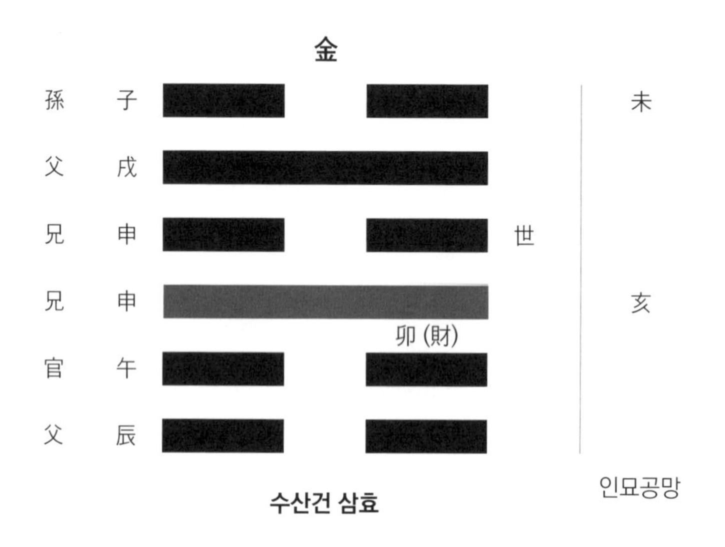


수산건 삼효

세효는 사효로 형효를 잡았으니 이 집을 구매할 당시 줄만큼 주고 구입한 집입니다. 일진이 손이니 그것은 좋으나 형효가 동해 가격이 하향추세이고, 재물은 오화 가택효 밑에 복신으로 재가 공망입니다.

재공망은 흠이 있다고 했더니 집 바로 뒤에 15층 아파트가 있어 새로 건축하려면 일조건 때문에 불리해 입질이 없는 것 같다고 합니다. 모양은 반듯하고 예쁘나 건축 허가를 넣으면 아파트 주민들의 민원으로 난리가 났었다고 합니다.

이 주택은 일진이 손이라 값은 어느 정도 유지하나 매매는 아주 어려운 경우입니다. 달이나 월의 힘이 아닌 인년이나 묘년이 되어야 가격 흥정이라도 가능합니다.

이걸 팔아야 아들 집을 해 준다며, 싸게 내놓는 것도 정도가 있지 너무 깎으려고만 든다고 걱정하시던 분입니다.

이 점사는 2018년 점사인데 아직도 매매가 안 되었습니다.

### F 올해의 재물운을 알고 싶어요.(수뢰둔 초효) 인월/축일(신유공망)

조선족으로 우리나라에 들어와 10년 동안 같은 자리에서 음식 장사로 20억을 벌었다는 분입니다.

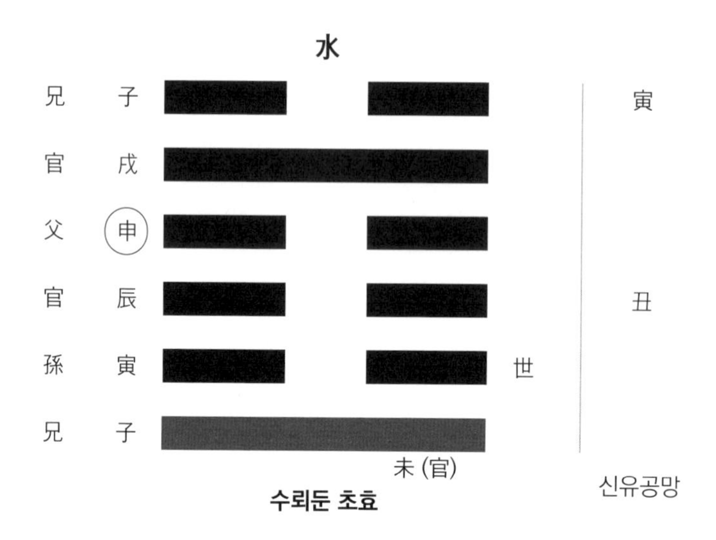


세효는 이효로 손효가 붙었으니 재물에 대한 강렬한 욕망이 보입니다. 부효가 동하는 것으로 보아 변동수인데, 본인은 큰돈을 벌어준 자리라 떠나고 싶은 것은 아니라고 합니다.

하지만 올해는 일진이 관이고 형효가 동하니 저 부효는 가게 수리에 돈 쓰는 것으로 응사합니다. 월과 인신충으로 육충이니 인월 지나야 수리하겠습니다.

핵심은 재물이지만, 올해는 그냥 현상 유지 정도입니다. 인/묘/사/오월만 손님 있고 하반기는 좀 쉬셔야 합니다.

## G 12월 준공 예정인 상가 구입할까요?(천화동인 무동) 유월/신일(인묘공망)

부동산 하시는 분입니다. 원주민 상가로 잔금 할 돈이 없어서 계약금 없이 그냥 판다고 합니다.

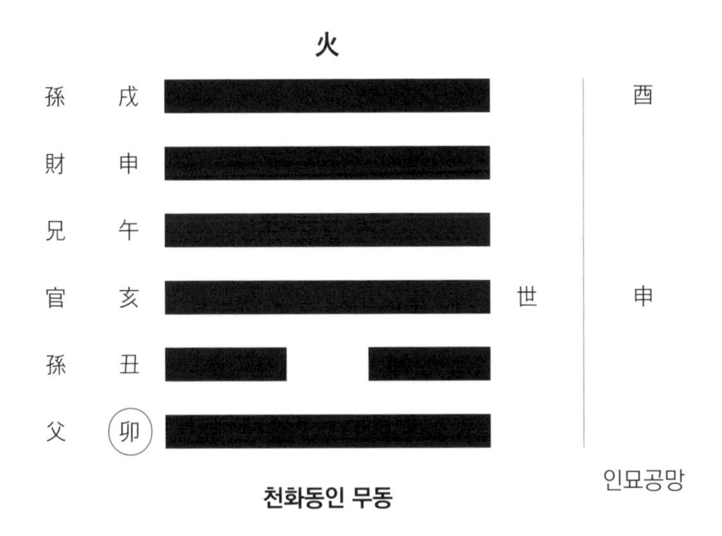

천화동인 무동

산대로 괘를 내면 무동이나 동효가 여러 개 나옵니다.

일단 핵심은 돈. 월일 재가 아주 강왕합니다.

비싼 자리이고 좋은 물건이며 세효도 아주 마음에 듭니다. 문제는 세효가 왕하나 관효를 잡았음은 대출로 충당한다는 뜻인데, 감당 가능합니다.

당연 이 자리는 합격을 드렸습니다.

## H 온라인 쇼핑몰을 하려고 합니다.(산택손 상효) 인월/유일(신유공망)

40년간 한 품목만 생산한다는 사장님의 2019년 계획입니다.
소매 전문 온라인 쇼핑몰을 하려고 하는데 잘될까요?

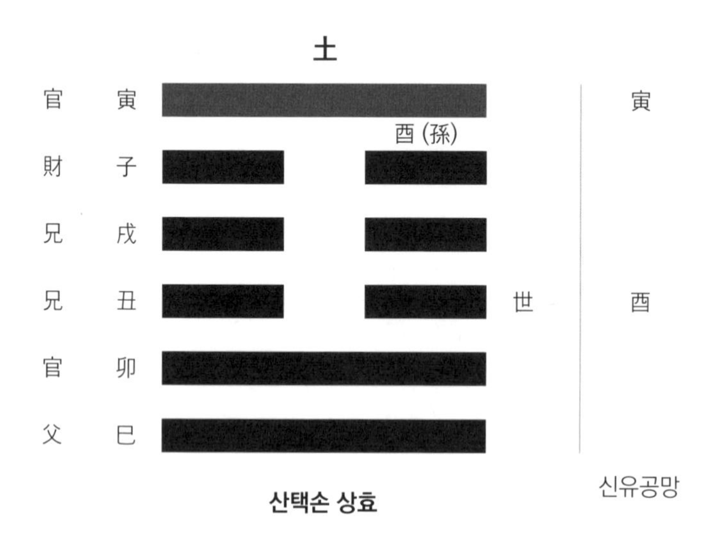


**산택손 상효**

세효에 형효를 잡았음은 투자의 의지가 있다는 뜻으로 일진이 손이니 그럭저럭 괜찮아 보입니다. 월에 관은 이미 기존 회사가 인지도가 있다는 뜻이니 제법 규모가 있는 회사를 운영 중이고, 동효는 관변손으로 이 새 사업이 신속한 매출 증가를 가져오는 것은 아니나 변효가 손이니 꾸준히 손님이 늘어난다고 통변했습니다.

실제 2019년에 오픈해 지금도 잘되는 온라인 쇼핑몰이 되었습니다.

## I 이 아파트 돈이 될까요?(화풍정 삼효) 신월/진일(신유공망)

친한 친구가 아파트를 보고 왔다며 괘를 냈습니다.

**화풍정 삼효**

세는 이효에 관효를 잡고 월일에 손재가 모두 있으며 재가 동하니 크게 돈이 되는 집입니다. 상효에 사신합이 보이니 내가 안 사면 바로 계약되는 물건으로 적극 추천!

세효 관효로 대출이 좀 부담인데, 결국 며칠 남편과 고민하고 미루는 동안 팔렸습니다.

6개월 후 이 집은 그 시세의 2배가 넘어 두고두고 속 쓰리다고 합니다.

## J 집 매매 내놨는데 거래가 잘 안 됩니다.(뇌화풍 삼효) 진월/오일(신유공망)

잘 모르는 분으로 문자로만 봐 드렸습니다.

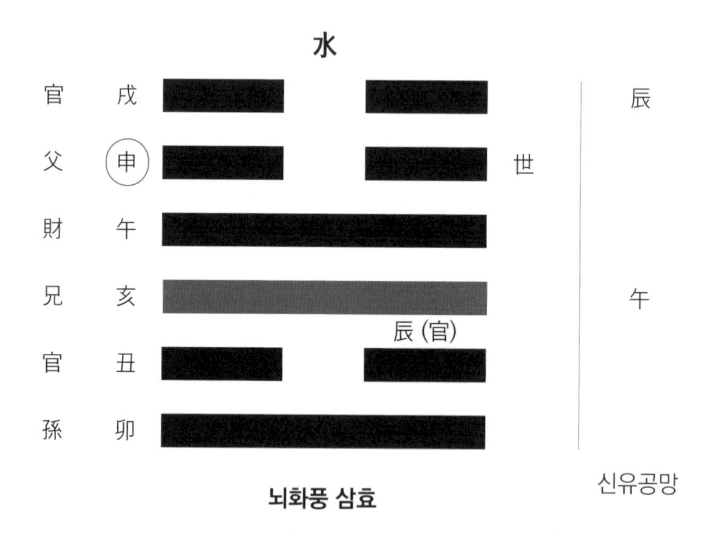

뇌화풍 삼효

일진에 재인 물건은 비싼 물건, 강남 소재지의 아파트로 보입니다. 세효가 오효로 공망에 부효를 잡았으니 집 문제로 노심초사 중입니다. 하지만 동효가 형변관으로 돈 없는 사람들이 내 물건 값만 깎으려 합니다.

이럴 경우 급하면 싸게 조정해서 팔거나, 내 물건의 가치가 돋보이는 인묘, 사오월에 파시면 됩니다. 4월에 문의했으나, 실제 6월에 매매되었습니다.

## K 서울 집 매매될까요?(택뢰수 이효) 오월/묘일(신유공망)

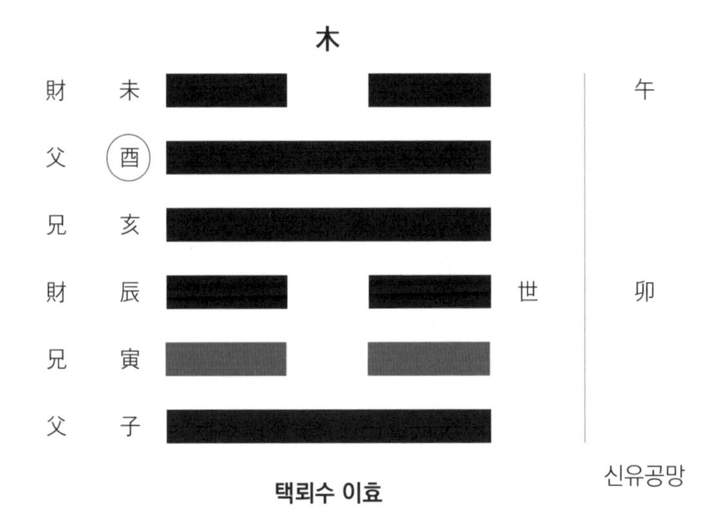

택뢰수 이효

세에 삼효로 재를 잡고 있으면 반드시 팔립니다. 일진이 형효로 값나가는 곳은 아니지만 월에 재가 있으니 재가 든 달에는 팔립니다.

동효 또한 형효로 깎으려고 하니 미월까지 기다려야 제 사람이 나옵니다.

결국 7월에 매매했습니다.

## L 임대 내놓았는데 빨리 나갈까요?(뇌산소과 상효) 자월/유일(진사공망)

임대사업 하시는 분입니다.

이 당시엔 모든 부동산 거래가 중지된 때여서 나갈까 하는 의구심이 들었습니다.

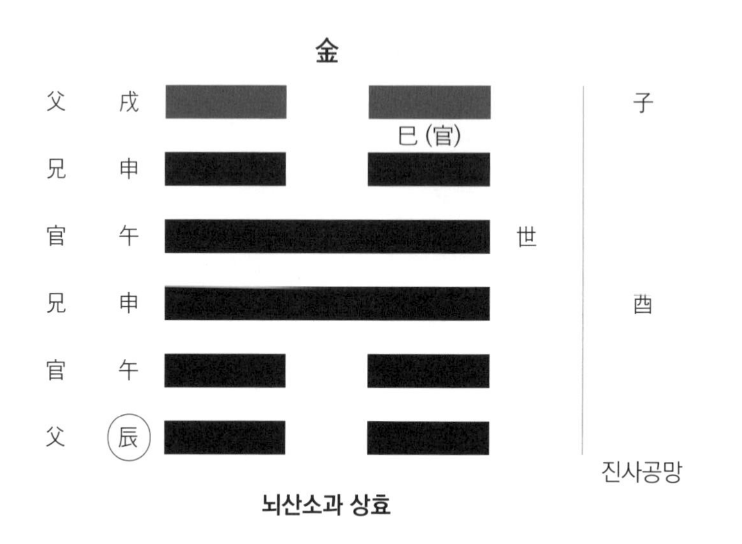


뇌산소과 상효

세효는 사효로 관효를 잡고 월은 손이요 일은 형이고 괘에선 돈이 안 보입니다. 저는 이 분께 이달엔 나간다고 통변했는데, 그 이유는 자오충 육충을 먼저 읽었기 때문입니다.

"자월에는 내 근심이 해결된다."

## M 가게가 안 나갑니다.(뇌택귀매 상효) 진월/해일(진사공망)

21년 11월에 오픈한 육개장집 사장님입니다.

무권리로 들어왔는데 5개월 해 보니 월세도 감당이 안 된다고 합니다.

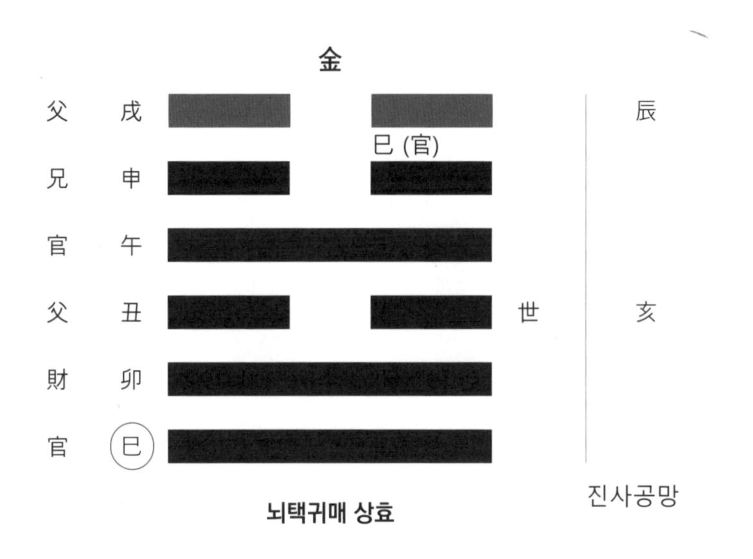

뇌택귀매 상효

일진이 손이니 좋은 위치의 가게이고, 세효가 삼효로 부효를 잡았으니 힘들어 죽을 지경입니다. 매수자가 보러 오기는 하는데, 쉽게 매매가 안 되니 겨울까지 기다리거나 23년 인묘월에나 가능합니다.

이분은 한 달에 300만 원의 월세도 안 나와서 결국 가게 문을 닫고, 23년 2월에 재임대가 되었습니다.

## N 월세 언제 나가나요?(간위산 삼효) 사월/오일(자축공망)

친한 지인의 점사입니다.

오피스텔인데, 준공 후에 어찌된 일인지 이 친구의 오피스텔만 8개월 공실로 관리비에 대출 이자까지 물고 간신히 싸게 들인 세입자는 3개월 만에 나간다고 난리랍니다.

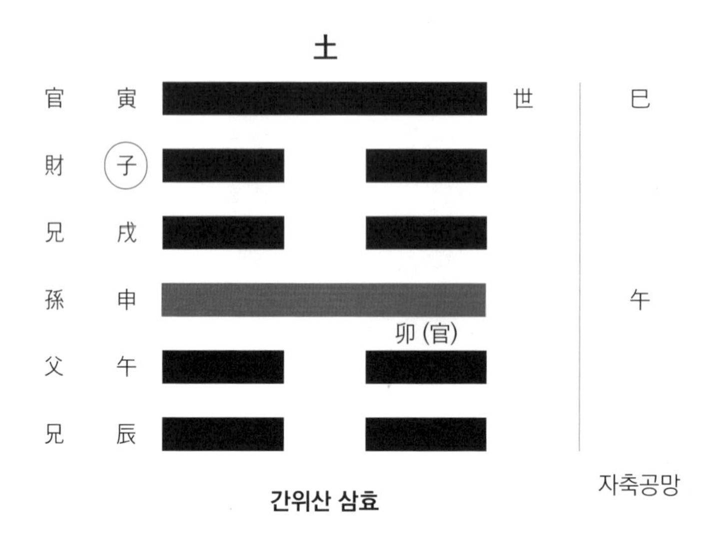


간위산 삼효

세효에 관효 잡았으니 걱정은 태산이고 다행히 손이 동하니 바로 나갑니다. 좋은 가격에 이틀 후에 바로 계약되었습니다.

## O 뉴저지의 아파트 매매(풍택중부 사효) 축월/축일(술해공망)

뉴욕에서 30년째 거주하시는 분이고 부동산이 엄청 많은 분입니다. 그중 제일 골치 아픈 것은 아파트. 미국에서 아파트는 사면 가격이 계속 떨어진다고 합니다.

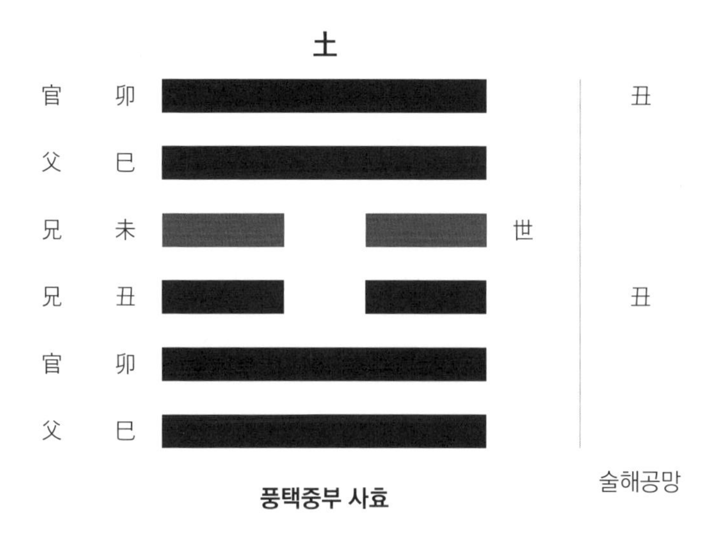


풍택중부 사효

이런, 돈이 아예 자취를 감춘 물건입니다. 계속 떨어지니 겨울이나 그다음 봄에 손해여도 처분하심이 좋습니다.

## 궁합/결혼/연애/남녀 속마음 보는 법

궁합은 결혼 상대자로 점을 볼 때 일대일 점사로 세응으로 봅니다.

여자가 궁합을 보면 응이 남자이고, 괘의 모든 것은 응, 즉 남자의 정보를 말해 줍니다. 즉, 궁합점은 응효의 정보를 하늘이 모두 알려주기에 남녀 입장에서 각각 궁합점을 치면 더 자세하게 통변이 가능합니다.

1. 여자가 세효일 때

세효에 관효 잡자: 이 남자에게 만족한다, 결혼하고 싶다.

세효에 절대 손효 잡지 않기. 손효를 잡았다면 관을 때리는 글자로 이혼의 위험이 있고, 언제든 헤어질 결심이 된 상태.

세효 형효: 난 경제적 문제만 해결해 주면 좋다. 계산해 보니 너 정도 조건이면? 또는 친구로 생각한다.

2. 남자가 세효일 때

세효에 재 잡으면: 가장 좋은 글자. 여자로 너에게 만족한다. 난 네가 좋다.

세효에 형 잡으면: 제일 안 좋은 글자. 앞으로 3번 이상의 이혼 위기가 온다.

3. 막연히 사람이 지정되지 않은 상태에서 좋은 남자/좋은 여자가 언제 나올지 보려면 남자는 재가 왕한 달, 여자는 관이 왕한 달을 통변합니다. 막연히 물었는데 이효 가택효에 재나 관이 동하고 있다면 동거하는 상태입니다.

4. 남녀 속마음: 여자의 경우 세응으로 보고 더 깊은 속마음은 복신을 읽어 줍니다. 하지만 복신을 통변할 때는 조심해야 합니다. 왜냐하면 본인이 자기 마음을 모르기에 엉뚱한 답이 나온다고 생각할 수 있기에 적절히 통변해야 합니다.

5. 앞으로 이 사람이 어떻게 나올지, 대체 왜 무슨 마음으로 나에게 저리 행동했는지 보려면 세응으로 보고 통변합니다.

## A 딸이 2년 동안 만나는 남자가 있는데(태위택 사효) 묘월/묘일(술해공망)

딸이 큰 규모의 뷰티샵 운영자입니다. 유능해서 꽤 유명한 곳인데 끝내자고 해도 이 남자가 계속 붙습니다. 계속 이대로 놔둬도 되는지?

엄마가 한 걱정이 되어서 점단했습니다.

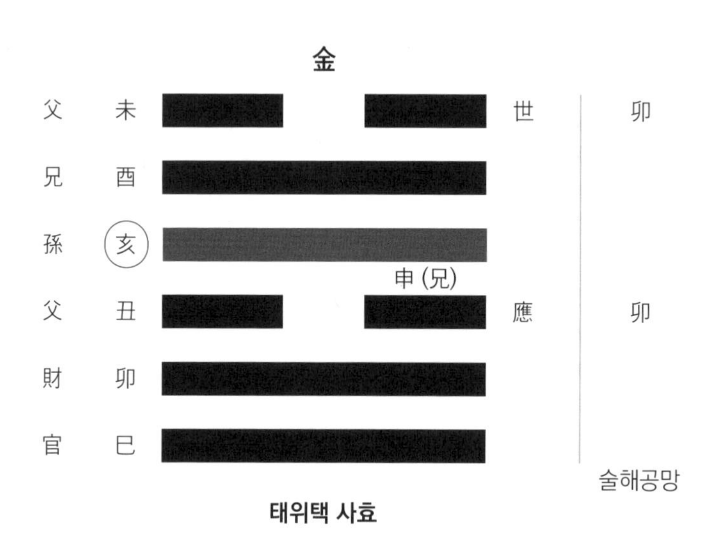


세효는 딸이고, 응효는 그 남자입니다. 세응 모두 부효로 월일 모두 휴수하니, 사실 둘 다 이미 끝난 사이라는 것을 알고 있습니다. 더구나 이 남자는 우리 딸 말고도 여자가 셋이 더 보입니다.

월, 일, 그리고 이효. 이효 가택효에 있는 여자 동거지상인데, 왜 우리에게 집착하는지, "다른 여자 만나는 것 알고 있다"고 하면 "너도 전 남친 있었잖아" 하며 되레 화를 낸다고 합니다.

전화하고 가게로 찾아와 진상짓을 할까 봐 이도 저도 못 하고 있습니다.

무조건 깨집니다. 딸이 단호하게 나가면 더 빠르게 정리됩니다. 저리 여자 많은 남자 너무 피곤합니다. 당장 끝내라고 했습니다.

## B 재혼 부부의 궁합(산풍고 사효) 자월/자일(진사공망)

재혼해서 살고 있는 50대 중년 부부의 궁합입니다.

잘살고 있는데 뭘 이제 궁합을 보냐고 했더니, 주변에 재혼했던 친구들이 처음엔 좋았으나 갈수록 힘들어하는 게 남 일이 아닌 것 같다며 궁합을 봐야 대비할 수 있다고….

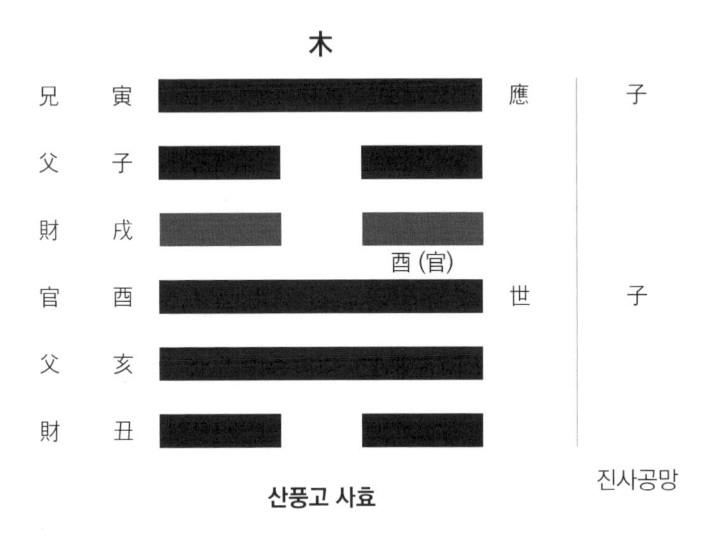

산풍고 사효

세효는 여자이므로 심리만 본다면 썩 마음에 들진 않지만, 월일에 생 받지 못하는 관효를 잡고 있습니다. 그래도 이 남자라면 결혼해도 괜찮겠다고 생각한 것이지요.

응효 남자 역시 월일에 생 받으니 여자에게 진심이고, 궁합 괘에 저리 문서가 많이 보이냐고 했더니 돈만 모으면 그렇게 시골 땅과 집을 산다고 합니다. 열심히 돈 벌어오는 남자의 모습이 보입니다.

좀 아쉬운 것은 열심히 직장에서 돈을 버나 그리 큰 재물은 아닙니다. 여자 입장에서는 금극목으로 남자를 쥐락펴락하니 여자에겐 더욱 좋은 궁합입니다. 실제로 남편이 자신의 의견을 잘 따라준다고 합니다. 무척 안심된다고 하네요.

남자는 '너밖에 없다' 인데 여자는 '꼭 마음에 드는 건 아니다'가 읽히시지요?

## C 안타까운 궁합(천뢰무망 삼효) 신월/자일(자축공망)

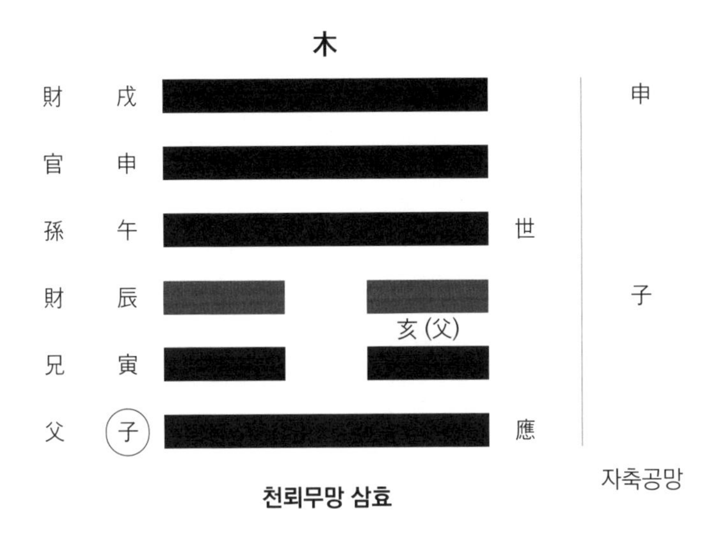

천뢰무망 삼효

결혼 18년 차 부부의 궁합입니다.

세효는 사효 여자로, 손효(가장 안 좋은 글자)라 '남편 싫어요, 이혼하고 싶어요'이고, 초효 응효인 남편은 부효로 왕합니다. 그러나 공망입니다. 궁합에서 상대방 공망은 '믿지 못한다'로 통변합니다.

궁합이 자오충 육충으로 매일 매일 전쟁하는 괘입니다. 동효 재효가 움직이니 이 여자가 돈 벌어다 주는 게 저 남자를 진정하게 하는 법입니다.

실제로 남편이 매일 돈 벌어 오라고 싸움을 건다고 합니다. 사연을 들어 보니, 부부가 편의점을 하는데 아르바이트생을 안 쓰고 부인이 일을 잘한다며 24시간 부려먹는다고 합니다.

연년생 아이들이 넷이고, 다 사춘기라 힘들다고 합니다. 남편이 하루

종일 편의점 일을 시키고 집에 오면 집안일에 쉴틈이 없어 공황장애가 생겼다고 합니다.

힘들어도 이 궁합은 여자가 계속 돈을 대 줘야 같이 살고, 그렇지 않으면 남편에게 학대받는 궁합입니다. 매번 무시하는 말투는 자존감을 꺾습니다.

저런 궁합은 처음에는 남자가 박력 있고 남자다우나, 살아갈수록 여자의 정신세계까지 지배하려고 합니다. 결국 이혼하고 싶어도 정신적으로 지배되기에 불가능합니다.

죽어야 끝나는 인연이며, 결국 여자는 남자의 종으로 산다는 뜻입니다. 평생 개처럼 일해 주고, 대접 못 받는….

## D 30대 결혼 4년 차 부부의 궁합(산뢰이 이효) 묘월/진일(신유공망)

"처음엔 내 말을 잘 들어줬는데…."

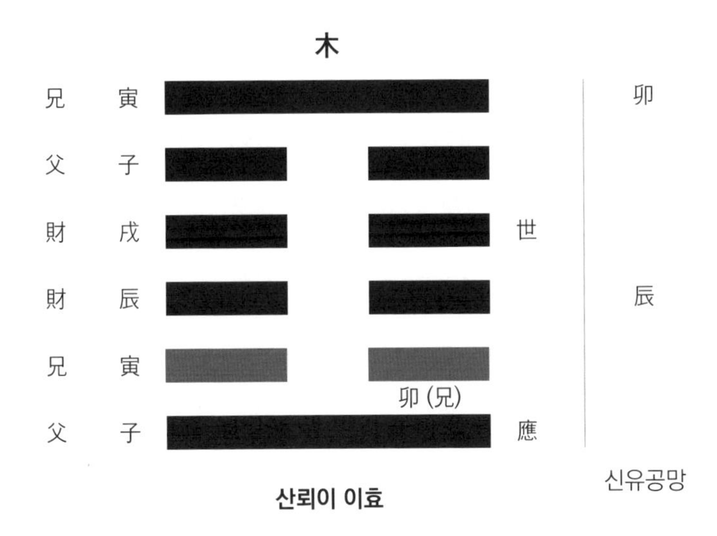


산뢰이 이효

세효 사효로 재효 잡고 일에서 생 받으니 이 여자분은 이 남자와 있으면 즐겁고 행복했습니다.

남편은 초효 부효로 월일에 생 받지 못하고 동효 이효 형효로 수생목 목극토 합니다.

형효는 돈 나가는 글자로, 금전 문제로 나를 계속 힘들게 합니다. 형효가 진신 되니, 이 결혼은 살수록 가난해지고, 남자가 직장이 공망이니 생활이 어렵습니다.

동효에 맞으니 돈뿐만 아니라 저 남자의 모든 행동이 상처가 되니, 해로하기 어려운 궁합입니다.

## E 사과 농사하시는 50대 부부의 궁합(택지췌 삼효) 미월/신일(오미공망)

거창에서 사과 농사하시는 남자분입니다. 필리핀 아가씨와 재혼했는데, 궁합은?

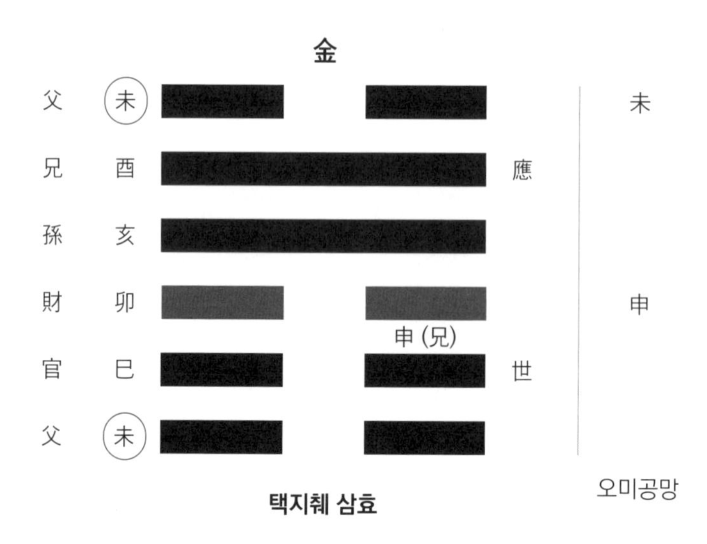


택지췌 삼효

이 괘는 남자분이 봤으니 남자가 세효 이효로 관효를 잡았으나, 월일 휴수합니다. 여자는 응효 오효로 형효를 잡고 월일에 왕상하니 이 남편을 사랑합니다.

이 궁합은 남편을 살리는 것은 재물인데 실제로는 이 여자에게 돈이 계속 나가게 되니, 남편이 힘들어 하는 궁합입니다. 게다가 일진에 부인과 같은 형효로 사신합인 육합이 보입니다.

이 뜻은 남자에게 새로운 여자가 있다는 뜻이니, 남편분이 '돈으로 정리하고 싶다'로 통변했습니다.

부인이 몸이 안 좋다는데 부인의 상태를 봤습니다.

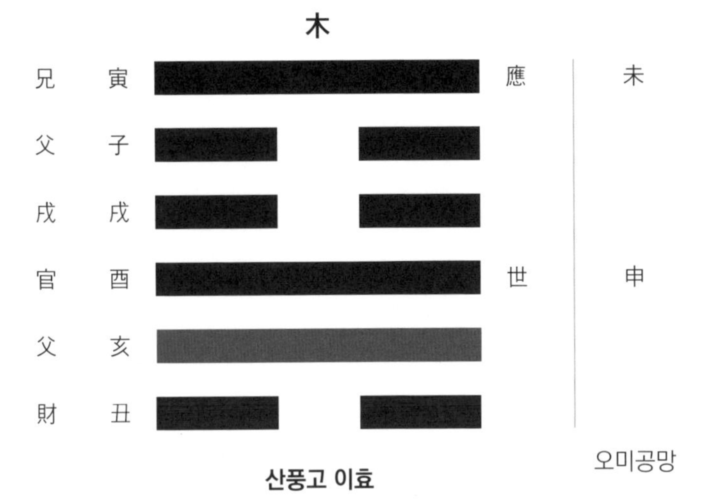

산풍고 이효

이효의 동하는 부효가 보입니다. 응효를 부인으로 보니 월일 휴수하고, 가택효의 부효는 우울증으로 보입니다. 실제 혼자 집에 둘 수 없는 심한 우울증으로 필리핀에 집 한 채 사 주고 돌아가는 것을 지원해 주고, 이혼을 생각 중이라고 합니다.

이제 나도 많이 늙고, 편안하게 살고 싶다고 눈물을 펑펑 쏟으신 분입니다.

"이 부인이 필리핀으로 갈까요?"

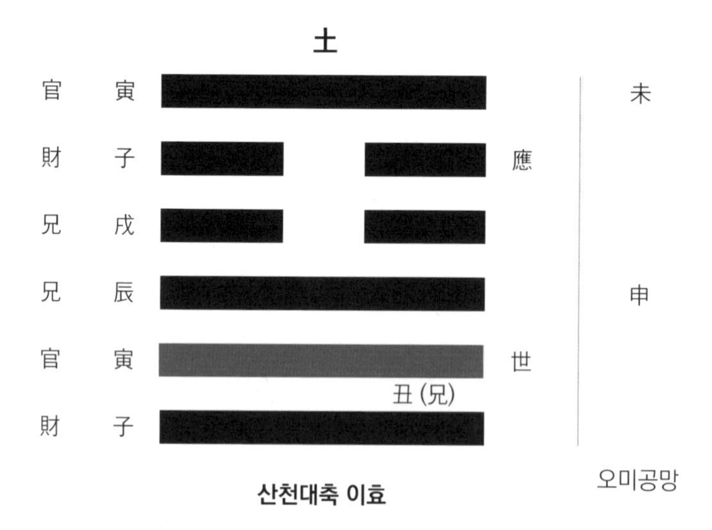


산천대축 이효

이 점사는 요청 점사로, 일대일로 남자 세효 여자 응효로 보시고, 동효에 누가 극 받는지 세응의 상생을 보시면 됩니다.

응효가 세효를 수생목으로 살리고 동효도 세효를 생해 주니, 돈 주면 돌아갑니다.

## F 우리 결혼하게 해 주세요(지산겸 초효) 신월/인일(자축공망)

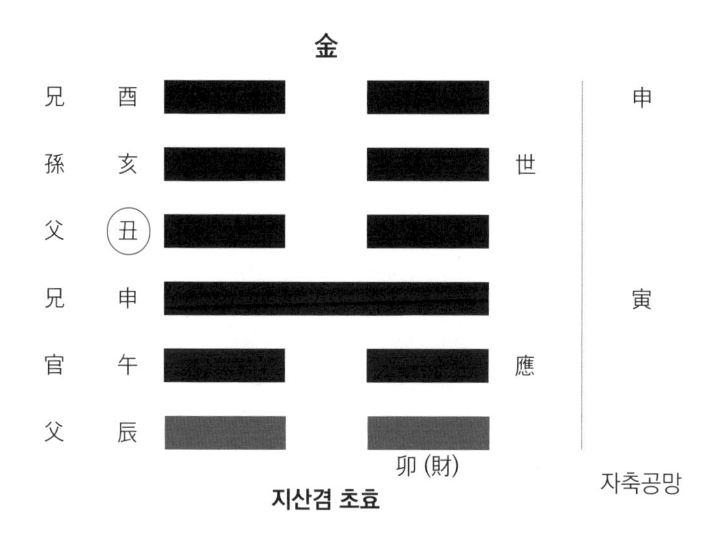


남자분의 점사입니다. 세효 오효로 손효(난 니가 편해)잡고 월일 휴수.

여자는 이효 관효로 일에 생 받고 있습니다. 이 여자분은 성격 좋고 돈도 있습니다.

문제는 동효인데, 화생토 토극수로 동효 부효에 세효가 극 받아 결혼 못 하는 궁합입니다. 저 부효는 부모님, 집 문제인데 실제 여자 쪽 부모님이 강력하게 반대한답니다. 저렇게 강하게 극 받으면 설령 결혼이 된다 해도 빨리 이혼하거나 사별하게 됩니다.

궁합의 뜻으론 '결혼은커녕 힘들어서 헤어진다.'

## G 집사람과 해로할 수 있을까요?(천수송 초효) 술월/인일(오미공망)

삼남매를 두신 50대 중반의 남자분의 점사입니다.

"이제 아이들도 다 컸으니, 말년까지 잘 살겠지요?"라며 궁합을 물으셨습니다. 동안의 외모에 인상도 좋은 분이라 별게 있겠나 싶었습니다.

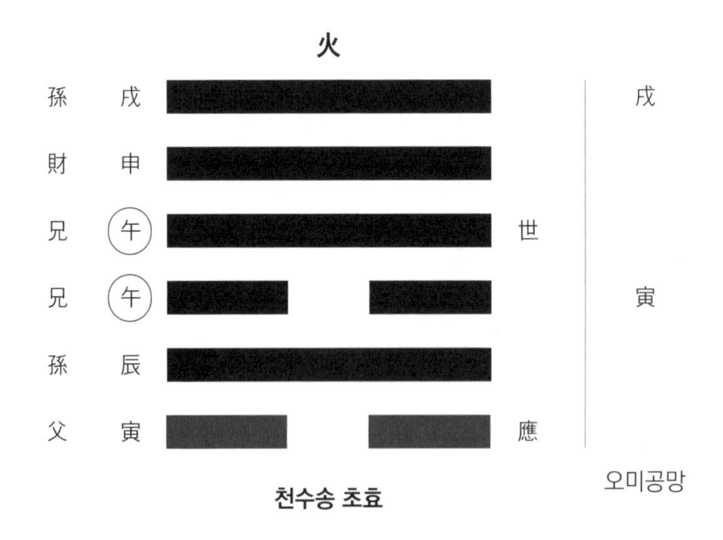

천수송 초효

세효는 남자분으로 사효 형효 잡고(남자가 궁합점에서 절대 잡지 않아야 할 글자) 심지어 공망입니다. 여자는 초효 응효로 부효 동 하며 '너만 사랑해.'

이 여자는 돈과 문서를 쥐고 있고, 남편에게 모두 줄 준비가 되어 있습니다. 남자는 형효를 잡았으니, 최소 세 번의 이혼 위기가 있다 했더니 세 번째 이혼 시도까지 했으나 법원에서 기한 마지막 날 소장을 찢었다고 합니다.

허나 공망이니, 하늘은 남자의 잘못이 크다고 알려 주셨고, 처가의 전폭적 지원을 바라나, 뜻대로 되지 않아 불만이 쌓인 것입니다. 내가 잘못하고 이혼을 요구하나, 저 부인은 '사랑해서 이혼 못 한다!' 입니다.

"이혼 안 해 줍니다. 그냥 사세요."

한숨을 쉬더니 이번엔 웬 여자와 궁합을 물으십니다.

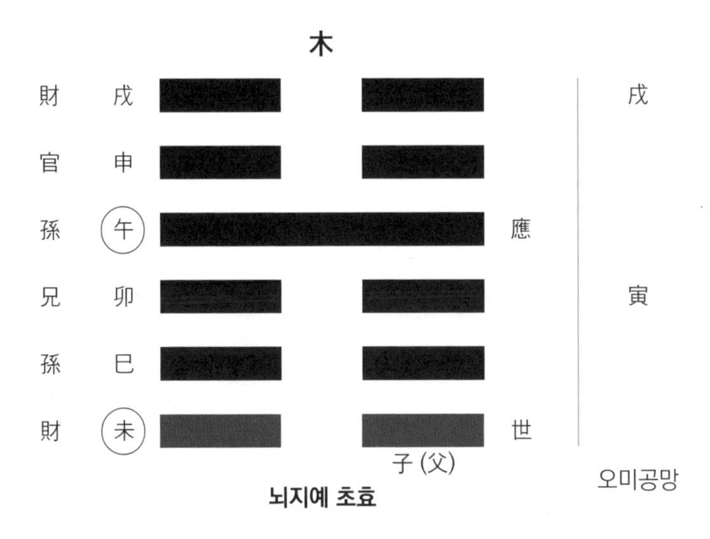


뇌지예 초효

나는 초효로 재효 잡고 월에서 생 받으니, 이 여자 돈 많고 너무 좋습니다. 저 동하는 마음이 보이시지요? 응효 여자는 공망입니다.

"에이… 여자도 사기꾼, 나도 사기꾼, 이게 뭐예요? 둘 다 선수면서. 여자한테 당합니다, 조심하세요."

남자분이 머쓱해하며 "내가 너무 순진한가? 계속 내가 할 일을 자청해서 도와주기에 순수한 사람인줄 알았는데…."

허탈하게 웃으며 가셨습니다.

## H 만난 지 한 달 반 정도 지났는데(풍택중부 초효, 이효, 오효) 오월/인일 (진사공망)

"이 남자와 계속 갈 수 있을지, 이 남자의 속마음을 알고 싶어요."

이럴 때는 일대일 점사로 세응으로 놓고 나를 어떻게 보는지 점단합니다.

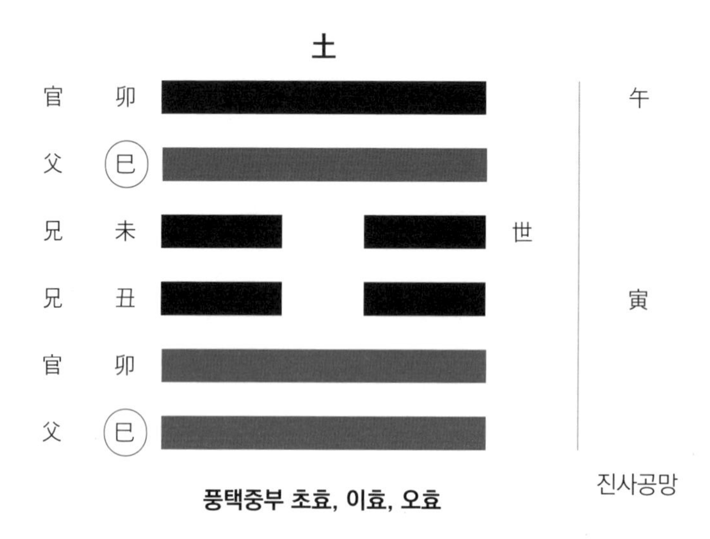


풍택중부 초효, 이효, 오효

세효는 사효 형효로 월에 생 받고 응효는 초효 부효로 월일에 왕상합니다.

동효가 3개인데 탐생망극의 원리로 목생화만 읽으면 되니, 火 부효로 계속 여자에게 연락하며 다가오지요?

서로가 진심이니 계속 잘 만나보면 됩니다. 남자가 성격이 좀 급해서 빨리 응해 주지 않으면 아마 많이 답답해 할 겁니다.

## I 현재 사귀는 남자 어떤가요?(지풍승 이효) 미월/묘일(오미공망)

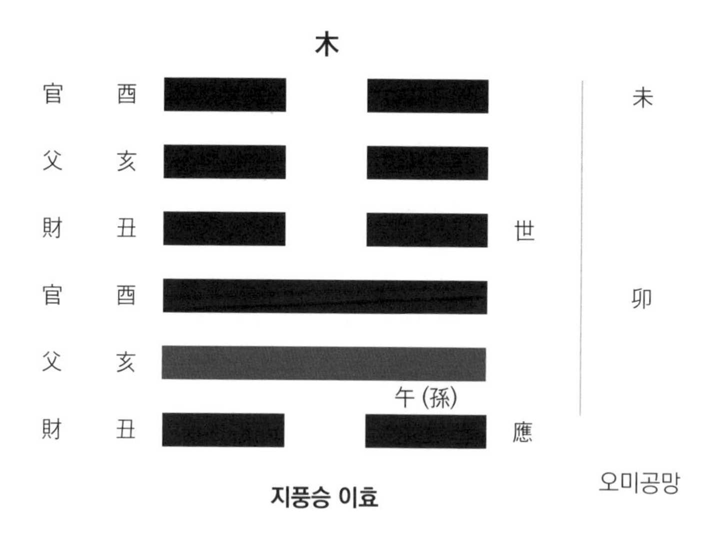


지풍승 이효

궁합 참 좋습니다. 여자는 사효 재효 잡으니, 이 남자와 있으면 너무 즐겁고 기쁩니다.

남자도 초효 재효 잡으니, 남녀 모두 같은 글자 재효 잡으니 너도 좋고 나도 좋고, 남자 응효는 인품, 환경 모두 합격.

더 볼 필요 없는 궁합입니다.

월과의 육충은 '잠시 싸우지만, 지나간다'로 통변했습니다.

## J 이 남자가 저에게 관심이 있나요?(태위택 사효) 미월/신일(자축공망)

"오래 알던 사이인데 이 남자가 저한테 관심이 있나요?"

"한 번 고백했는데 차였어?"

육충괘는 과거 인연인 경우도 있습니다.

"아… 일 년 전에 고백 받았는데, 제가 찼어요. 그런데 훨씬 그 전부터 얘가 자꾸 제 주위를 맴돌아서 물어보려고요."

이 둘은 세효, 응효 모두 부효로 같은 마음이나 응효가 공망으로 남자로 인해 깨집니다. 왕한 공망은 공망으로 안 본다 했지만, 경험상 남녀 사이의 공망은 결국 깨지게 됩니다. 남녀 사이에 저리 부효를 잡으면, 보통 지루한 사랑, 만나도 우울함이 없어지지 않는 사랑을 하게 됩니다.

여자가 고백하면 받아주는데 곧 깨지는 궁합이니, 그냥 친구사이가 편합니다. 결국 고백하고 연인이 됐으나 6개월 후에 이 남자의 잦은 잠수로 헤어졌습니다.

### K 이혼하면 이 여자가 잘살 수 있을까요?(뇌산소과 이효) 미월/오일 (자축공망)

무슨 소린지 알아듣지 못하겠어서 그냥 궁합을 봤습니다.

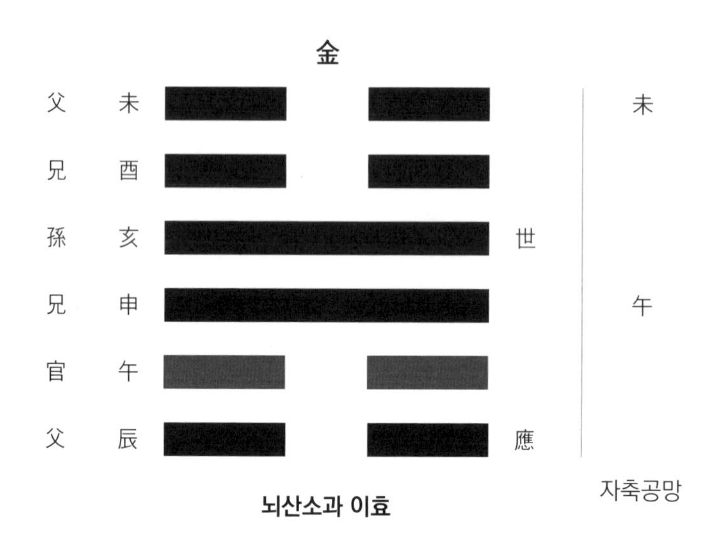

뇌산소과 이효

이효 가택효에 관이 동하니….

"혹시 관재나 소송이 있나요?"
"네. 이혼 소송 중입니다."

결국 이 남자가 묻고 싶었던 것은 이혼 소송이 잘되는지입니다.

세효는 남자로 관효 월에 미와 오미합으로 합이니, 이미 다른 여자가 있습니다. 응효 여자도 월일 왕상으로 동효까지 화생토로 도와주니 이혼할 마음이 없습니다. 부인은 직장도 좋고 학력도 높은 사람입니다.

남자도 화생토로 여자를 생해 주니, 자신의 요구를 관철하지 못합니다. 부인이 이혼 안 해 줍니다.

## L 이 남자의 속마음(수천수 이효) 술월/신일(자축공망)

오래 6년을 만나온 남자친구. 현재 우리 여자분은 전문대학원에 진학해 있고 스트레스도 엄청 받는 상태입니다. 남자가 이전 같지 않은 마음이 보이고, 결혼도 자신이 없다고 하는데 결혼 할 수 있을지, 아니 대체 무슨 속마음이 따로 있는 건지 묻습니다. 이럴 땐 무조건 궁합이지요.

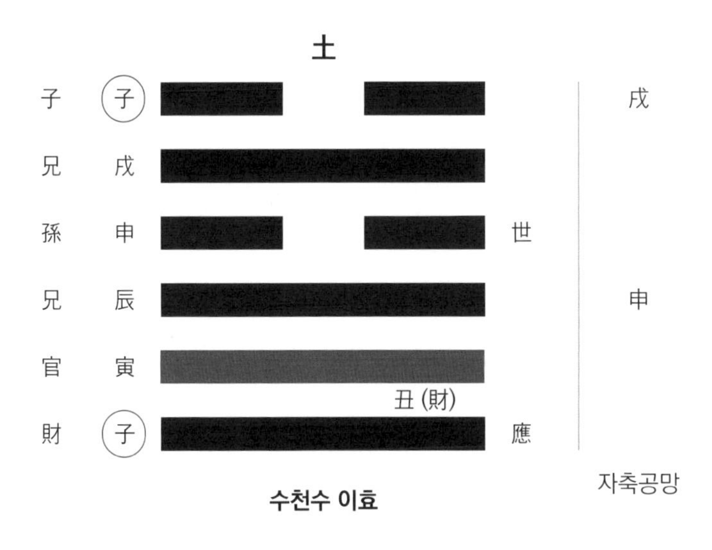

수천수 이효

세효 여자는 사효로 손효(여자가 궁합에서 잡지 말아야 할 글자) 잡고 월일에 왕상입니다. '난 네가 짜증 나기는 하지만 그래도 좋다, 헤어지고 싶진 않아.'

남자는 초효 재효 잡고 공망입니다. '공망' 이것 하나만 봐도 이 건 끝난 커플입니다. 결혼은 당연히 못 합니다. 남자가 안 할 것이니. 하지만 우리 쪽 여자분은 이 점괘를 받아들이기 어렵습니다. 세월의 무게가 억울하고 억울합니다. 헤어지고 학업에 집중할 자신이 없다며 그냥 이 관계를 유지하는 게 유리하다는데, 이게 사랑인 건지 아닌 건지….

## M 이 남자와 결혼할 수 있을지(택천쾌 오효) 술월/미일(인묘공망)

사귀는 동안 남자의 폭언과 바람기로 많이 힘들다는 여자분.

정말 이 남자와 결혼까지 갈지, 앞으로 어떻게 해야 하는 건지 노심초사 중입니다. 일단, 이런 경우 궁합이 먼저입니다. 이 궁합에 모든 정보가 있으니까요.

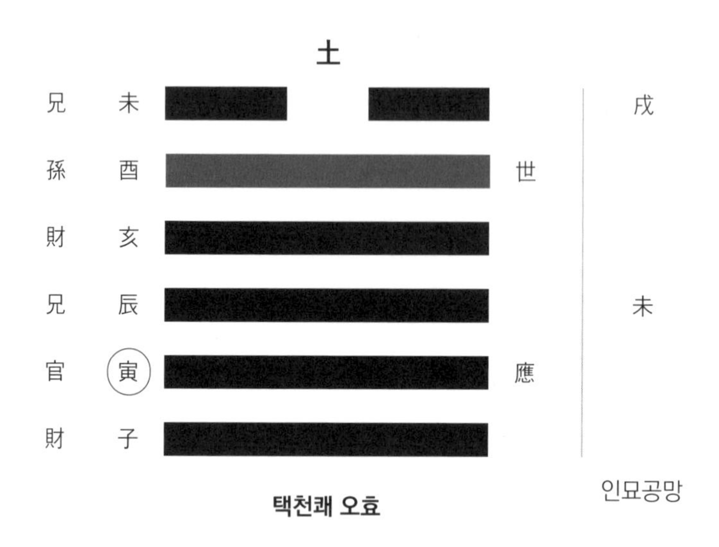

**택천쾌 오효**

세효는 여자 측 오효에 손 잡고(궁합에서 가장 나쁜 글자) 동하고 있습니다. 응효는 남자로 이효 관효로 공망. 여자는 남자 때려잡을 기회만 보고 있고, 남자는 월일 휴수에 심지어 공망입니다. 저 사효 해수와 인해합으로 육합입니다. 즉, 내 앞의 통통한 해수 여자와 바람피우는 사이입니다. 이 남자는 나에게 진심이 없으니 절대 결혼 안 합니다. 상식적으로도 안 되는 사이지요? 빠른 정리가 필요한 궁합입니다.

얼른 개나 주고 내 사람을 만나야 합니다.

**N 결혼하고 싶어요.(뇌화풍 사효) 술월/진일(진사공망)**

"내년에는 사귀는 남자와 꼭 결혼하고 싶어요."

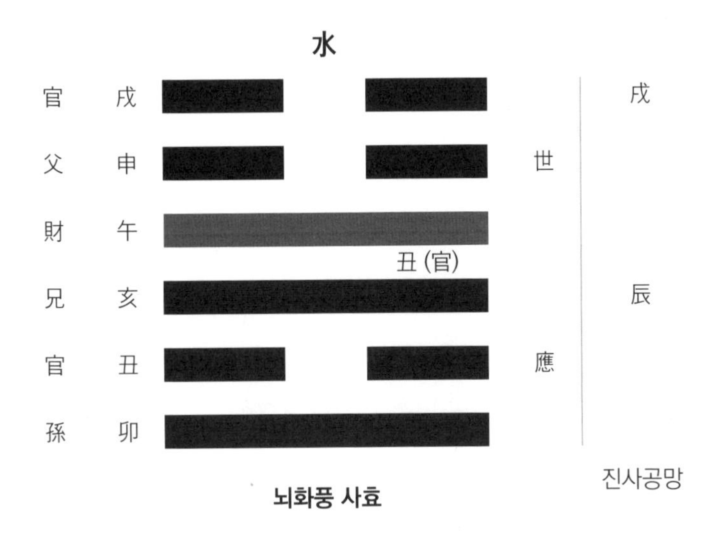


뇌화풍 사효

본인이 낸 궁합괘는 뇌화풍 사효. 세응 모두 월일 왕상하고 남자는 직장이 좋습니다. 여자는 오효 부효를 잡아 무슨 걱정이냐고 했더니, 결혼하고 싶은데 아직 부모님께 말씀도 못 드려 불안하다고 합니다.

여자는 우직하고 의리 있는 성품이고, 남자 또한 환경과 인품이 좋습니다. 흠이라면 급여가 좀 적은 것인데 깜짝 놀라며 경찰이라고 하네요. 서로에 대한 마음이 가득하니 잘 살고 아기도 바로 보입니다. 돈 모으며 알뜰하게 잘사는 궁합입니다.

이 점사는 2018년 점사인데, 20년에 결혼해 바로 21년에 득남하고 현재 둘째를 계획하고 있습니다.

## O 어떤 남자가 계속 연락을 하고 싶어 한다는데(화뢰서합 이효, 상효) 진월/인일(오미공망)

50대 초반의 여자분에게 옛날 대학 남자 동기가 있는데, 계속 동창들에게 자신의 소식과 연락처를 수소문하고 있다는 소식을 주변 친한 지인들이 전해 준다고 합니다.

"나도 요즘 남편이 맘에 안 들고,
이 참에 이 남자 만나보면 어떨까요?"

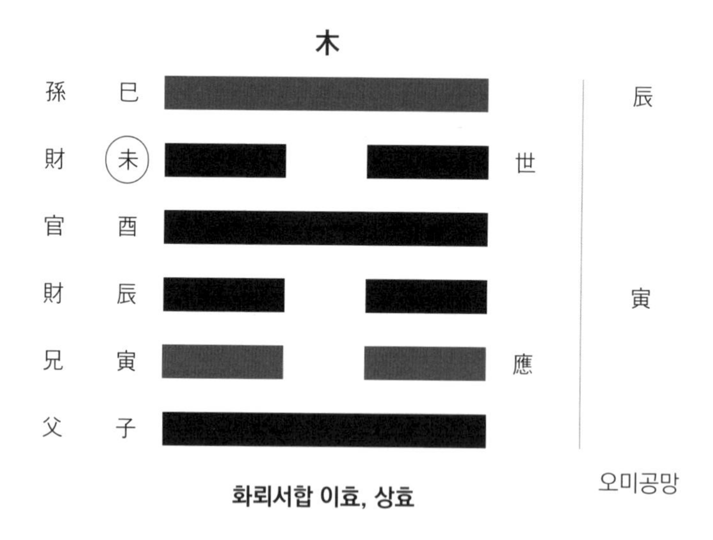


화뢰서합 이효, 상효

하하, 딱 봐도 그냥 물어 봤지요?

세효에 재효이나 공망, 이것 하나만 봐도 끝입니다. 이 남자 안 만납니다. 상대 남자는 돈도 있고 나를 애타게 찾고 있습니다. 난 유부녀지만, 상대방은 돌싱. 만난다면 남자가 리드하며 너만 사랑한다고 하는데, 여자분은 그냥 잠시 마음의 일탈로….

## P 결국 헤어졌습니다. 너무 속상하네요.(수택절 삼효) 사월/신일(인묘공망)

한 달 동안 온갖 마음고생 끝에 결국 차였다는 남자분의 점사입니다. 다른 남자와 비교하다 생긴 일이라 너무 속상한데 본인은 못 잊겠다고 하니 참, 인연은 알수록 어렵습니다.

일단 두 사람의 궁합은?

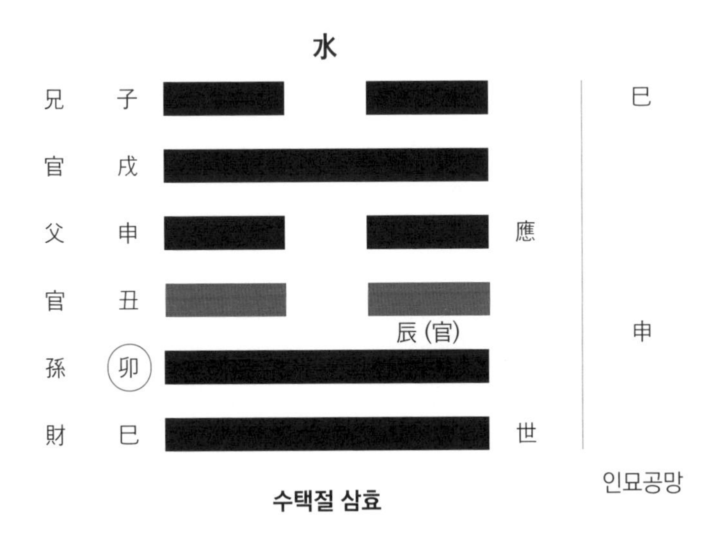


수택절 삼효

괘도 사연만큼 복잡하네요. 남자가 세효 초효로 재효를 잡고 월에 생 받으니, '난 너와 결혼해도 평생 행복할 거야.'

여자 응효 사효로 일에 생 받고 월의 남자와 사신합, 나하고도 사신합. 두 남자와 잠자리를 번갈아 하며 골랐는데, 이 남자에겐 곧 새로운 여자가 일진에 있으니 자기 인연은 따로 있는 법입니다.

내가 생하는 궁합이니 외롭고 쓸쓸하지만 잊지 못하는 것은 당연지사이고, 서로가 아직 마음은 있으니 나와도 연인이고, 딴 남자하고도 연인이라 구설로 힘듭니다. 곧 좋은 여자 나온다고 했더니, 몇 주 후에 딴 여자와의 궁합을 물었습니다.

이 괘에 등장하는 네 사람은 사랑하지만, 모두 극합으로 결국 모두 깨지는 궁합입니다.

참, 모두 말해 주기도 어렵고 희망을 주기도 어렵고….

새 여자를 만나보라 했으나 그 역시 아픈 사랑을 하겠기에 오래도록 기억에 남았습니다.

## Q 이 남자에게 여자가 있습니까?(풍지관 초효) 신월/오일(오미공망)

초등생과 유치원 딸아이를 둔 젊고 예쁜 분의 점사입니다.

이분의 사연으로 저도 내내 마음이 안 좋았습니다. 12살 연상의 남자와 십여 년 결혼생활 중이고 방배동의 고급 단독주택을 지어 최근에 이사 간 지 두어 달, 느닷없이 남편이 본인의 인생을 살아야겠다며 이혼을 요구했습니다.

"이 남자가 여자가 있습니까?"

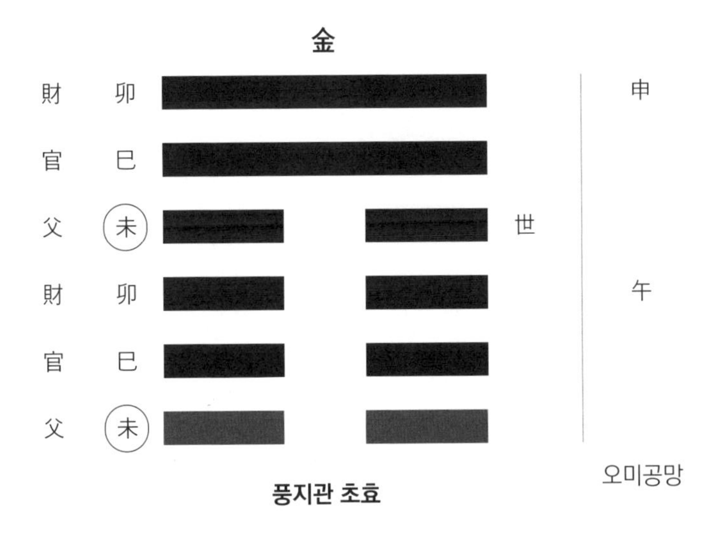


풍지관 초효

이 괘에서 남편은 이효 관효로 통변, 세효는 부효로 사효 공망. 이때 공망은 '난 의심하고 있다.' 관효 남편은 월에 여자와 사신합입니다. 그러나 저 여자는 다른 사화 남자와도 사신합이니, 양다리입니다.

동효가 부효로 '계속 연락이 온다.'인데, 남편이 매일 전화로 이혼 안 해 주면 십 원도 안 주고 길바닥에 나앉을 거라고 협박을 한답니다. 남편은 여자 이야기는 없지만 2달째 가출 상태입니다.

## R 앞의 점사와 연결된 점사(화천대유 상효) 신월/오일(오미공망)

"진짜 이 남자가 저와 이혼하려고 합니까?"

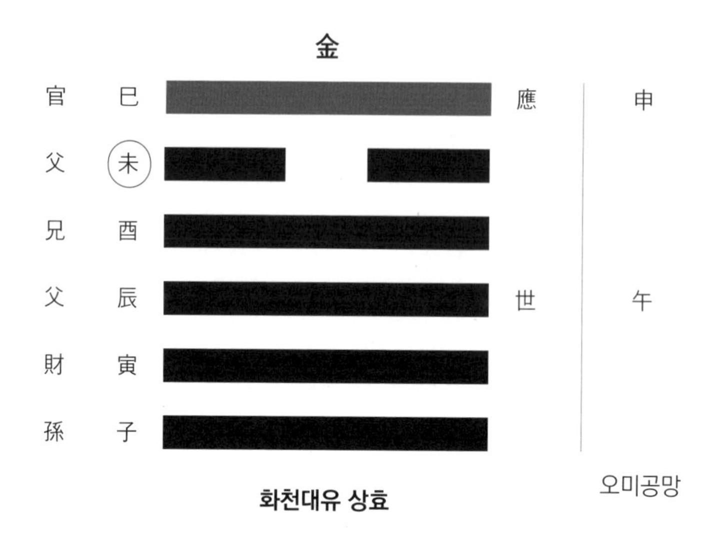

화천대유 상효

괘를 자세히 볼 필요도 없이, 동효인 저 상효는 남편이며, 소송 구설입니다. 진심입니다.

이혼 전문 변호사와 상담 후에 남편이 소장을 보내면 대응을 한다는데, 상식적으로 귀책사유가 있는 남편은 소송을 제기 못 합니다.

이분은 먼저 빠른 소송을 제기해 집 30억과 위자료 20억, 매달 생활비 2천만 원으로 합의했다고 합니다.

그 후 상간녀 소송도 준비 중이라고 합니다.

## S 결혼할 여자 언제나 만납니까?(지택림 이효) 묘월/사일(인묘공망)

사업을 한다는 40대 남자분의 점사입니다.

사주상 사업은 계속 잘될 것 같고 혼기가 꽉 찼으니 결혼을 꼭 하고 싶다는데, 올 10월에 예식장을 잡고 여자를 기다린답니다.

뭔 소린지… 소설인지, 실화인지….

결혼할 여자가 언제 나오나 봤습니다.

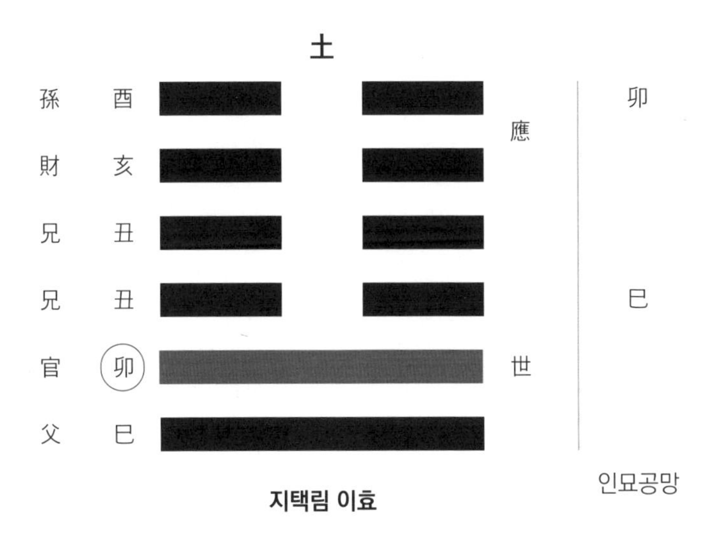


지택림 이효

에그… 어디 여자가 있는지 아무리 찾아도 안 보입니다. 오효에 해수 재효가 있으나 너무 휴수해 있는 건지, 없는 건지…. 저리 안 움직이는 여자는 그냥 아는 여자입니다.

참, 답이 없습니다. 여자는 다음 생으로….

**T 만난 지 얼마 안 되긴 했는데, 궁합 좀 알려 주세요.(풍천소축 초효)**
**오월/신일(신유공망)**

올 1월에 새해 운세를 보러 와서, 결혼할 남자가 언제 나오는지 물었는데 제가 5, 6월에 나온다고 했답니다.

6월 초에 진짜 이 남자를 만났는데 속마음을 모르겠다고, 앞으로 이 사람과 결혼할지 오래 갈 인연인지… 당연히 궁합 필수입니다.

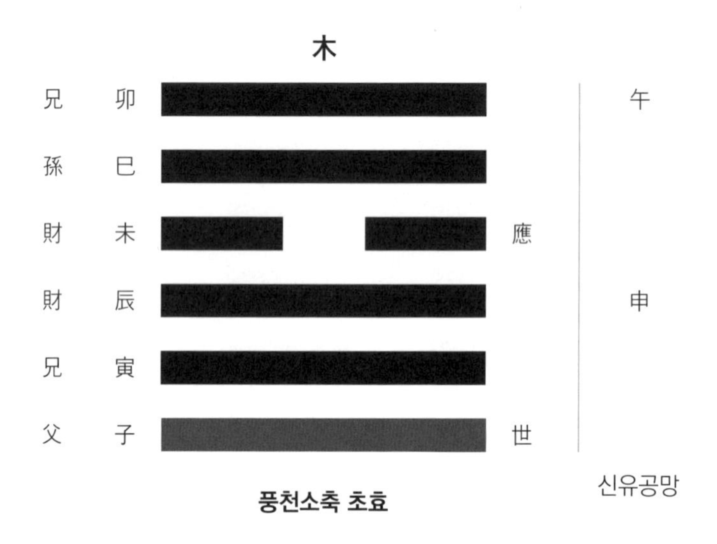

풍천소축 초효

여자: 세효 초효로 부효 동하니, 일에 생 받으나 불안한 마음.

남자: 응효 사효 재효로 월에 생 받고 직장, 자손 아주 좋다.

두 사람 사이에 재물도 넉넉하고, 남자는 아주 멋있는 사람입니다. 우리 쪽은 따라 가면서도 걱정, 근심….

걱정 말고 쭉 만나보면 됩니다.

**U 내연남, 이혼할까요?(뇌풍항 상효) 오월/술일(인묘공망)**

“6년을 만났고 한 달 전에 헤어졌습니다. 이 남자는 처음엔 유부남인 것을 속였고, 4개월쯤 지난 후에 알게 됐지만 6년을 끌어가며 만났습니다. 유부남인 것을 빼고는 완벽한 제 이상형이었어요. 한 달 전부터 이혼 소송 중이라는데, 진짜 이혼할까요?”

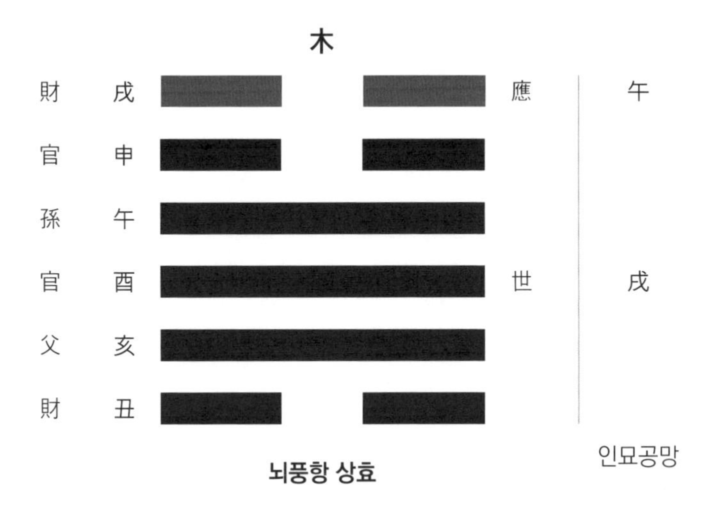


**뇌풍항 상효**

그 부부의 궁합을 봤습니다. 세효는 내연남. 삼효로 관효 잡고 월일 휴수합니다. 응효는 내연남 부인으로, 상효 재효 잡고 월일 왕상하며 토생금으로 우리 쪽 남자만 바라보고 있습니다. 이 괘에서 본부인은 절대 이 남자와 이혼할 이유가 없습니다. 이 남자는 휴수하고 관효를 잡아 본부인이 피곤하긴 하지만, 딱 그 마음뿐이지 이혼은 어디를 찾아봐도 안 보입니다.

“이혼 소송? 정말 소송 중이라면 소송이 동해야 하는데, 본부인의 재동이라… 거짓말도 너무 나갔습니다. 절대 이혼 못 합니다.”

지난 6년간의 시간과 열정이 너무 속절없이 야속하다고….

## V 남편과의 궁합은?(이위화 사효) 진월/사일(인묘공망)

이위화 사효

손해 보는 궁합은 아닙니다.

세효는 여자 형효로 '난 의리로 산다. 계산해 보니 너랑 사는 게 손해는 아니다.' 월일 왕상하니 그래도 살아 줍니다.

응효는 남편으로 월일 휴수 동효의 재물로만 생을 받습니다. 금생수해 주니, '난 돈 버는 낙으로 산다.'

부부 모두 합도 아니고, 자식 보고 의리로 사는 부부입니다. 속궁합이 안 맞아도 너무 안 맞는 부부입니다.

뭐, 사실 부부가 서로 만나는 사람이 각각 있는데….

## W 이 여자와 내연남과의 궁합은?(풍수환 상효) 진월/사일(인묘공망)

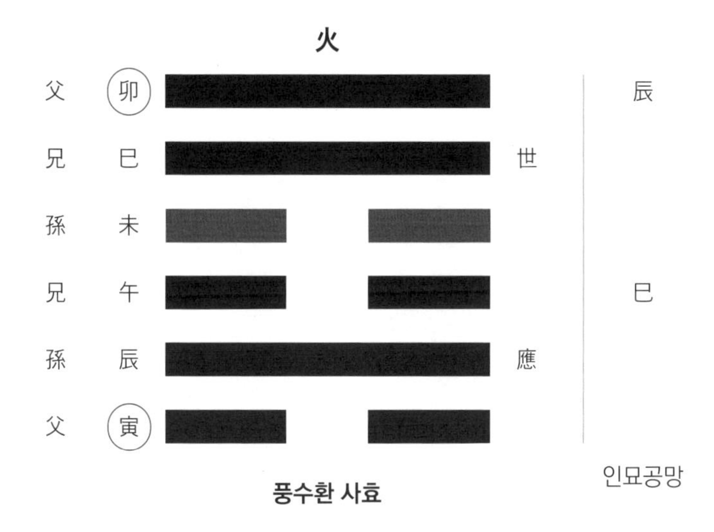

풍수환 사효

세효 오효 여자로 형효 잡고, 월일 왕상입니다. '친구로도 네가 좋고 나도 너에게 할 만큼 했다.'

응효 이효 내연남으로 손효 잡고 월일 왕상입니다. 목생화로 이 여자에게 계속 연락합니다.

나를 살뜰히 챙기고 좋아합니다. 이혼하고 오라는데, 앞의 남편과의 궁합 괘에서 이 여자는 이혼할 마음은 없습니다.

속궁합이 안 맞아 서로 각자의 파트너를 갖기로 합의한 부부입니다. 우린 그것만 아니면 너무 잘 맞는데….

술 먹고 늦게 오는 남편을 보면 화가 치밀어 오른답니다.

다 가질 수 없는 고통에 문득 문득 외로움이 밀려온다고 합니다.

## X 딸이 만나는 남자가 있는데 결혼이 될까요?(택수곤 이효) 신월/인일 (오미공망)

예비 사위가 너무 마음에 안 드는 친정엄마입니다.

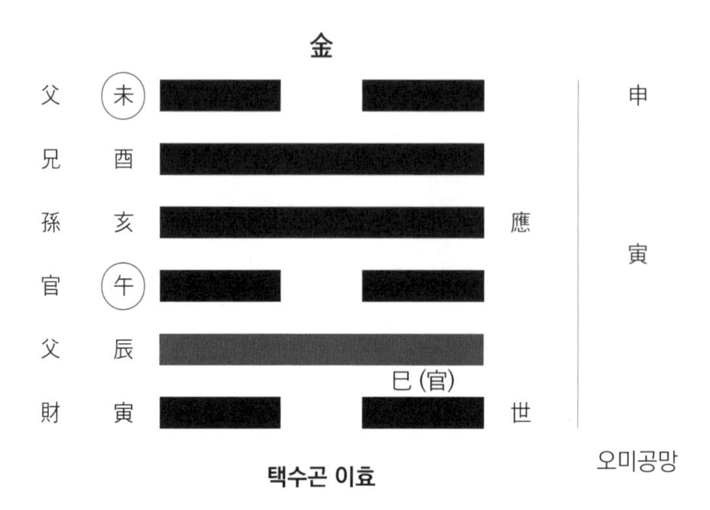

택수곤 이효

세효는 우리 딸. 초효 재효 잡고 일에 생 받습니다. 응효는 사위로 사효 손효 잡고 월에 생 받으니 서로 사랑하고 있습니다. 남녀 해인합 진합이니, 서로 좋아 죽습니다. 딸은 이 남자와 만나면 즐겁고 행복하고, 남자가 먼저 결혼을 요구할 것이니 더없이 좋습니다.

엄마는 이 사위가 돈도 없고, 키도 작고 몸도 왜소하다며 딸이 아직 어린데 무슨 결혼을 벌써 하냐고, 딸의 결혼 선언에 눈물 한 바가지 흘리고 가셨습니다.

"이 남자 뗄 수 없을까요?"

음… 점사를 거부하였습니다. 이미 궁합에서 다 알려줬습니다.

서로에게 깊은 상처만 남길 뿐 못 헤어진다고….

**Y 짝사랑하는 남자가 있는데, 제가 먼저 고백하면…(뇌지예 사효) 미월/미일(인묘공망)**

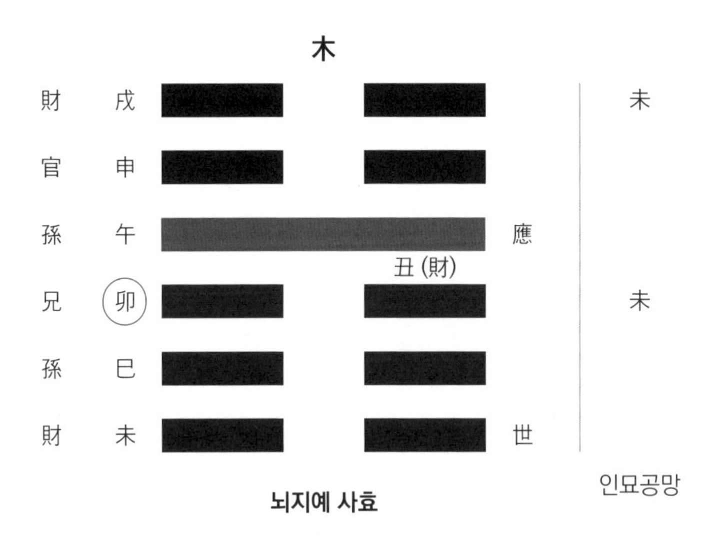


세효 초효로 우리 쪽 여자 재효 잡고 월일 왕상합니다.

응효 사효로 남자 손효 잡고, 월일 휴수하고 동하고 있습니다.

저 남자는 오화도화로 잘생긴 꽃미남입니다. 월일에 여자 그리고 나 모두 3명의 여자와 진합입니다. 모든 여자와 화생토로 생해 주는 남자입니다.

머리가 아픕니다. 저 오미합은 잘 안 떨어지는 진합으로 잠자리하는 사이입니다. 4각관계라니… 이런 관계에는 안 끼는 게 상책이지요??

## Z 남편의 속마음(지화명이 상효) 미월/진일(술해공망)

몇 달 전에 남편의 외도로 상담하셨던 신혼부부의 점사입니다. 올 봄쯤인가에 와서 궁합을 본 3개월 차의 곱고 예쁘게 생긴 새색시입니다. 남편의 외도 사실을 우연히 카톡을 보고 알게 되어 마음 앓이를 시작하게 되었습니다. 그 당시 남편은 불화로 집을 나가 있는 상태였고 점사가 곧 돌아오니 기다리라고 나왔었습니다. 두 분 모두 사주는 좋으나 궁합이 여자에게 불리한 경우로 여자가 남자에게 매달리는 궁합입니다.

"최근 남편이 돌아와 다시 시작하기로 했는데, 아직도 미덥지 못해요."

질문 그대로 남편의 속마음을 봤습니다.

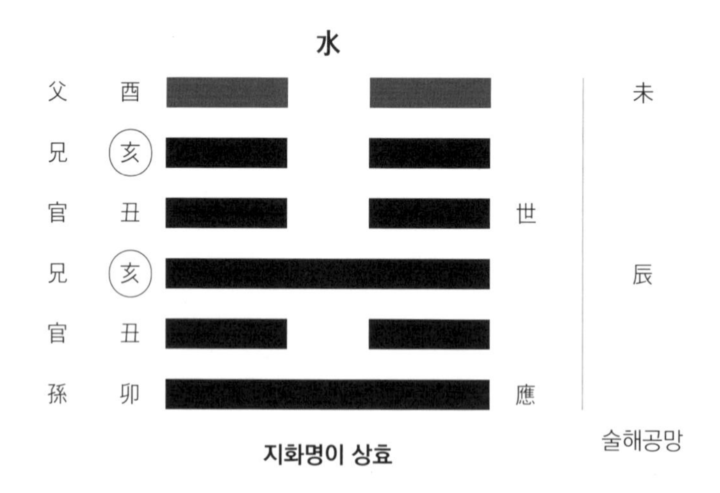


지화명이 상효

세효는 관효 사효로 나는 네가 남편으로 아직 좋은데 응효 초효 남편은 월일 휴수합니다. 하지만, 내가 남편을 금극목으로 잡고 있으니 어느 기간 동안은 힘들지만, 표면적으론 무탈합니다.

## AA 아들인데 여자가 있나요?(화산려 사효) 미월/해일(자축공망)

예약하시라고 했는데 막무가내로 계속 전화하신 분입니다.

받지도 못하는데 계속 울리는 벨소리로 엄청 괴로웠습니다.

일정을 끝내고 생각해 보니, 연세가 많으신 분으로 문자를 잘 못 하는 분 같아 점을 보고 연락드렸습니다.

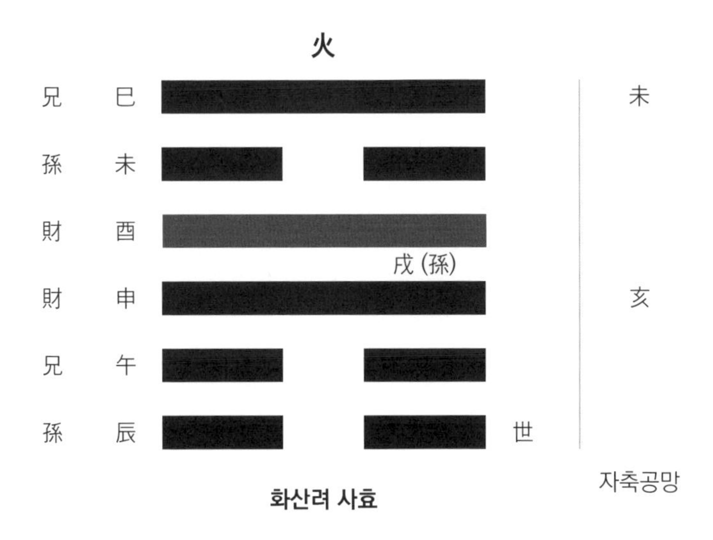


화산려 사효

아들을 세효로 통변했습니다. 저 육합 보이시나요?

진유합 토생금으로 서로 사랑하지만, 응효 여자가 금생수로 변효가 되고 공망이니 금방은 아니어도 결국 헤어집니다.

## 승진/이직/직장운 보는 법

- 모두 관효가 용신이기에 세효, 즉 직장의 주인공이 월일 왕상한지 꼭 확인해야 합니다.
- 월일에 직장이 즐비하게 나와 있어도 주인공이 휴수하면 안 갑니다.
- 이직이나 직장 내 이동운(부서 변경) 물었으나 형효가 동하면 내가 아닌 동료가 갑니다.
- 승진을 물었는데 세효가 손효를 잡으면 승진을 갈망하는 심리로 보면 되는데 결국 승진은 안 됩니다.

즉, 승진하고 싶다면 꼭 관효 잡기!
이직을 물었으나 괘에 관이 없다면 관효달에 이직할 직장이 나옵니다.

세동: 내가 움직인다/내 마음이 바뀐다
동효에 세가 극받으면: 동효로 인해 움직인다

**A 남편이 내년에 승진할 수 있을까요?(수뢰둔 초효, 상효) 술월/미일 (오미공망)**

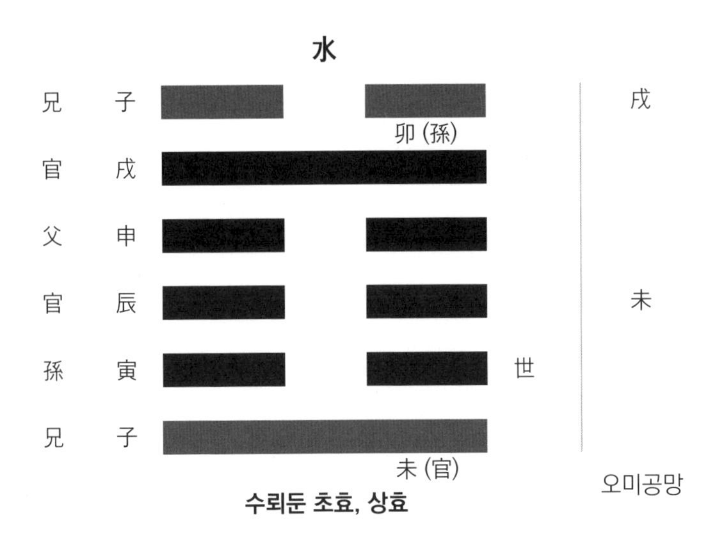

수뢰둔 초효, 상효

이럴 경우 남편이기에 관효가 남편효이면서 동시에 승진도 관효로 봅니다.

관효는 오효로 월에 생 받으니 승진을 너무 원하는 상태입니다.

문제는 동효인데 초효, 상효 모두 형효가 움직입니다. 그렇다면 승진은 모두 다른 사람의 몫이라는 뜻이지요?

승진은 이번에는 어렵습니다.

## B 승진 할 수 있을까요?(뇌산소과 초효) 술월/미일(인묘공망)

질문 그대로 봤습니다. 보통 우리가 승진점을 칠 때는 실제 그 회사의 승진달을 유의해서 통변해야 합니다.

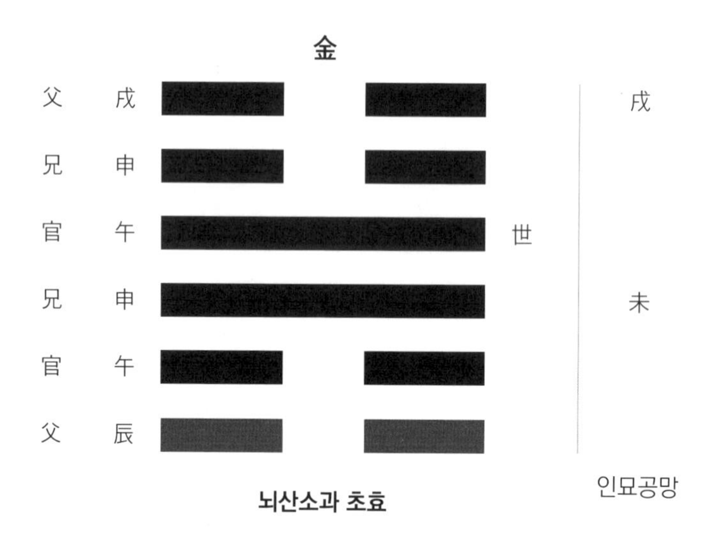


세효 사효 관효로 승진을 희망하나 월일 휴수한 것으로 본인도 승진이 될 거라고 생각 안 하고 있습니다.

동효 또한 초효 부효니 내 관운을 빼 가고 자리 이동만 보입니다. 따라서 승진은 어렵습니다.

## C 여기를 계속 다녀야 할지?(뇌화풍 상효) 인월/술일(진사공망)

작년에 운세를 봤던 20대 청년입니다. 질문 그대로 직장운을 봤습니다.

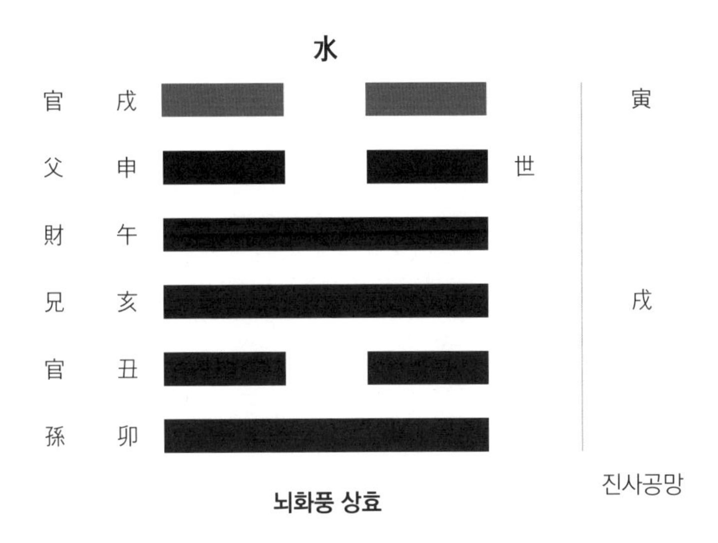


세효 오효로 부효 잡고 일에 생 받습니다. 직장이나 자기 사업에서 저리 부효를 잡으면 일이 너무 힘들어 반드시 그만두게 됩니다. 일이 너무 많고 해도 해도 끝이 없으니 회사가 잘되는 것은 좋으나 딱 죽기 직전입니다. 너무 힘들어서 이번 달에 확 때려치우고 싶은 마음이 듭니다(월과 세효가 인신충 되었습니다).

그런 줄 알고 저 상효에 관동이 보이시나요?

승진시켜 줍니다, 다음 달에…. 또 이런 갈등하는 상황이 3월 5일이면 끝난다고 하니, 깜짝 놀라며 3월 4일에 프로젝트가 끝난다고 합니다. 회사가 발전 가능성이 있고 또 승진도 시켜 준다니, 일단 승진하고 고민하기로 했습니다.

## D 남편 회사에서 남편을 어찌 보나요?(감위수 오효) 술월/인일(진사공망)

신혼부부의 점사입니다.

“남편이 너무 힘들어해서, 어찌 해야 할지….”

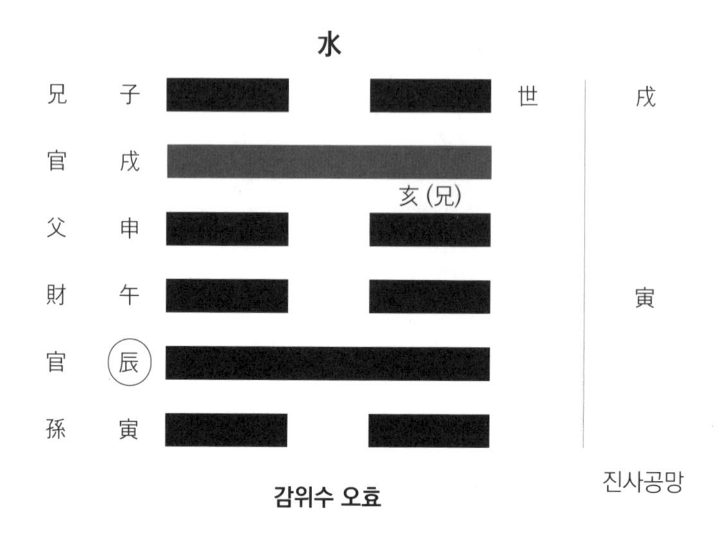

감위수 오효

세효 상효로, 남편을 세효로 봤습니다. 죽지 못해 다니는 남편의 모습이 보입니다.

월일 휴수하고 저리 관효인 동효에 맞으니, 과중한 업무와 스트레스로 ‘더는 못 다니겠다!’입니다.

당장 그만두고 싶은데 못 받은 성과급도 있고 대출 금리도 오르고, 신혼부부가 경제 사정이 많이 어렵다고 합니다.

"6개월 동안 회사가 안 준 인센티브는 언제 나올지…."

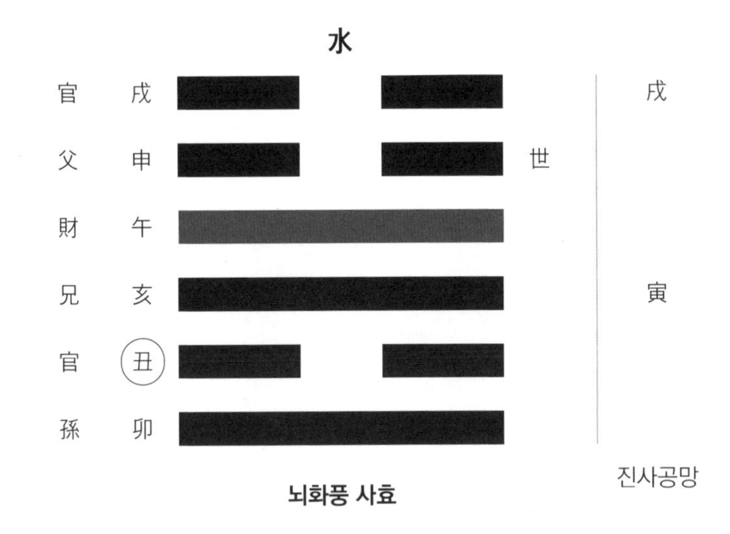


뇌화풍 사효

돈이 한 눈에 보이시죠? 저 사효의 재효가 동하니 곧 나옵니다.

## E 소개해 주는 직장(수택절 삼효) 묘월/오일(술해공망)

"아직 코로나로 항공 업계가 침체이긴 한데, 지금 직장은 더 다니기 싫고 지인의 추천을 받은 이 항공사, 진짜 갈 수 있을까요?"

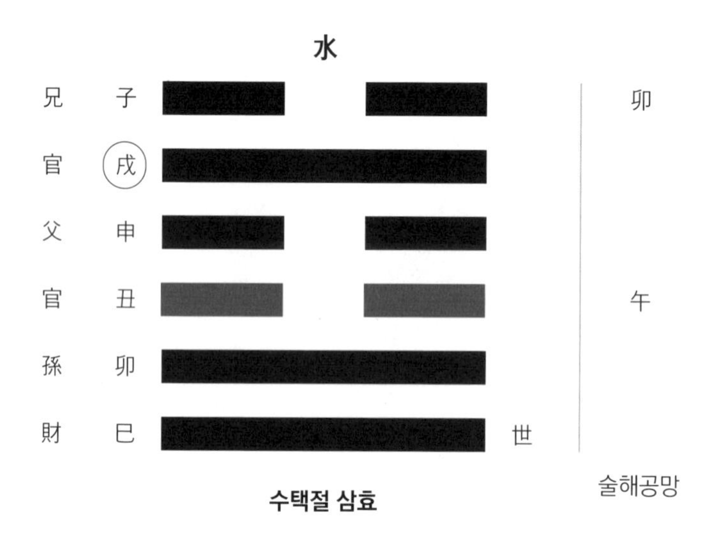

수택절 삼효

세효 초효로 재효 잡고 월일 왕상입니다. 이 항공사는 월급이 좋은 회사이고 유명한 곳입니다.

나도 가고 싶고 내 운도 움직이고… 단, 아직은 좀 기다려야 하고 음력 12월이나 1월에 가능합니다.

한~참 남았다고 했더니, 올 연말에나 된다고 합니다.

이 직장 좋습니다.

### F 제 자리가 변동될까요?(풍화가인 무동) 신월/미일(진사공망)

몸이 안 좋아 휴직 중인 분이, 직장 동료로부터 이상한 말을 들었다고 하여 괘를 내 보았습니다.

"예정에 없던 새로운 여직원이 출근했다는데, 우리 주인공은 올해 정규직 전환 대상으로 뭐가 잘못된 건지…. 직장에서 제가 이동수가 있나요?"

이 부서에서 옮기면 정규직은 물 건너간답니다.

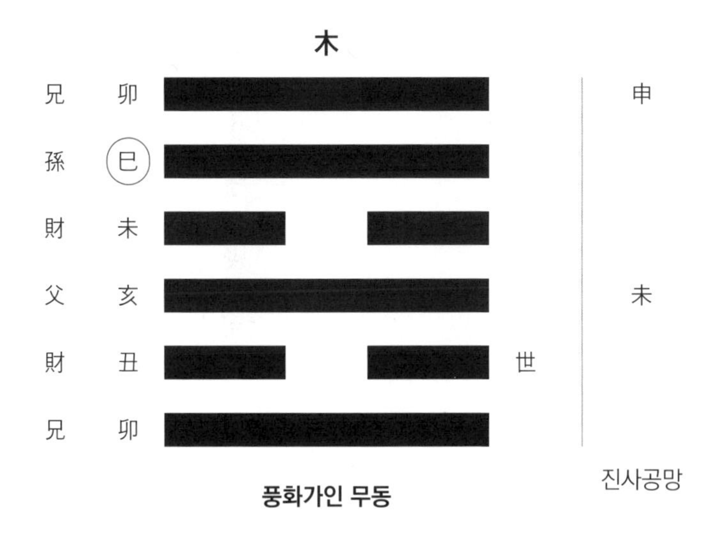


풍화가인 무동

무동은 말 그대로 '변화없다.'

한 달 후, 그 여직원이 잠시 일이 많아 파견 나왔던 거라며 돌아갔다고 합니다.

### G 제가 같은 직종으로 이직하려고 합니다.(지뢰복 삼효) 술월/사일 (신유공망)

"현재 삼***법인에 근무 중인데 한***법인으로 이직하려고 합니다. 그냥 있는 게 나을지 옮기는 게 나을지…."

- 이직할 경우

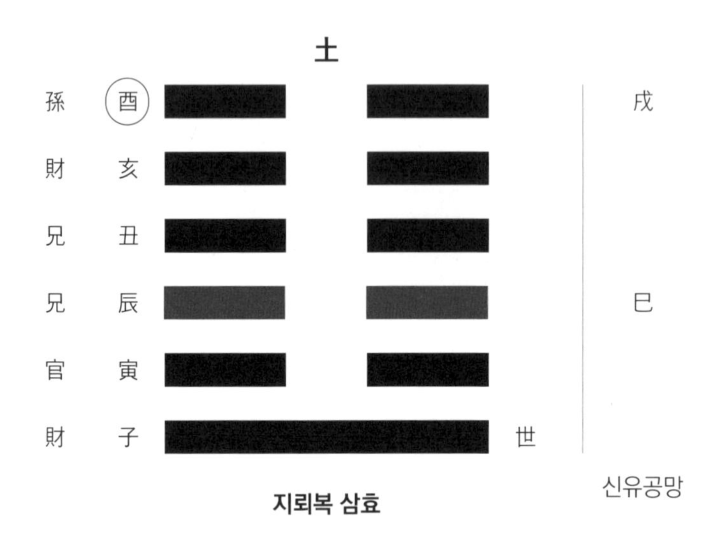


**지뢰복 삼효**

세효 초효로 월일 휴수합니다. 즉, '난 사실 진짜로 갈 마음은 없다.' 더군다나 이곳은 이직도 쉽지 않고, 내가 편하게 있지 못하고 회사의 규모나 비전도 적습니다.

• 그냥 기존 회사에 있을 경우

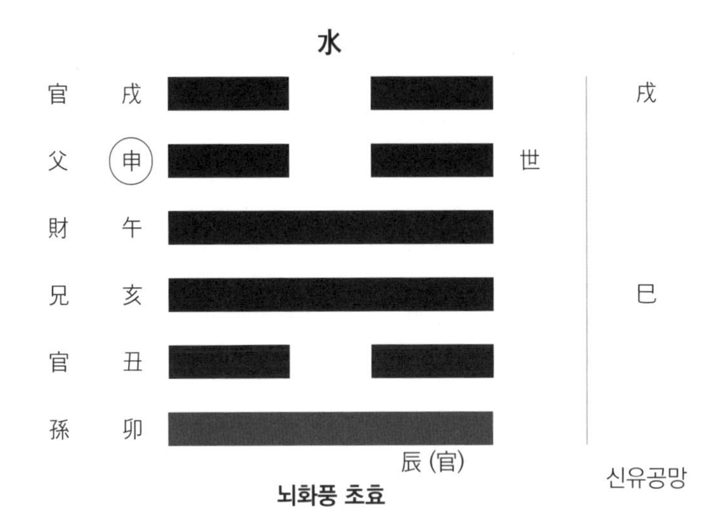


뇌화풍 초효

세효 오효 부효 잡고 월일 휴수. 항상 부효는 '힘들다, 억만금을 줘도 못 한다.'입니다.

이 회사는 유명하고 급여도 좋지만, 일이 힘에 부쳐 너무 힘듭니다. 급여도 이직하려고 하는 곳보단 좋으니, 이분은 돈보다 편한 곳을 가고 싶어 합니다.

하지만 저 위 직장은 형효가 동해 나를 힘들게 하니 결국 오래 못 다니는 곳입니다. 좀 더 버텨 보고, 좋은 직장이 나오는 달을 찍어 드렸으니, 내 가치가 높아지는 달에 이직하면 됩니다.

### H 이 직장에 계속 있어도 좋은가요?(감위수 초효, 오효) 유월/진일(자축공망)

이 점사의 주인공은 2018년부터 운이 식상운으로 흘러 직장이 계속 삐걱댄 분입니다. 이상하게 가는 곳마다 잘 안 맞고 몸도 안 좋아 쉬면서 직장점을 봤는데, 제가 계속 직장이 없다는 답을 드렸던 분입니다.

2019년에는 아르바이트 자리도 못 구해서 결국 자격증만 많이 땄는데, 그 중장비 자격증이 여자는 안 쓰는 경우가 많아 무용지물이 되었습니다. 20년 약 2개월 전에 간신히 직장을 구했는데 그 직장이 좋은지 봤습니다.

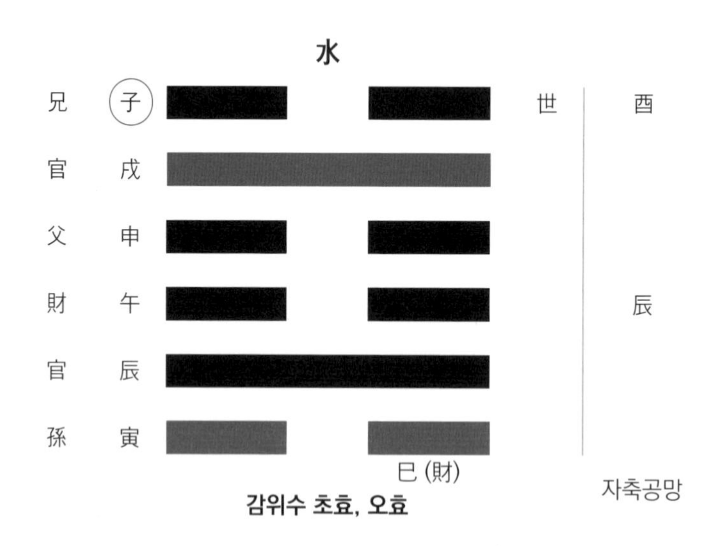

감위수 초효, 오효

세효 상효로 형효 잡고 월일 휴수. '전혀 다니고 싶지 않다.'

거기에 이효 오효 모두 관효로 구설이 난무하고 일은 힘들고 돈도 적고… 육충괘이니, 결국 그만둘 것으로 보입니다.

그렇다면, 새 직장은 언제 오나요?

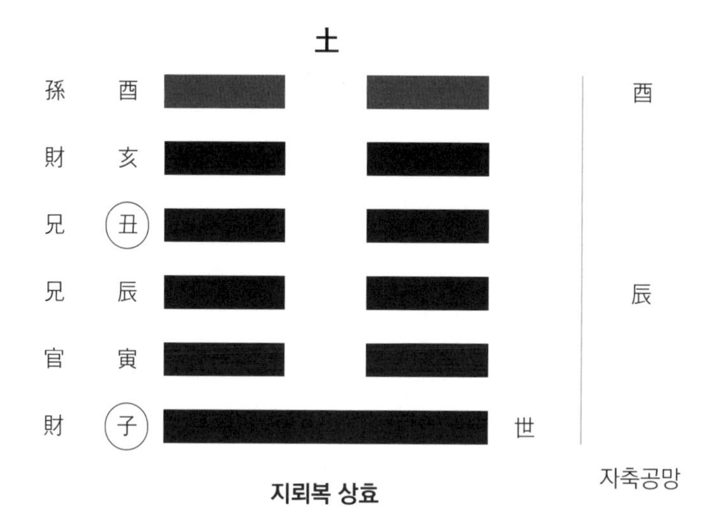

**지뢰복 상효**

세효 초효 재효로 월에 생 받으니 월급 많은 곳을 희망합니다.

하지만 저 상효 동효는 손효로 나오는 모든 일자리를 쫒아 버립니다. 거기에 동효가 저리 월일에 왕상하니, '택도 없다!' 입니다.

내년 음력 2~3월에 내 운이 좋아지면 직장이 나오니 좀 더 버티셔야 합니다.

## I 본사에서 나가라고 할까요?(천화동인 삼효) 해월/술일(신유공망)

올해 초(2020년) 코로나 시기에 딱 맞춰 매장을 인수하신 분입니다. 워낙 매출이 좋은 일등 매장이었는데, 아무리 코로나 시국이라곤 하지만 작년 대비 역신장 1등 매장이 되었다고 합니다.

본사에서 매출을 이유로 나가라고 하면 당장 나와야 한다고 합니다. 이 사장님은 갈 곳이 없고…. 핵심은 본사가 나가라고 할지 봤습니다.

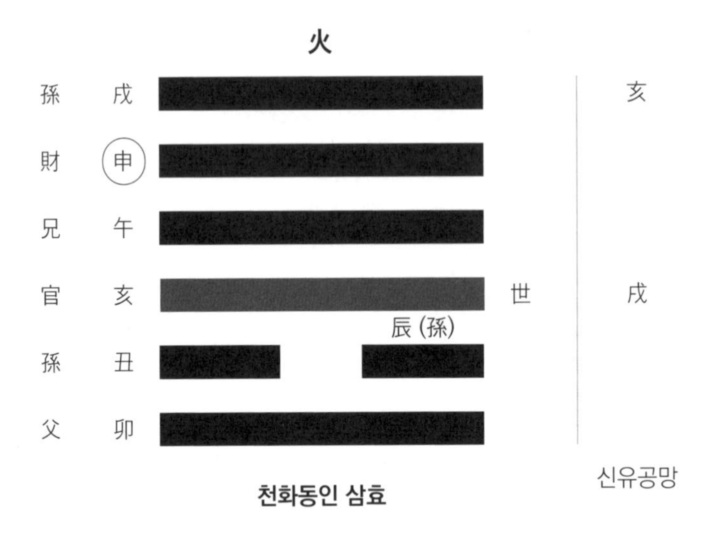


천화동인 삼효

회사도 사실 간을 보는 중입니다. 지금 당장 나가라고 하진 않지만, 세효가 삼효로 관변손, 즉 '내가 갈등하다가 그만둔다.'입니다.

'내가 먼저 그만둔다.'가 핵심입니다. 본사는 '매출만 나오면 상관없다.'인데….

워낙 좋은 자리라 버텨 보시라 했으나 오래 가진 못할 것으로 보입니다. 코로나가 참… 여러 사람 잡습니다.

**J 이 직장에 계속 다니는 게 맞나요?(풍화가인 삼효) 유월/해일(신유 공망)**

21년 초에 직장을 구하러 다니신 분의 점사입니다. 아이도 어려서 구하기가 어려웠고 이 직장도 계속 다니려면 난관이 많은 분입니다.

역시나 돈이 안 벌려서 고전 중인데, 여자들의 시기 질투만 받아 왕따라고 합니다.

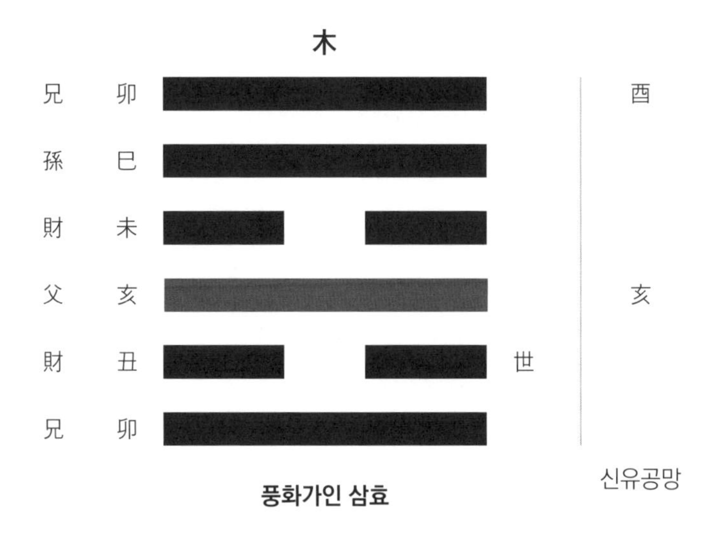

풍화가인 삼효

세효 이효로 재효 잡았으나 월일 휴수합니다. 즉, '난 이 일을 잘 못하고 재가 휴수하니 돈도 안된다.'

내가 잡은 돈이 너무 적고 구설도 왕왕하니 옮길까 말까 망설이는 모습이 보입니다. 현재는 처음의 자신감도 없고 한숨만 나오는 상태입니다. 최대로 벌어도 100만 원인데, 너무 돈이 적다고 했더니 현재 그것도 못 벌고 있다고 합니다.

"원하는 월급은 300만 원인데 가능할까요??"

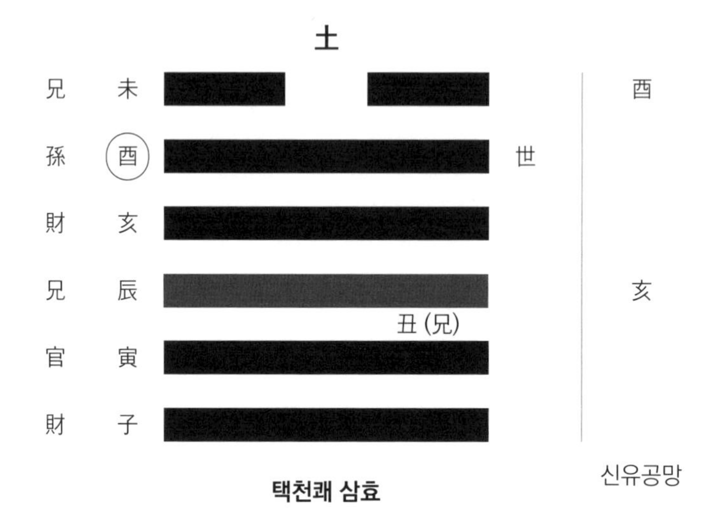


**택천쾌 삼효**

원래는 돈 많이 버는 곳인데 나에게는 택도 없다고 합니다.

아이를 맡기고 나오는 입장이니 삼백은 벌어야 하는데, 남들은 다 벌어 가도 내가 가져갈 돈이 없습니다.

### K 헤드헌터로부터 이직 제의를 받았는데요…(산지박 삼효) 술월/술일 (신유공망)

일지 편관을 깔고 있는 분의 점사입니다.

"이직을 제안 받았는데 그 직장을 가면 어떨까요?"

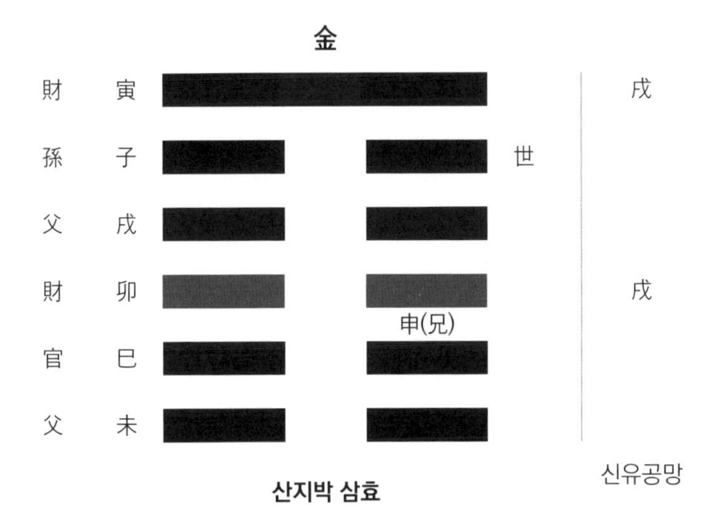

산지박 삼효

세효 오효 손효로 월일 휴수니 갈 마음 없습니다. 손효는 직장을 때리는 글자이지만 평안함을 잡으니 좀 쉬운 곳, 편안한 곳입니다.

단, 동효 재효가 퇴신하니 급여가 적습니다.

형이 공망이니 나를 대신할 동료가 없고, 잘못하면 일이 다 내 차지가 될 수 있는 곳입니다.

결국 안 움직이는 것으로 결정했습니다.

## L 제가 직장에서 무탈할까요?(감위수 오효) 진월/사일(신유공망)

'극 트리플 A형'이라며 자신이 현재 다니는 직장에서 무탈한지 봤습니다. 이분은 권고사직을 많이 당해 본 분으로, 트라우마가 심하다고 합니다.

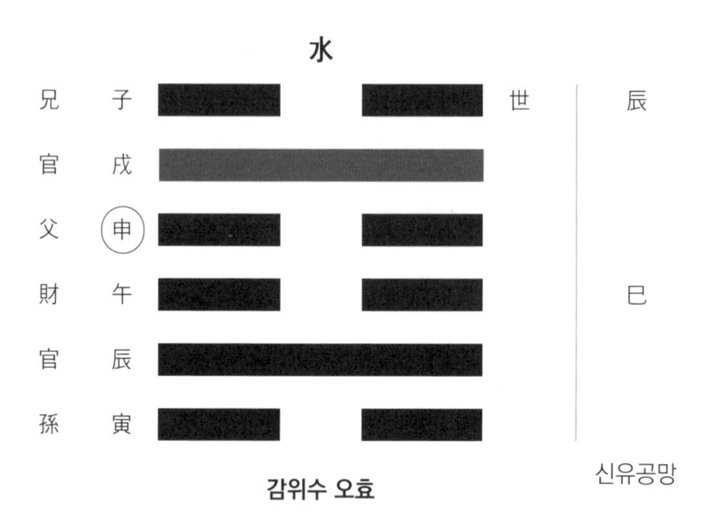


세효 초효 형효로 월일 휴수합니다. 이 일도 잘 못 하고 다니고 싶지도 않고…. 실제 새 직장으로 이직을 준비하고 있는데, 이 괘에서 문서 공망은 서류 관련 업무를 잘 못 한다는 뜻입니다.

본인의 말은 병원 행정직을 하다 건설회사 일을 처음 해 봤는데, 너무 어렵고 힘들어서 다시 병원으로 가고 싶다고 합니다. 저 왕하게 움직이는 동효 관효는 세효를 극하니 진술충으로 이달 지나면 본인이 퇴사합니다. 저 관동은 일을 못 해서 상사에게 지적받는 것으로, 본인은 죽을 지경입니다.

즉, 답은 '술월까지 있으면 잘리지만, 내가 먼저 나온다.'입니다.

### M 동생이 면접만 남겨놨는데…(산천대축 초효) 오월/술일(인묘공망)

“합격할까요? 두 번째 도전이고 꼭 이 직장을 가고 싶다고 합니다.”

엄청 절차가 많은데 인터뷰만 통과하면 된다고 합니다. 이럴 경우엔 참 난감합니다. 합격이라고 하면 좋지만, 아닌 경우는 참….

사실 불합이라고 해도 면접을 볼 건데, 합격의 힌트라도 얻으려고 괘를 냈습니다.

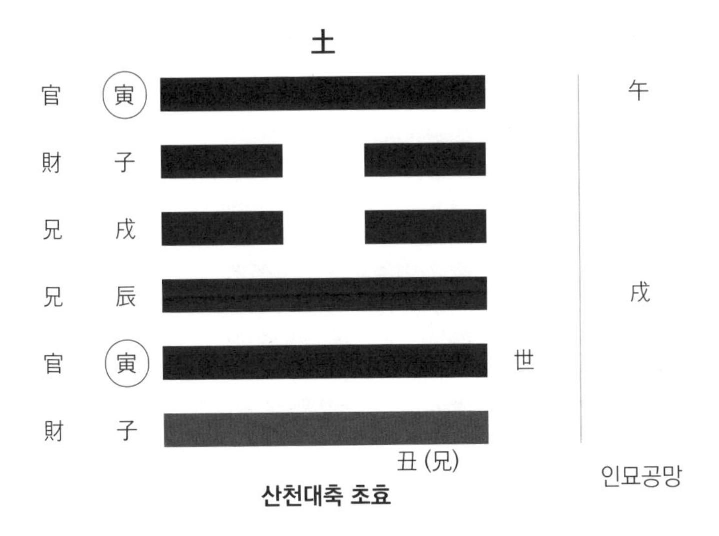

**산천대축 초효**

세효 이효 관효로 이 효는 누나의 심리 상태입니다. 직장을 물었으나 합격을 확신 못 하는 상태. 그렇다면 동생은 형효로 봅니다.

동효는 재효로 관효를 생해 주나 저 상효의 인목 관효가 공망입니다.

즉, ‘윗사람 한 사람이 면접에서 불합을 준다.’인데….

최대한 저 관효를 살려야 합격합니다.

## N 잘릴 뻔했는데 이제 저 괜찮을까요?(화뢰서합 오효) 신월/오일(진사공망)

앞 실관에 나온 보험 일을 하는 아기 엄마입니다. 일전에 이 업종을 선택할 때 구설과 큰돈은 안 된다는 점괘를 받으신 분입니다.

"구설로 인해 해고까지 될 위기에 처했으나,
다행히 수습은 되는 것 같은데 이 직장 이제 괜찮을까요?"

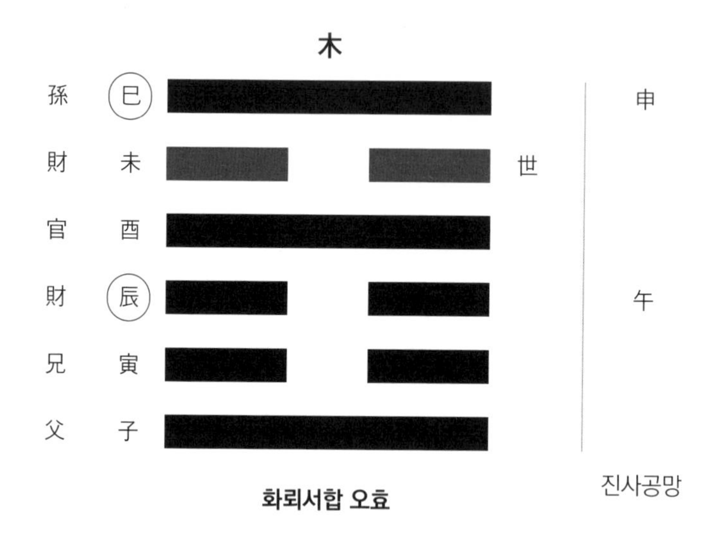


**화뢰서합 오효**

세효 오효 재효 잡고 동하니, 열심히 돈 버는 모습이 보입니다.다행히 올해의 구설은 좀 잦아드나 저 정효의 사화공망 진토공망은 뭔지….
일진 손효 오화와 재동을 한 번에 확 꺾어 버립니다.

물어보니, 계약 건의 반 이상 철회되어 월 200 정도의 수입이라고 합니다. 아직 아이들이 어려서 먹고 살려면 죽어라고 해야 하는데, 고객에게 더 성심을 보이는 수밖에 없습니다.

### O 인터뷰 오라고 하는데 합격할까요?(뇌산소과 오효) 유월/해일(신유공망)

평생 직장운만 갖고 있는 50대 남자분의 괘입니다.

사주상 꾹 참고 다녀야 하는데 작년 인사이동의 불만으로, 그렇게 제가 만류했건만 사표를 후련하게 던지고 올해 초부터 쉬고 계신 분입니다. 믿는 구석이 있어서인데…. 부인이 본 점으로는 제가 그 사람 썩은 동아줄이니, 다른 곳을 알아보라 했었습니다.

이전 대표가 그만두면서 다시 와서 곧 너를 쓸 거니 잠시 쉬면서 기다리라고 하여 월급도 6개월 치 받으며 나왔는데, 점사대로 그 대표는 못 돌아오게 되고 이분은 실업자가 되어 구직 중입니다.

"이곳을 지인이 소개해서 오라는데…."

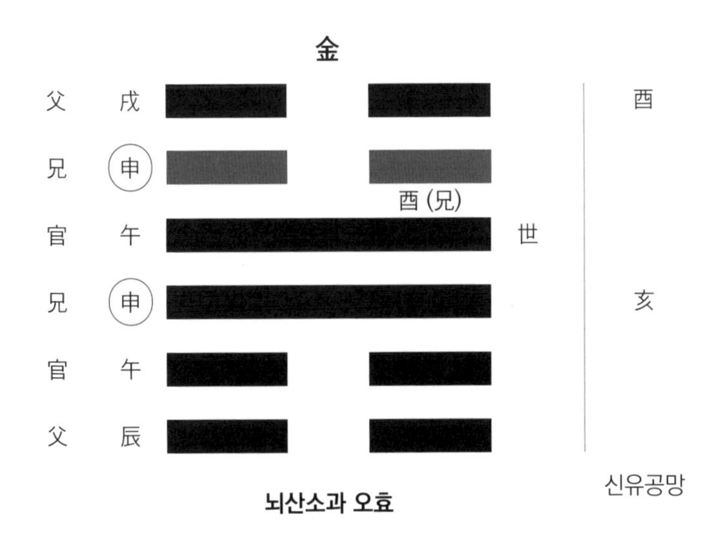


뇌산소과 오효

세효 사효 관효는 월일 휴수. 가기도 전에 머리가 지끈거립니다.

게다가 저 동효 형효는 다른 내정자가 있음을 의미하니 아마 본인이 인터뷰에 안 갈 것이고, 실제로 자존심이 상해서 안 갔다고 합니다.

관효를 잡은 것을 보면 본인도 직장이 절실하니 아직 때가 오지 않았습니다. 이 점사대로면 내년 5~6월에 취업 가능합니다.

부인은 너무 오래 쉰다고 푸념만 잔뜩 하다 가셨습니다.

**P 코로나 바이러스로 다니던 병원이 중점병원으로 바뀌는데, 저는 다른 곳으로 움직이게 될까요?(풍뢰익 초효) 인월/해일(진사공망)**

코로나와 관계없는 병원인데 대구 경북 지역의 병상 확보 문제로 병원 전체를 정부가 임대하게 되었답니다.

점사의 주인공은 물리치료사이니 다른 병원으로 가게 될지 남을지를 봤습니다.

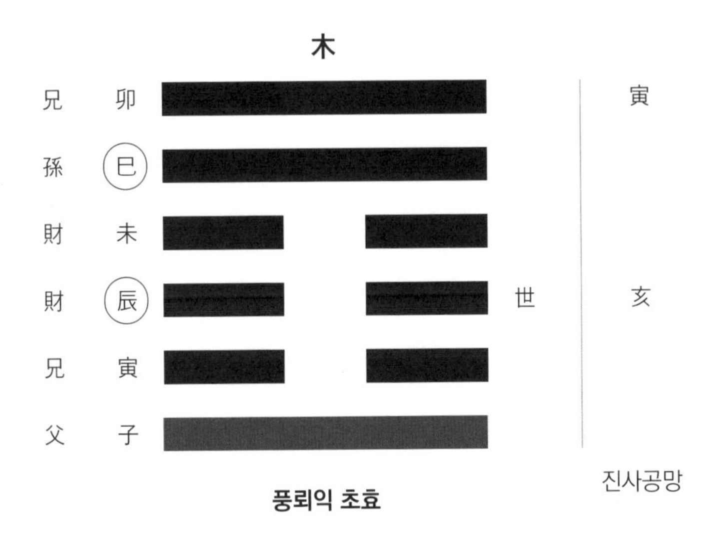

풍뢰익 초효

동효 부효가 초효에서 움직이니 다른 병원은 아니고 병원 내에서 근무 위치를 바꿀 것으로 보입니다.

세효 삼효는 월일 휴수하니 안 옮기고 싶은 마음입니다.

## Q 앞으로 어찌 될지…(손위풍 삼효) 인월/유일(인묘공망)

지난 연말에 직장에서 계속되는 사내 구설로 시원하게 사표를 내신 분입니다. 좋은 직장이라 그리 말렸건만, 일 년 동안 잘 지내다가 결국 마지막에 이런 일이….

앞으로 어떨지 봤습니다.

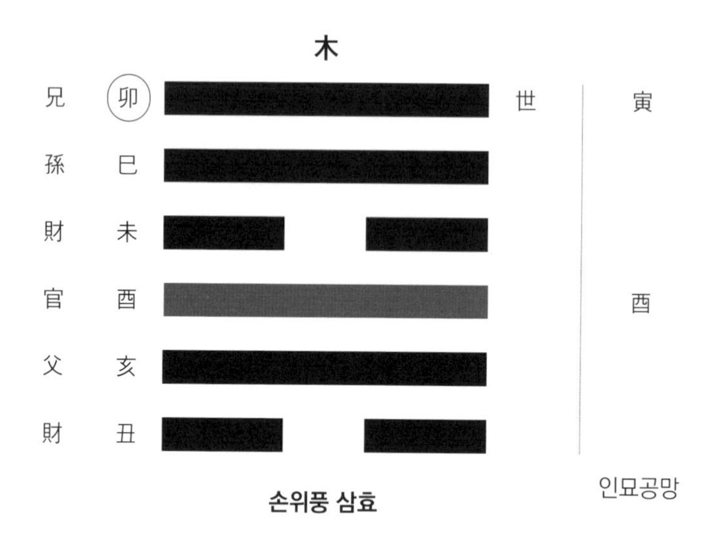


**손위풍 삼효**

세효 상효로 공망, '난 의심한다, 잘 모르겠다.'

일진 관효에 동효 관동이니 퇴사하고도 아주 오랫동안 시끄럽습니다. 마음의 평안을 찾아야 할 텐데… 여름이나 되어야 잠잠해집니다.

**R 아들이 직장 잘 다닐 수 있나요?(뇌화풍 오효) 진월/해일(신유공망)**

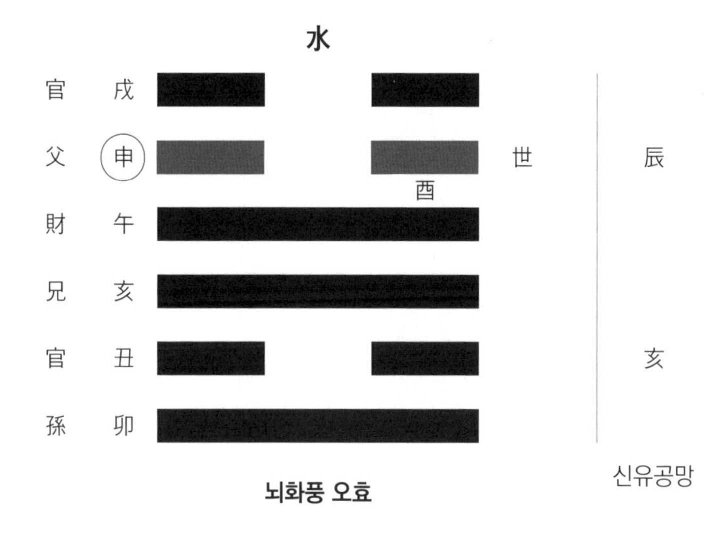


세효, 아들로 월에 생 받고 부효가 진신하니, 이 회사를 나가야 할지 말지 갈등하고 있습니다.

직장이 좋은 곳으로 보이나, 잘리는 것은 아니고 힘들어하는 모습만 보입니다.

"구설이 직장에서 난무한데 무탈할지?"

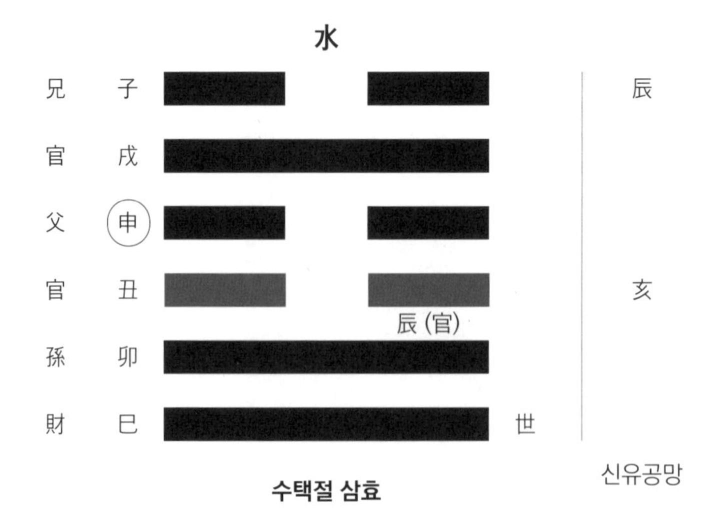

수택절 삼효

세효 초효 아들로 매우 휴수하고 관효가 동하니 좀 시끄럽습니다. 문서공망이니 서류 잘못으로 인한 문제인데, 아들에게 책임이 있지만 관련 의혹이 말끔히 해결되지 못하는 것으로 보입니다.

결국 잘리지는 않지만, 관동에 월파를 주셨으니 이달만 버티면 될 것으로 봤습니다.

“사내 연애 중인 여자와 내년에 결혼 가능할까요?”

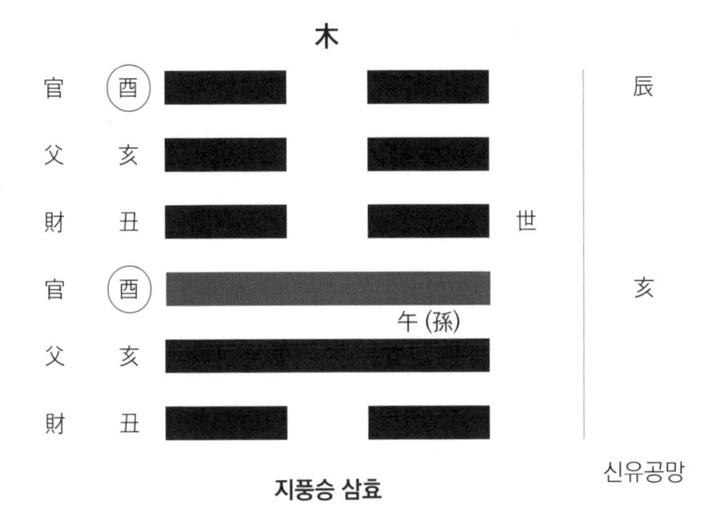


**지풍승 삼효**

세효 초효로 우리 아들이 여자에게 마음 있고, 응효 사효로 여자도 우리와 마찬가지입니다. 문제는 저 동효로 구설이 저 두 사람의 기운을 쏙 빼 갑니다. 따라서 마음은 있으나, 회사와 남의 시선으로 결혼은 불가합니다.

35세 아들이 여자와 사귄 지 30일, 50일, 100일 등등 모든 기념일에 시어머니 될 사람이 귀금속을 선물한다고 합니다.

음… 쉽지 않은 시어머니입니다.

## S 저, 직장에서 왕따입니다.(뇌천대장 이효) 신월/해일(신유공망)

20대 후반의 여자분이 직접 뽑은 괘입니다.
직장에서 자긴 정말 왕따라고 합니다.

"나를 괴롭히는 이 사람, 대체 왜 이런 거지요?"

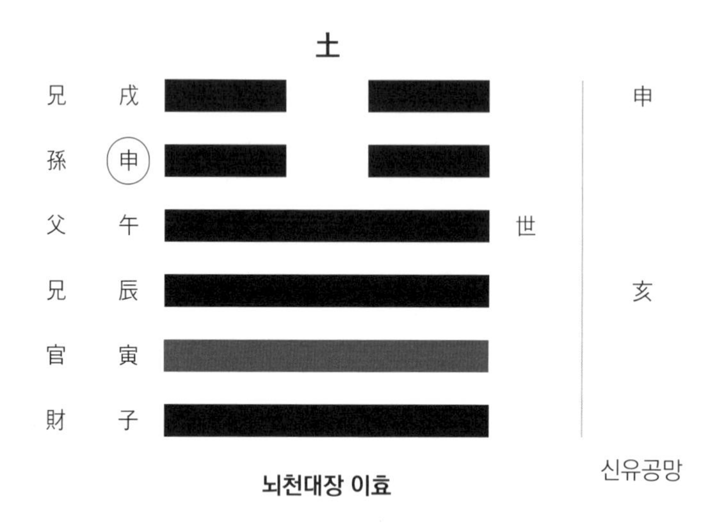

뇌천대장 이효

초효 사효로 월일 휴수, 즉 '나도 잘한 것 없다.'

응효 초효, 상대방으로 일에 생 받으니 '난 잘못한 게 없다.'

저 응효가 이효 관효를 동하게 하니 결국 이 말은 '상사가 시키는 일이 너무 괴롭다.'입니다. 자오충으로 원래 안 맞는 사람들입니다.

내가 직접 상대하기보다는 저 오효에 있는 아래 직원에게 맡기면 통관되는데… 문제는 아래 직원이 공망 믿고 쓰기 어렵다는 것입니다. 결국, 적당히 아래 직원을 다 믿지 말고 써야 하는데… 직장생활, 갈수록 어렵습니다.

## T 남편이 직장에서 12월 1일 인사이동이 있다는데…(뇌택귀매 오효)

**술월/인일(신유공망)**

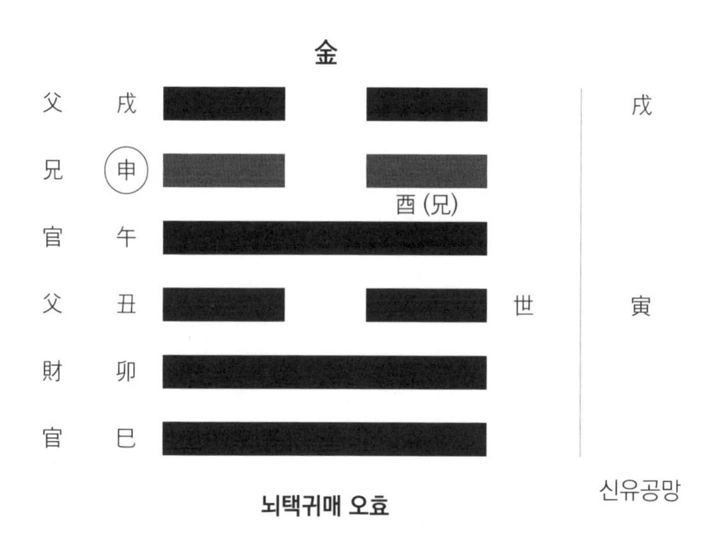


**뇌택귀매 오효**

이 괘는 남편이 용신이므로 관효만 봅니다. 초효 관효로 남편은 옮길 생각이 전혀 없습니다. 저 오효 형효인 동효는 진신하고 있습니다. 즉, 나 빼고 동료들 다 움직입니다. 본인은 절대 옮기지 않겠다고, 만약 발령이 난다면 직원들과 다 같이 그만둘 거라고….

새 부서로 가면 월급도 깎이고 내 체면도 바닥이라 사표가 최선이라며 요지부동입니다. 이 남자분은 평생 사업운이 없는 분으로 일 년만 버티면 정년까지 보장되는 분입니다. 사장이 직원 한 명씩 개별 면담을 하고 있는데 과연 남편이 어찌 나올지….

이분은 결국 시원하게 사표 쓰고, 동료들은 다른 부서로 옮겼습니다. 그 후 쭉~~ 5년을 쉬셨습니다.

**U 남편이 지난 토요일에 해직됐는데요.(화풍정 초효) 미월/축일(술해 공망)**

"아직은 일을 더 해야 하는데, 몇 군데 일단 부탁을 해 놨습니다. 직장이 구해질까요?"

화풍정 초효

세효 이효 관효로 공망, 월일 휴수하니 남편이 구직의 마음이 없습니다. 저 동효는 손효로 일등으로 잘리는 운, 원서 넣는 곳 모두 불합입니다. 60대 초반으로 더 일을 하셔야 한다는데, 겨울이나 되어야 직장이 보입니다.

일단 사람들에게 술이라도 사면서 부탁해야 합니다.

## V 해외 파견 갈 수 있을지?(화수미제 상효) 축월/오일(술해공망)

올 한해 혹독한 직장생활이 예정되어 있는 분입니다.

대기업의 고위직이고, 새로운 업무를 받았으나 너무 힘들 것 같아 점을 치니, 올해의 직장운은 '일은 태산이나 공이 없다.'

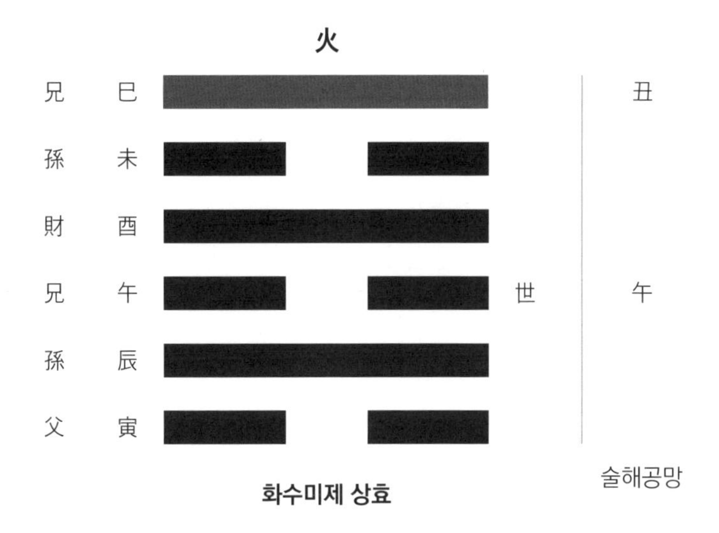


화수미제 상효

세효도 형효 동효도 형효 관효는 공망, 일은 많으나 상효의 동료에게 모든 공이 돌아가니….

“혹시 해외 파견 가능할까요?”

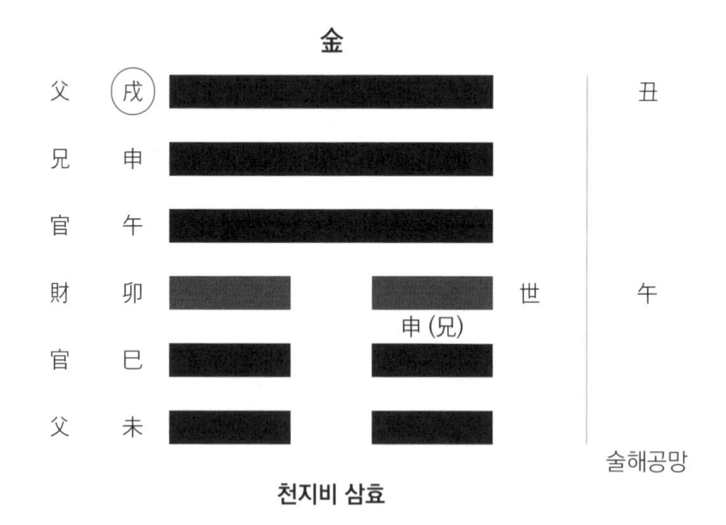

천지비 삼효

세효 삼효로 월일 휴수, 본인도 가능성이 없다고 생각합니다.

내 생각뿐이니 이동수 없습니다. 올해는 좋은 운이나 편하지 않으니 쉽게 가려 하지 말고 버텨야합니다.

## W 상사가 회삿돈을 계속 유용하는데…(천화동인 삼효) 자월/해일(진사공망)

"직장 바로 위 상사가 계속 돈을 유용하고 나를 그 일에 가담시키는데, 안 한다고 해도 시키고 내부고발을 할 수도 없고…."

괜찮을지 봤습니다.

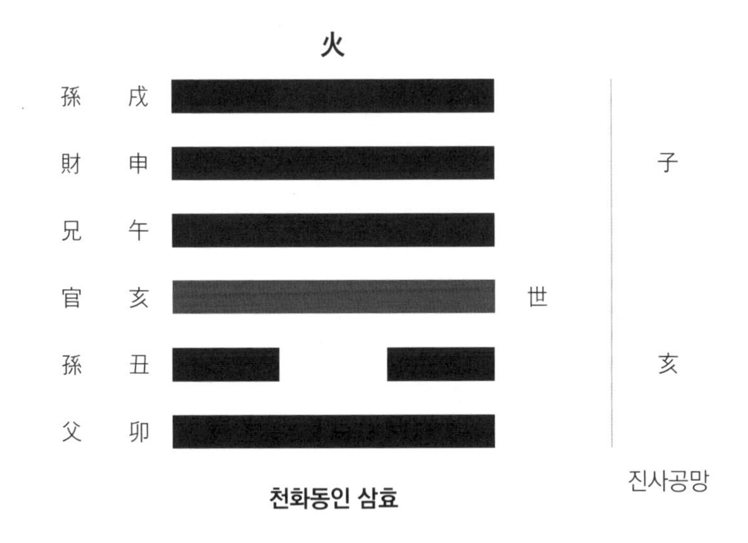


천화동인 삼효

세효 삼효 관효 잡고 동하니 '너만 걱정한다. 일단 아무 일 없다.'

전적으로 그 업무를 맡던 직원이 몸이 안 좋아 휴가를 반복해 쓰더니, 이젠 대놓고 나만 부려먹는데 계속 시킬지 봤습니다.

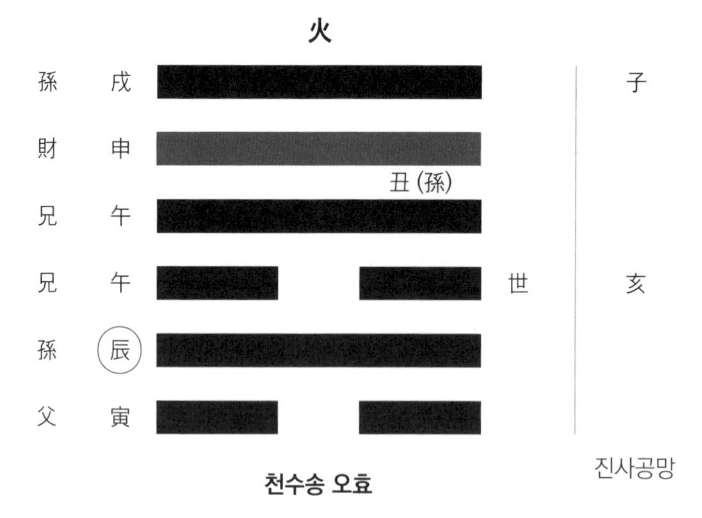

천수송 오효

세효 오효로 동하니 쥐꼬리만큼 월급 주면서 별 더러운 일을 다 시킨다고, 확 때려치우고 싶은 마음이 보입니다.

내 한숨과 불만이 괘 전체에 가득하지만 결국 나는 시키는 대로 하고 상사는 원래 그런 사람이고 이 자리에서 오랫동안 해먹은 사람입니다.

당연한 일이라 생각하기에 양심의 가책도 없으니, 나만 안 다치면 그만입니다.

## X 내년에 취업 될까요?(지택림 초효) 자월/신일(진사공망)

취준생에게 요즘은 진~짜 어려운 시기입니다. 입시점보다 많이 보는 점이 취업점사니까요.

"서류 넣은 곳 모두 떨어졌는데, 내년에 취업이 될까요?"

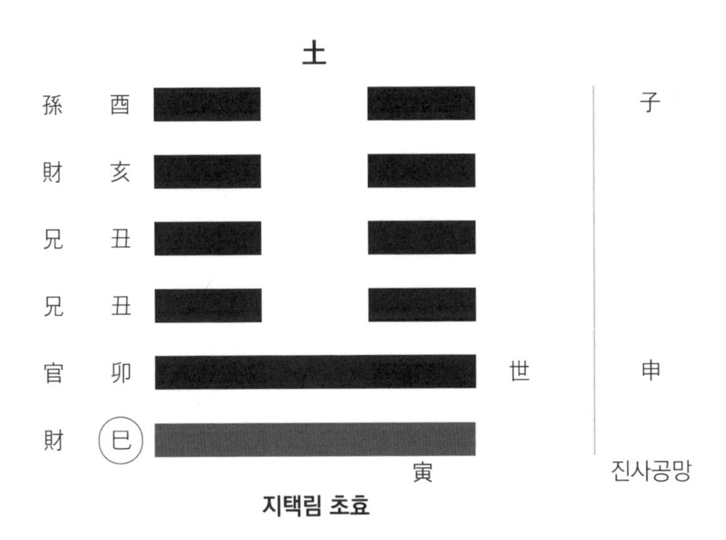


지택림 초효

핵심은 관효인데 부효가 동하니 내 관운을 모두 빼 가는 격입니다. 내 가치는 인묘진월까지만 높게 평가되니 최대한 이 3개월 안에 취업해야 합니다.

너무 답답하여 원서 넣은 곳을 모두 점단합니다.
관효가 중심입니다.

• A회사

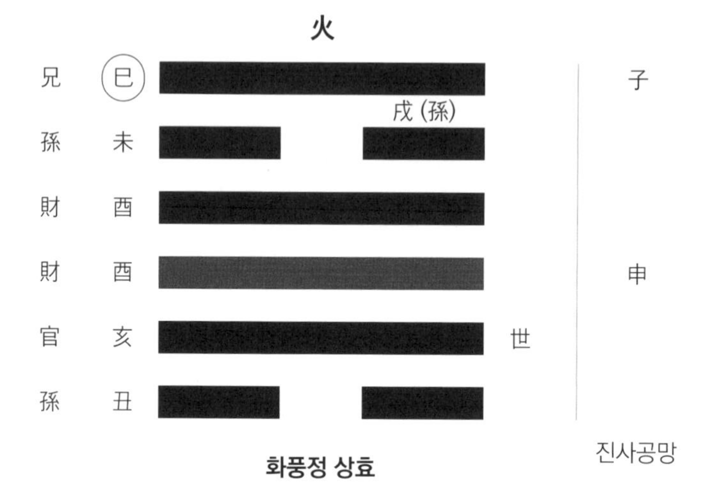


화풍정 상효

좋은 이름난 회사입니다. 급여도 좋고 내 운도 밀어주니 더욱 좋고 나도 꼭 가고 싶은 회사입니다. 합격 가능!

• B회사

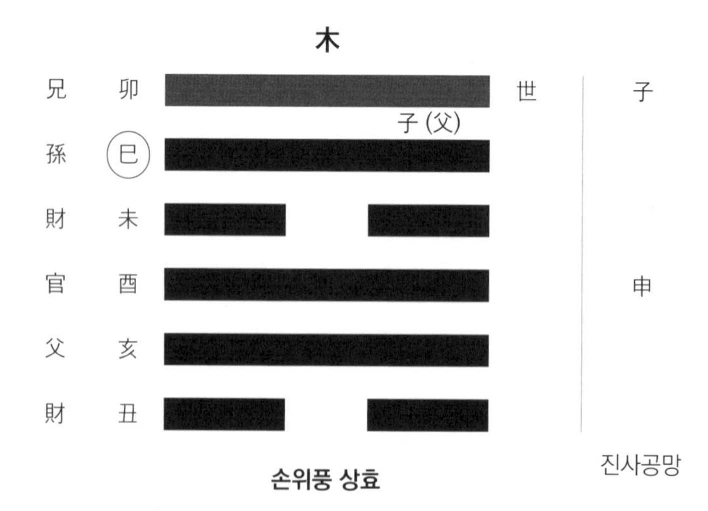


손위풍 상효

잘 모르는 분야이고 경쟁률도 너무 세고, 이름난 곳이지만 불합!

• C회사

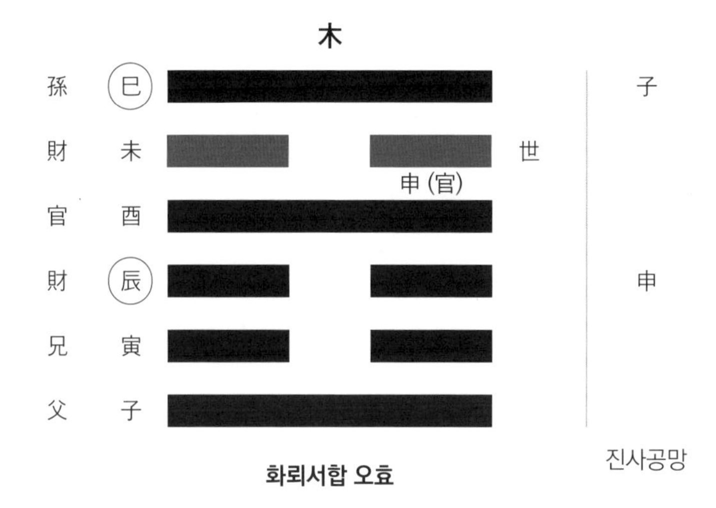


**화뢰서합 오효**

이름난 곳이나 세효 내가 휴수하니 갈등합니다. 이곳은 아마 면접 보러 안 갈 것입니다. 왜? 세효가 움직이므로.

• D인턴

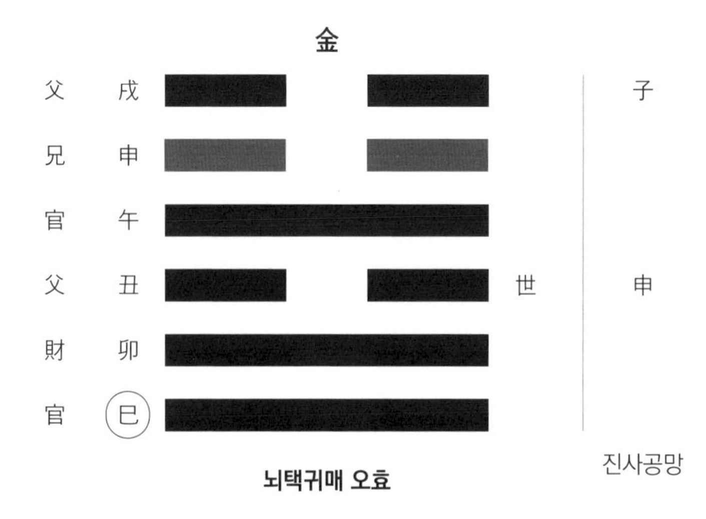


**뇌택귀매 오효**

이건 뭐 인턴이 정직원보다 더 붙기 힘듭니다. 무슨 지원자가 저리 많은지… 지금까지 본 곳 중에서 제일 먼저 떨어집니다.

그래도 희망적인 곳이 나왔으니 2~3월에 취업이 될 겁니다. 실제로 양력 4월에 본인이 원하는 새마을금고에 취업했습니다.

## 승부/입시/시험점/학업운

시험점에서 가장 중요한 것은 용신이 재효 잡지 않기입니다.
왜? 재극인으로 내 시험 점수가 날아갑니다.

### ∴ 재동, 형동 불합

시험만 칠 경우는 부효의 왕쇠만 봅니다. 대학 수시나 인터뷰 포트폴리오 면접전형은 반드시 관효가 핵심입니다.
용신이 휴수하면 자신이 없습니다. 공망이면 준비가 안 되어 있고 시험 칠 마음이 사실은 없습니다. 막연히 학교만 물으면 학교는 관효로 보고, 부공망이면 학생은 학원을 쉬고 시험점에서는 과락이 있다는 뜻입니다.
입시 철에 가장 많이 만나는 점사로 최상위권인 의대 입시의 경우 추가 합격 발표 달까지 넣고 꼼꼼하게 봐야 합니다. 경험적으로 의대 입시는 1%의 결점이 있어도 불합격되니 전체 괘를 빈틈없이 보고 보수적 통변을 하시는 게 좋습니다.
외국계 학교는 입시 일정이 다 제각각이라 관효와 부효만 중점적으로 보시면 됩니다.

## A 올해 대학 갈 수 있나요?(산뢰이 사효) 진월/사일(신유공망)

작년 입시에 실패하고 재수하는 학생의 점사입니다. 이 학생은 고등학교를 대안학교로 수료하고 수시 전형으로 가려고 수능은 아예 보지 않았다고 합니다. 결국, 모두 불합격. 학원에 다니며 재수를 하고 있습니다.

"아들이 열심히 공부하고 있나요?"

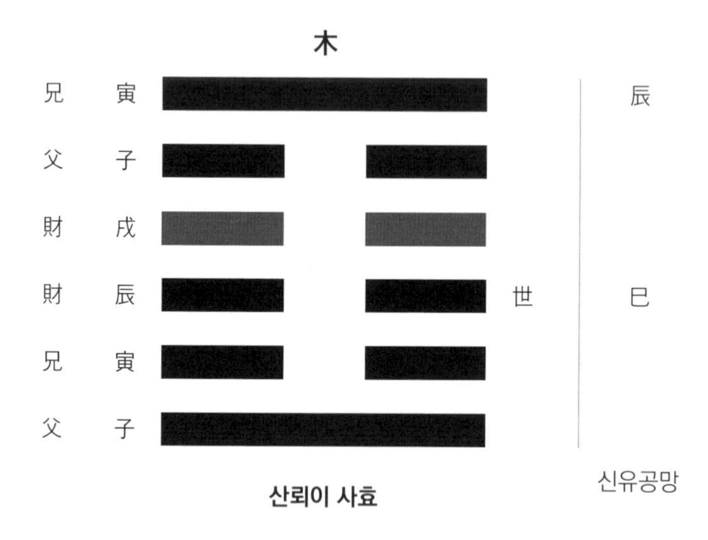

산뢰이 사효

아들은 일에 나와 있으니 공부하려고 하고, 엄마는 세효 사효 동해서 놀까 봐 걱정입니다.

핵심은 부효, 즉 공부인데 초효 자수 부효는 아직 휴수합니다.

저 부효는 신유월에나 가야 힘을 받으니 '아직까지는 노력만 하고 있다.'입니다. 기본기가 너무 없고 재효가 강하니 집중이 어렵습니다.

"어차피 수능은 어렵다고 생각하고 수시 전형이니,
올해는 수도권 어디든 대학에 갈 수 있나요?"

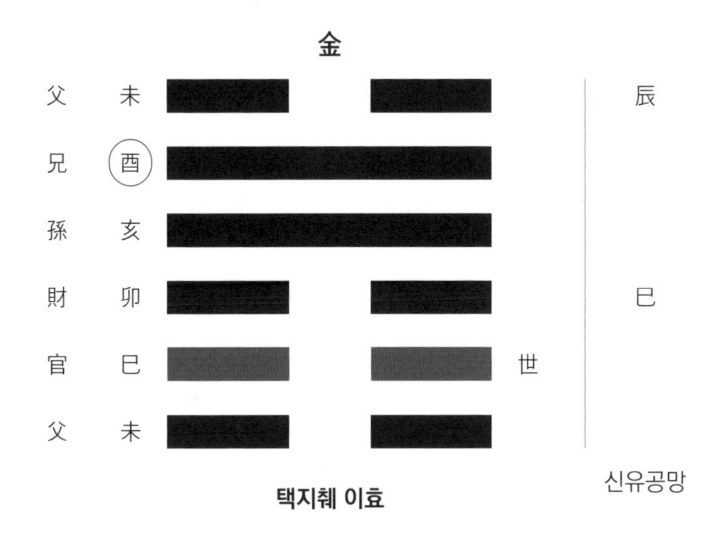

택지췌 이효

다행이 관효가 동하니 운은 있습니다. 아들이 그래도 좋은 대학만 보고 있으니 관동을 믿어 봐야 합니다.

## B 수시 합격할까요?(풍뢰익 사효) 해월/사일(신유공망)

보통 최상위권 학생일수록 더 치열한 게 입시입니다.

'공부를 못 하면 건강하게 졸업이나 하고 실력에 맞는 대학이나 가서(아직은 우리나라에서 대학까지는 나와야 하기에)적당히 취직하면 되는 거 아닌가?' 하고 생각하지만, 상위권 학생의 경우에는 모든 단계와 과정에서 최고를 받아야 하니 합격이 나와야만 숨을 돌릴 수 있습니다.

이 점사는 정시 전형이라 부를 중점으로 봅니다.

- A학교

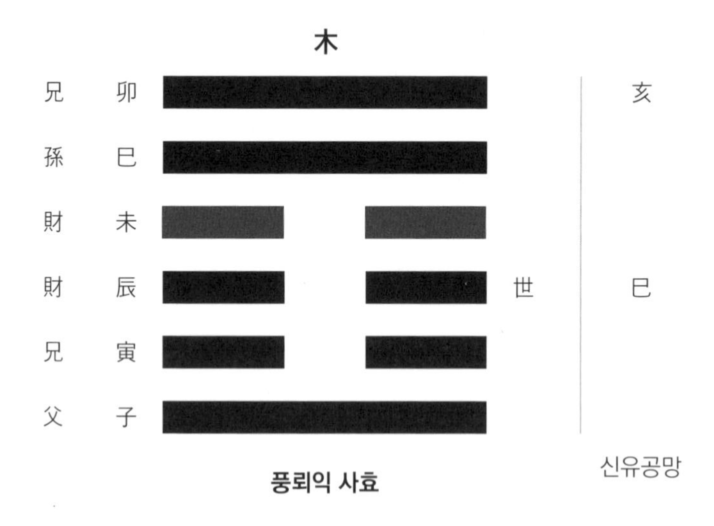

풍뢰익 사효

저 사효 재효동, 더 볼 것이 없습니다. 불합!

• B학교

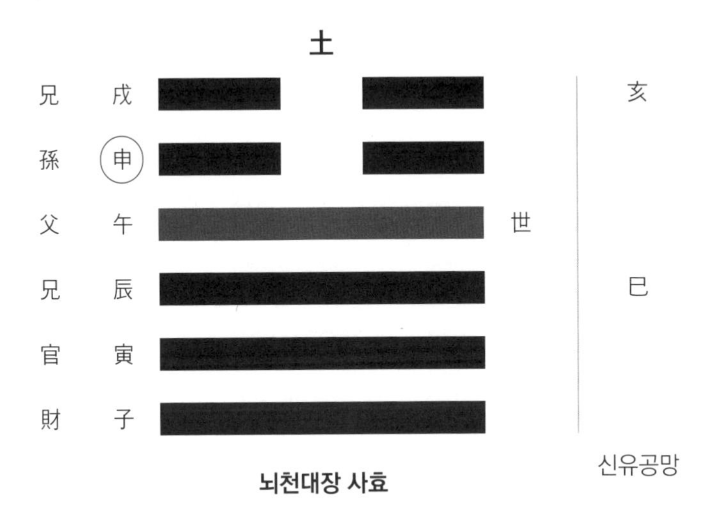


부효가 일에 나와 있으니 자랑할 만한 성적에, 부효가 동하니 합격지상.

• C학교

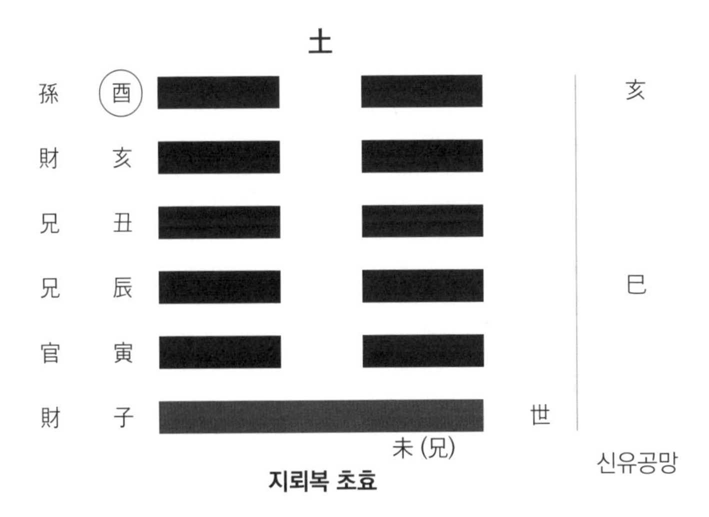


역시 재동, 꽝입니다.

## C 고등학교 어디로 가야 좋을지 - 주역점사

• A고등학교

산택손 이효

아랫것을 덜어내어 위에 보태줍니다. 이롭다는 뜻이나 출정하면 흉하고 찾아가면 벼슬자리라도 얻으러 온 것으로 보여 흉합니다.

별 득이 없는 학교입니다.

• B고등학교

**천택리 초효**

스펙을 쌓아가는 과정으로 순수하게 가니, 허물이 없습니다. 아이의 성향을 잘 아시는 부모님이시니 잘 선택할 것입니다.

**D 제가 올해 의치한 어느 곳이든 정시로 합격할까요?(풍수환 삼효)**
**축월/오일(신유공망)**

육효점은 이리 두리뭉실하게 물으면 답변 역시 두리뭉실하게 나옵니다. 그냥 질문 그대로 입학을 관동으로 봤습니다.

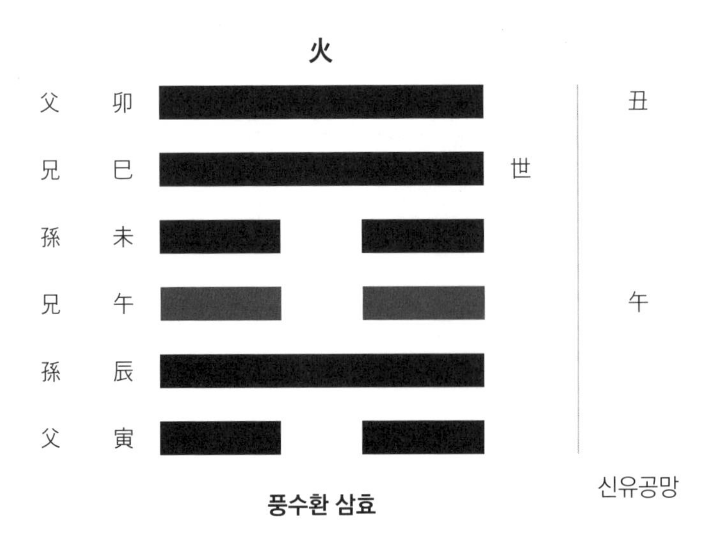

풍수환 삼효

형효가 동하니, 이건 더 볼 필요도 없습니다. 부효도 휴수하니 아직 성적도 안 됩니다.

이게 뭔 공부가 되어 있어야 의대고 뭐고를 묻지, 하늘은 '너 집중 안 하고 돈 벌잖아….' 합니다.

알고 보니, 직장을 다니면서 준비한다고 합니다. 결론은 불합.

죽도록 공부하고 와!!

## E 저희 딸 합격할까요?(산택손 삼효) 자월/묘일(진사공망)

"용인외대부고에 진학하려고 면접보고 왔어요. 중학교 내내 전교 1등이었고 1차는 붙은 상태입니다."

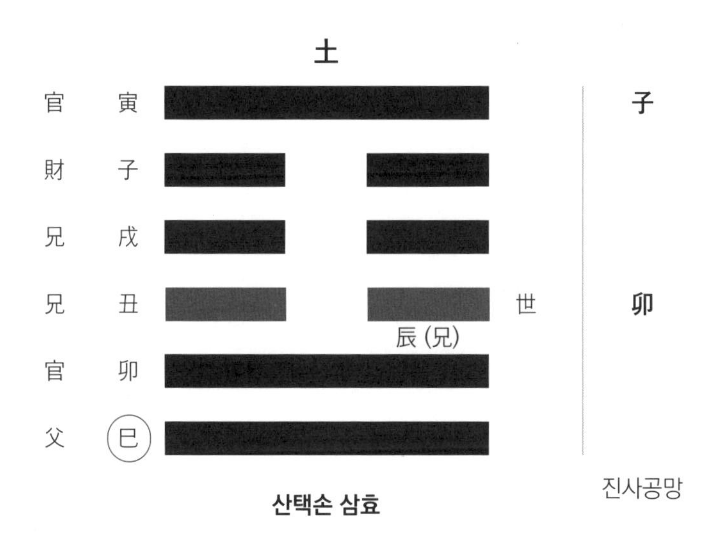


산택손 삼효

이럴 때는 관효를 봅니다.

면접은 기본이 운입니다. 기본적인 운은 있으나 주인공인 우리 딸은 복신으로(삼효 축토 밑에 숨어 있습니다) 안 보이고 자신도 없습니다.

형효가 동하니 경쟁자가 내 점수를 빼 가고 부효 역시 공망이니, 우리 딸은 실력과 자신감이 부족하다는 평가를 받습니다.

결과는 불합이었습니다.

## F 수시 합격할까요?(산화비 삼효) 자월/술일(오미공망)

• A학교

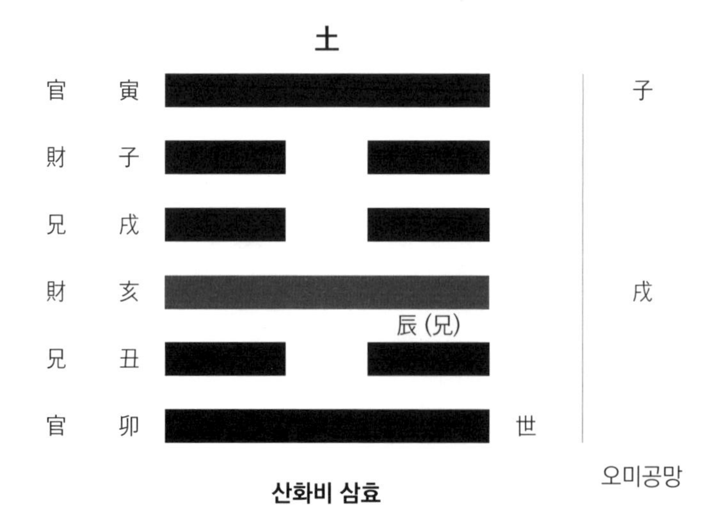


**산화비 삼효**

소수 인원을 뽑는 경우라 학교를 응효로 봤습니다. 학교가 나를 뽑아줄지, 내 운과 학업도 같이 봤습니다.

동효가 세효를 생해 주기는 하나 부효가 약하기에 불합입니다.

• B학교

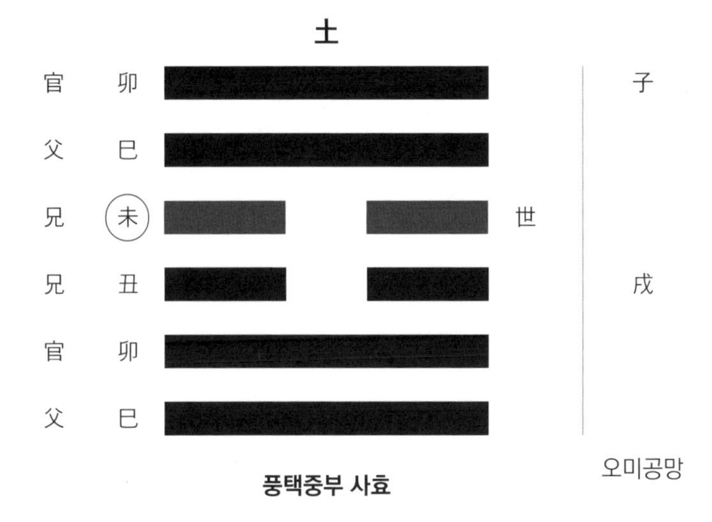


**풍택중부 사효**

위의 괘와 비슷합니다. 승부점사는 세가 응을 극해하거나 응이 세를 생해야 하는데 이 괘는 세가 응을 생하기에 일단 불합이고, 부효가 너무 휴수합니다. 불합입니다.

• C학교

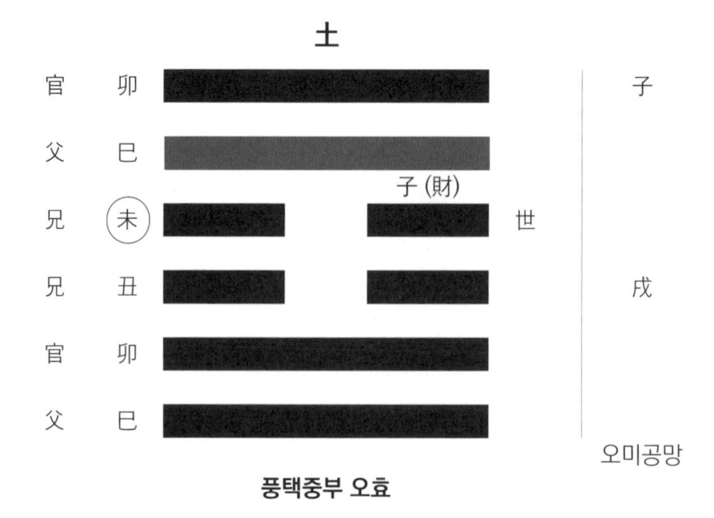

**풍택중부 오효**

응이 세를 생해 주니 좋고, 미약하지만 부효가 동하니 세 곳 중에 가장 좋습니다. 최상위권 의대라 약한 부효가 걸려서 확실한 합격을 못 드렸습니다.

이후 최종 결과는 세 곳 모두 불합이었습니다.

### G 이번 겨울방학 공부, 우리 아이에게 도움이 될까?(간위산 이효) 해월/오일(자축공망)

이번 수능을 끝내고 나니, 이젠 고2들의 본격적인 수험 생활이 시작되었습니다. 공부를 잘하는 특목고 2학년 학생의 엄마가 방학 학원 계획을 짜고 이 플랜이 합당한지 봤습니다.

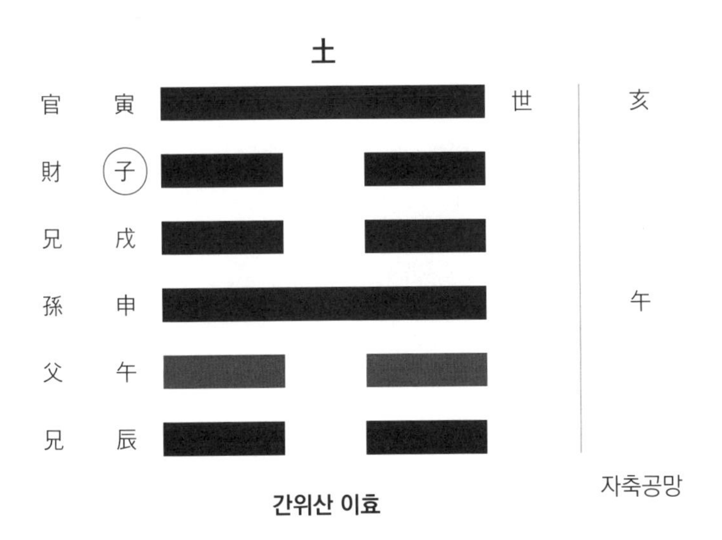

간위산 이효

세효는 엄마니까 '신경 쓰지 말자.'

손효는 월일 휴수하니 기운 없고 자신 없는 상태, 동효 부효가 움직여 우리 자손효를 극합니다.

공부는 좋지만 우리 아이가 컨디션과 과중한 학업에 '끝까지 못 한다.'입니다. 다른 계획을 짜든가 아이의 숨구멍을 열어 놓든가 추가 대책이 필요한 괘입니다.

## H 고등학생의 경자년 학업운(지택림 이효) 축월/술일(인묘공망)

올해의 학업운은?

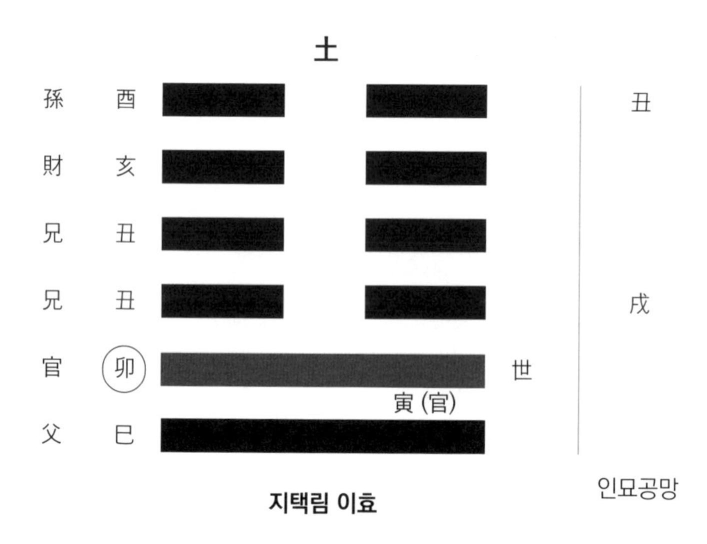


**지택림 이효**

세효, 우리아이로 관이 퇴신합니다. 처음 학기 초에는 열심히 공부하나, 점점 갈수록 열정이 사라집니다. 관동은 '감투 쓴다.'이니, 학교에서 임원이 된다는 뜻입니다.

걱정이지요? 요즘은 시험 한 번 망치면 대학의 눈높이가 달라지니…. 가을부터는 방황할 수 있으니, 본인과 잘 대처해 나가시면 됩니다.

운을 알면 극복할 방법이 나옵니다.

## I 9급 1차 시험 합격할까요?(천풍구 초효) 묘월/오일(자축공망)

"4월에 1차 발표를 앞두고 있습니다. 합격할 수 있을까요?"

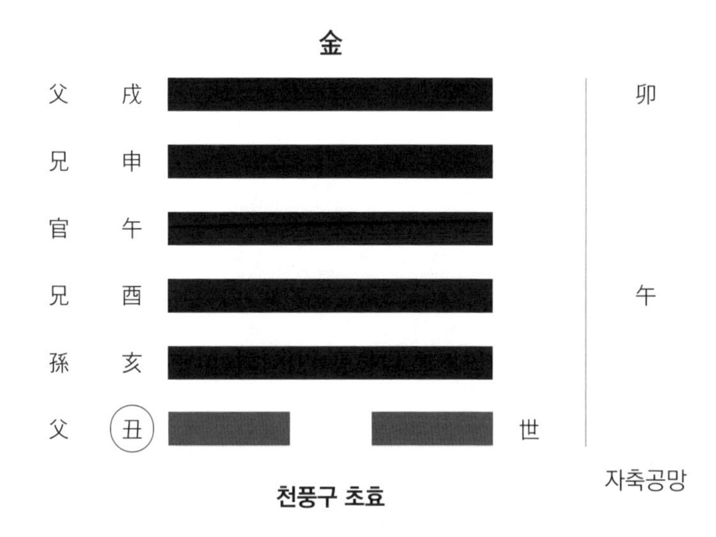


천풍구 초효

본인은 국어와 전공과목을 잘 못 봤다고 합니다. 그래도 가장 핵심이 움직이지요? 부효가 미약하지만 동하니 합격입니다.

1차 시험은 객관식이기에 관효는 생략, 합격지상!!

44:1의 높은 경쟁률이라고 하지만 실제 이 학생은 서울시 공무원에 최종 합격했습니다.

## J 친정아버지의 시험운(택뢰수 상효) 인월/축일(인묘공망)

신혼 2개월 차 새색시의 친정아버지입니다.

"전문직 시험을 준비 중인데 1차는 합격했습니다. 2차에 합격할까요?"

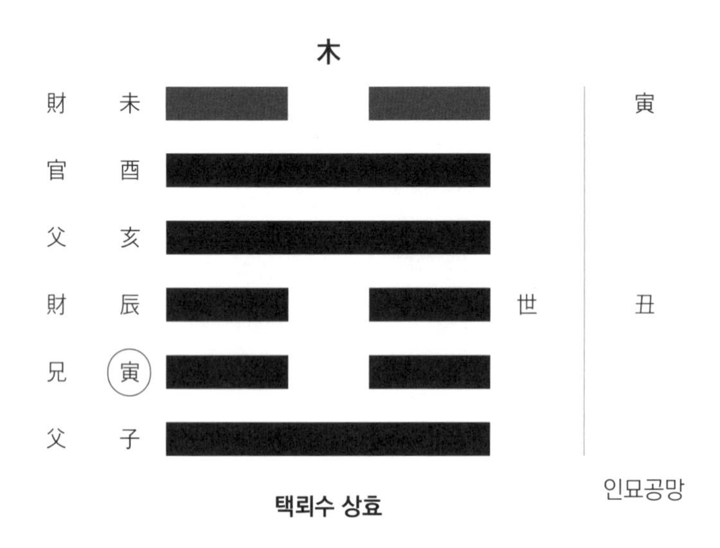


택뢰수 상효

시험점에서 핵심은 재효 잡지 않기, 재효 동하지 않기!
상효 재효가 동하니 돈 버느라 공부도 못 하고 실력도 없습니다.
이건, 일등으로 떨어지는 괘입니다.

딸은 이혼 후에 혼자인 아버지가 너무 걱정입니다. 여태껏 가진 재산도 없이 퇴직하고 할머니와 사는 게 너무 속상하고 안쓰럽고… 그러나 어쩌겠습니까? 올해는 쉬어가라고 합니다.

### K 외환전문역 시험 3월 28일, 취소될까요?(택풍대과 삼효) 인월/오일 (진사공망)

금융권 시험을 준비하는 학생으로 이 시험 결과가 늦게 나오면 시기상 애매하다고 합니다. 이날에 1차, 2차를 같이 본다고 합니다.

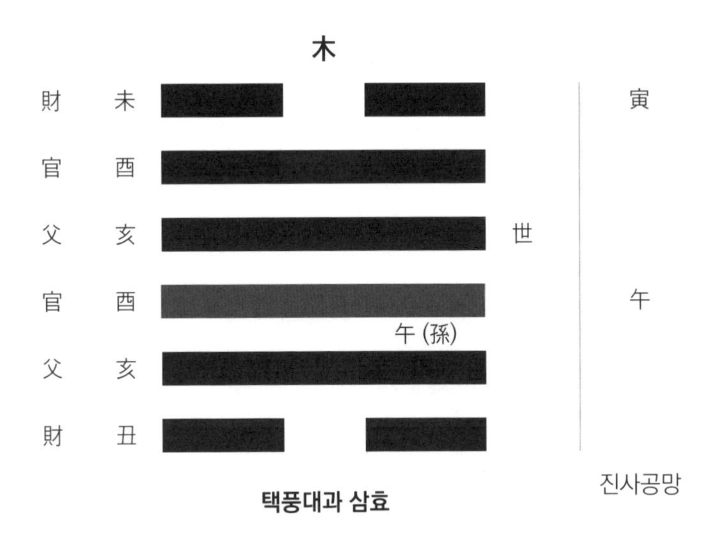


택풍대과 삼효

세효 사효 부효 잡았으나 월일 휴수 공부 안 했고 자신도 없습니다. 꼭 필요한 자격증이냐고 했더니, 다른 곳에 올인하고 싶다고 합니다. 동효 삼효로 관효가 관변손으로 질병으로 취소됩니다.

결국, 취소되었습니다.

## L 변호사 시험 점수가 나올까요?(택지췌 삼효) 유월/유일(자축공망)

캐나다에 사는 분이 아들이 변호사 시험을 준비 중이라며 합격 여부를 봤습니다. 학부 4년을 끝내고 보는 시험인데, 2학년 마치고 응시할 계획이라고 합니다.

세 번의 시험 성적 평균으로 패스가 되는 건데, 첫 시험이 가장 중요하답니다. 시험 이름이 '엘셋'이라고….

"11월 시험 성적이 나올까요?"

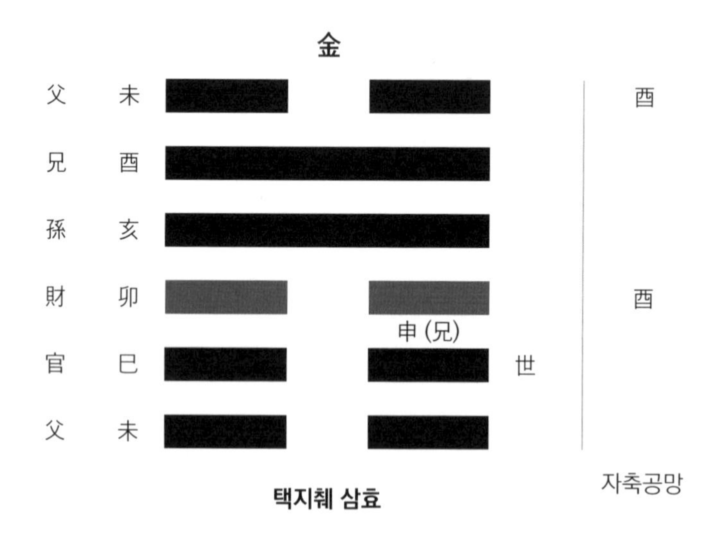

택지췌 삼효

세효는 엄마이기에 패스~ 아들이 주인공이니 손효만 봅니다.

손효 월일에 왕상하니, 의지는 충분합니다. 문제는 부효, 공부인데, 지금도 실력 없고 앞으로도 없고, 시험도 망칩니다.

"그럼 내년 1월 13일 시험은?"

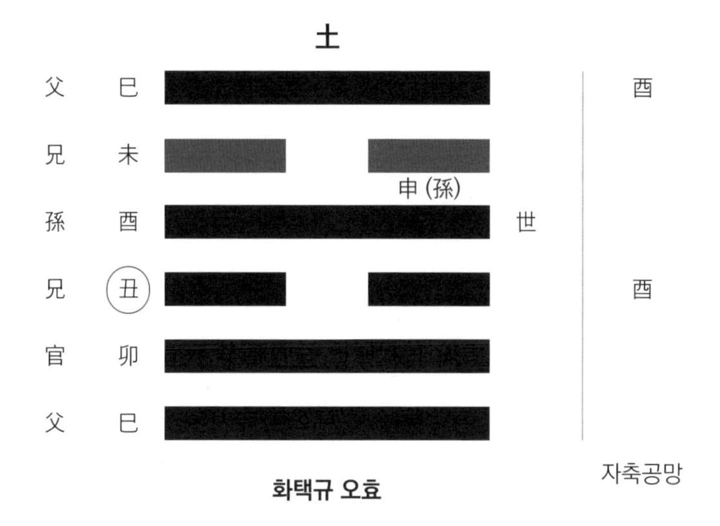


**화택규 오효**

세효가 손효로 일에 생 받으니 자신은 있습니다. 문제는 부효인데, 너무 미약하고 형효가 동하므로 경쟁자가 내 점수를 모두 가져갑니다. 시험점에서 형효가 동함은 경쟁률이 치열함을 뜻합니다.

이 괘에서는 관효도 부족합니다. 결론은 "학원가서 공부해라!!"

아직 많이 부족합니다. 열심히 공부 후에 다시 점을 보면 당락이 달라집니다.

하여, 이리 성적이 부진할 때는 학업에 최선을 다하는 게 먼저입니다.

## M 시험에 꼭 합격해야 합니다.(수천수 상효) 미월/인일(신유공망)

직장을 다니면서 자격증 공부를 하는 게 쉽지 않은 일입니다.

직장/학원/독서실, 그것도 코로나로 새벽 2시까지 해야 하는데 이러다가 결과가 뻔히 보인다고 하네요. 직장을 그만두고 전념하고 싶다고….

"이럴 때 가장 고민되는 것은 실업급여입니다. 받을 수 있을까요?"

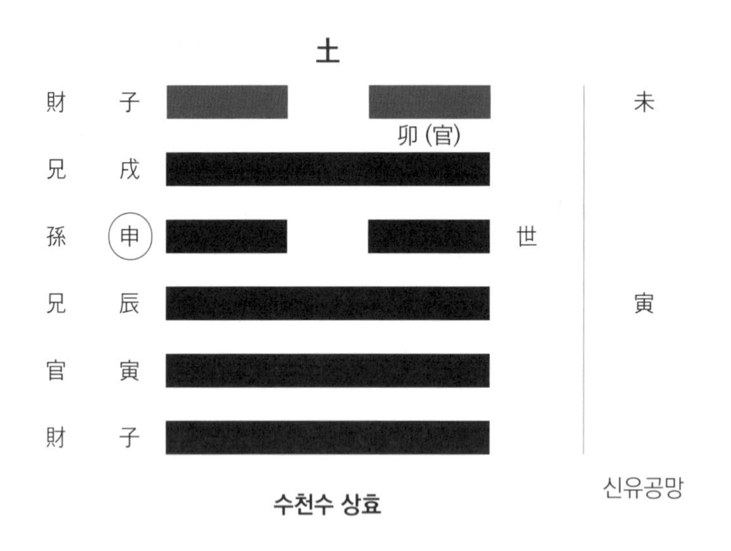


수천수 상효

세효 사효 손효로 이 돈을 갈망합니다. 동효 상효에 재효가 움직입니다. 월일에 휴수한 동효라도 일단, 동하면 돈 나옵니다. '적지만 받는다.'인데, 그 직장은 퇴사 시에 아무도 실업급여를 받은 사람이 없다고 합니다.

결국, 받았습니다.

"집에서는 도저히 공부가 안 돼고… 그럼 독서실?"

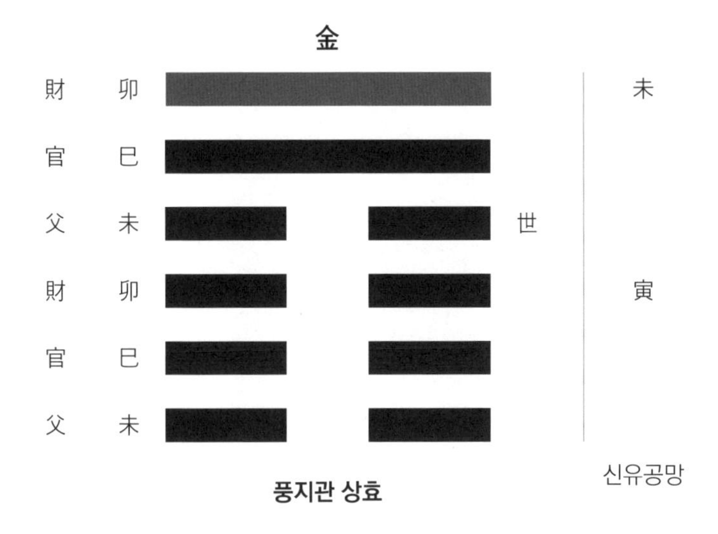


풍지관 상효

에잇!! 재효동 꽝!

그럼 단기 오피스? 아무래도 독서실보단 마스크도 안쓰고 왕복시간도 줄이고….

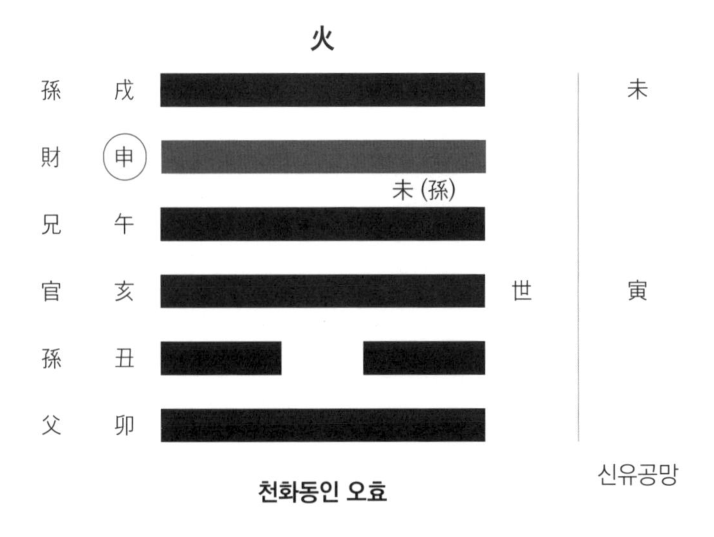


천화동인 오효

이것도 재동 집중 못 한다!! 학원 특강을 들어야 할까요?

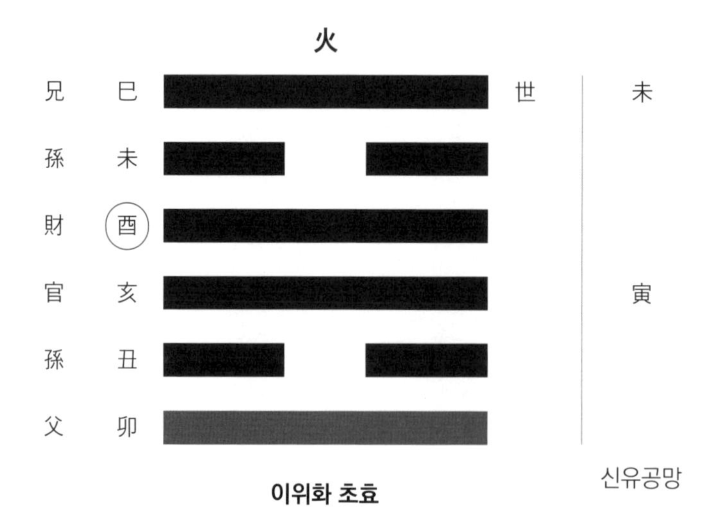


부효가 동하는 게 보이시죠? 일취월장합니다.

뭐 이런 것도 점으로 묻냐고요? 선생님, 문제집, 학원, 모든 선택 시에 다 볼 수 있습니다.

## N 감정평가사 시험이 6월 29일인데(수풍정 오효) 묘월/진일(인묘공망)

"아들이 5년 차 시험 준비 중인데, 이번에는 합격할까요?"

60대 중반의 예쁘신 분의 점사입니다.

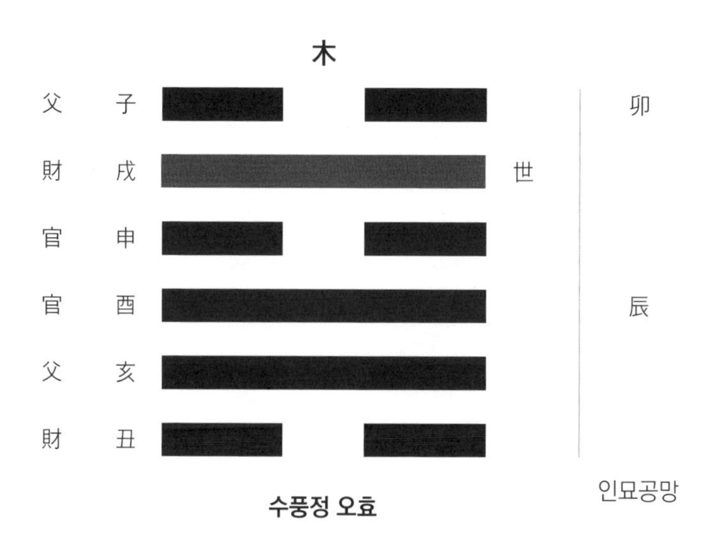


수풍정 오효

이건 2차 시험이기에 관효, 부효만 보는데 저 초효가 동하니 재극인이라 '점수가 모자라다.'입니다.

저 재효는 관만 보면 '가능성 있다.'인데, 부효도 같이 보면 불합입니다. 감평 2차는 소수만 합격하는 시험으로 경험상 보수적 통변을 해야 합니다.

1차는 늘 1등인데, 2차는 5년째 낙방입니다.

### O 임용시험 합격할지…(수풍정 삼효) 술월/자일(인묘공망)

"세 번째 도전하는 학생입니다. 이번에는 꼭 합격해야 하는데…."

세 곳의 선택지 중 한 곳입니다.

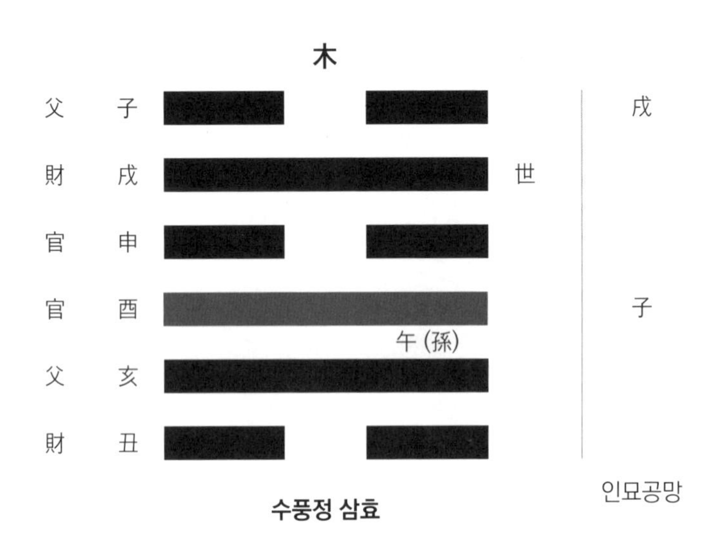


저 월에 생 받는 관효가 보이시죠? 합격!!

이 학생은 인천/경기/대전 세 곳을 봤는데, 저 점사는 경기교육청입니다. 실제 합격했고, 바로 임용되어 선생님으로 근무 중입니다.

## P 로스쿨 시험 합격할까요?(진위래 상효) 인월/해일(진사공망)

전제 조건은 '직장 다니면서.'

학업과 재물은 역방향인 것 아시죠? 저 재동 시험점에서 세효 재 잡지 말자!!

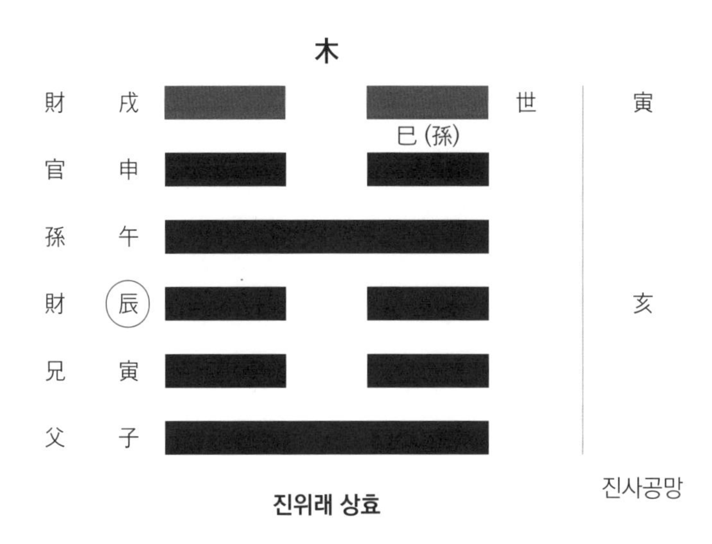

진위래 상효

재효 동은 '떨어진다.', 세효가 변효가 되면 '시험 안 본다.'

모든 공식에 걸립니다. 불합!!

## Q 공무원 시험 합격운(뇌화풍 사효) 인월/신일(오미공망)

"경찰공무원을 하려고 합니다. 올해 합격할 수 있을까요?"

본인의 점사입니다.

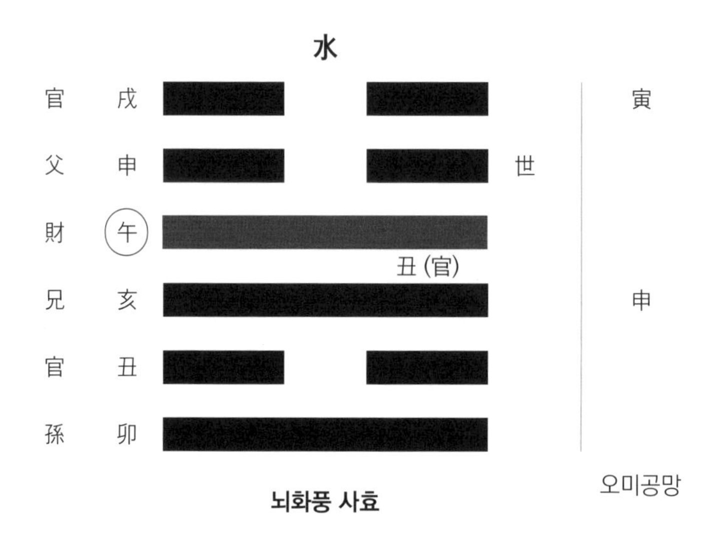


일진에 공부가 있고 지금도 공부가 많이 되어 있습니다. 동효 또한 재효로 관효를 도우니, 마지막 면접까지 무난히 합격합니다.

## R 강의를 들어야 할지, 혼자 해야 할지?(뇌화풍 초효) 신월/미일(인묘공망)

“의대 편입 시험에 꼭 써야 하는 토익 점수,
원하는 점수는 980점 이상입니다.
남은 기간 열심히 하려고 하는데 어떤 것이 더 좋을까요?”

- 라이브 인터넷 강의

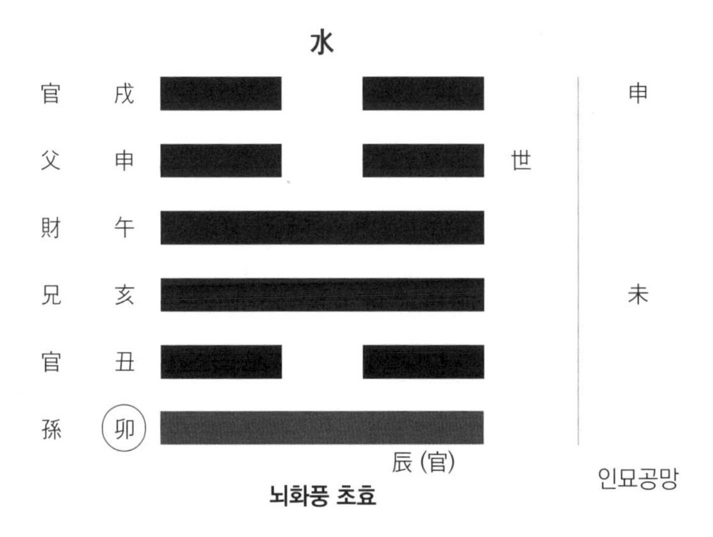


실력이 있는 학생이지만 980점은 더 노력해야합니다. 이 괘는 내 식대로 하다가 성적이 조금 모자라는 괘입니다.

• 혼자 공부

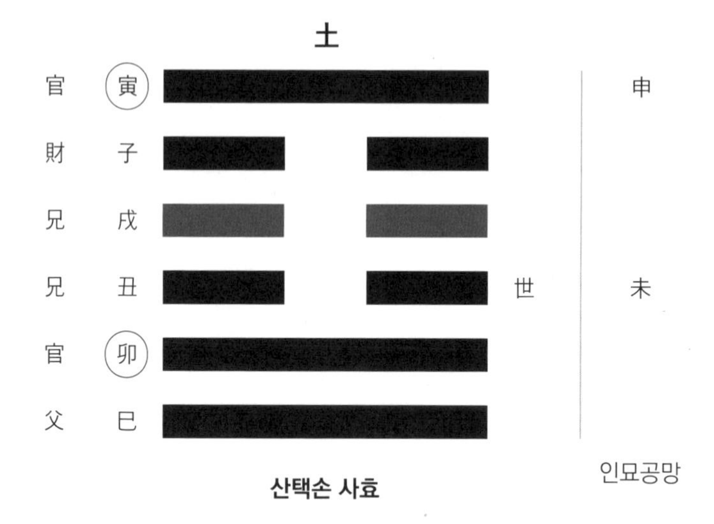


형효 동, 이건 아는 것도 까먹는 최대의 하수!!

둘 다 980점은 어림도 없으나 현재의 강의를 듣는 게 더 유리합니다. 실력이 있는 분이니 한 달 정도 공부하고 재점하기를 권해 드렸습니다.

**S 장학금 신청했는데 받을 수 있을까요?(풍수환 오효) 묘월/자일(술해공망)**

중국으로 유학 간 학생의 점사입니다.

"대외경제무역 MBA 장학금, 받을 수 있나요?"

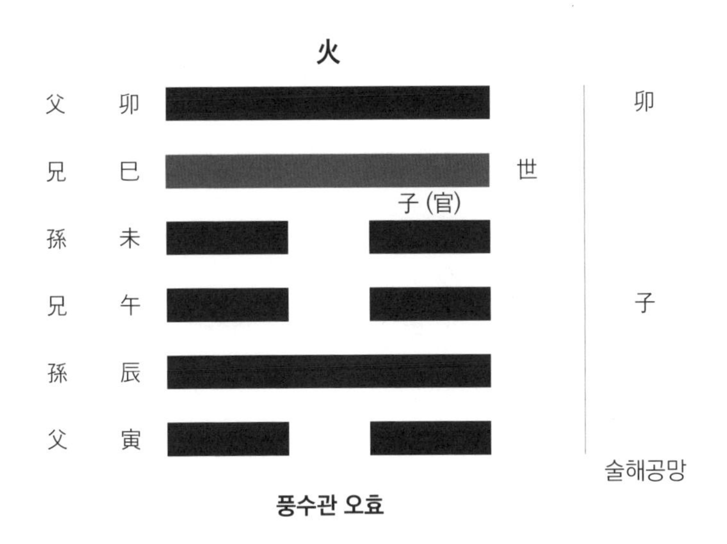


장학금이니 재효만 봅니다. 형효가 동하니 다른 사람이 받습니다.

"그렇다면 아이엘츠 성적표 받을 수 있나요?"

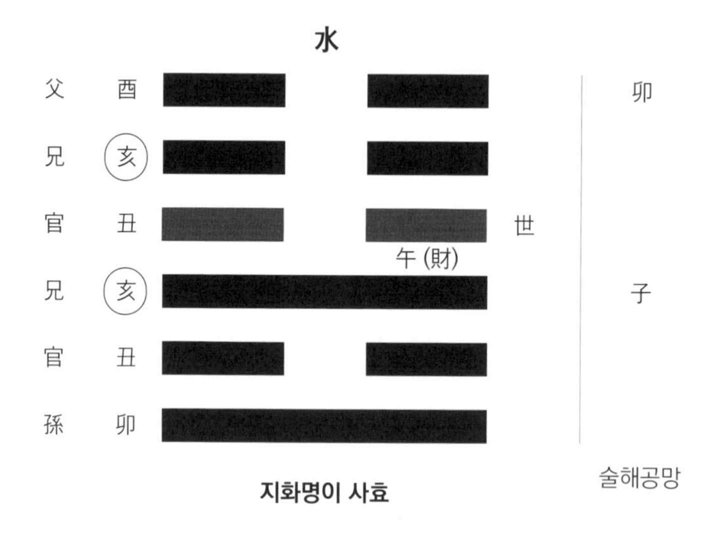

지화명이 사효

아니요, 불가능합니다. 저 관효는 부효를 생해 주니 가능성이 있긴 하지만, 부효가 동해야 나옵니다.

코로나로 아이엘츠를 못 따고(시험이 코로나로 취소되어서) 사실 필요한지 모르고 있었답니다. 유학 간 학생으로 장학금과 생활비를 약속받고 왔으나, 이 점수가 없으면 2년 동안 자비로 해야 한답니다.

이 아이엘츠를 위조해 주는 곳이 있다는데, 이미 8,700위안을 줬다고 합니다. 하지만 계속 시일이 미뤄져서 환불 통보를 했으나 2,000위안이 더 들어야 나온다는데 이 필립스라는 사람 말이 사실인지 궁금해 하십니다.

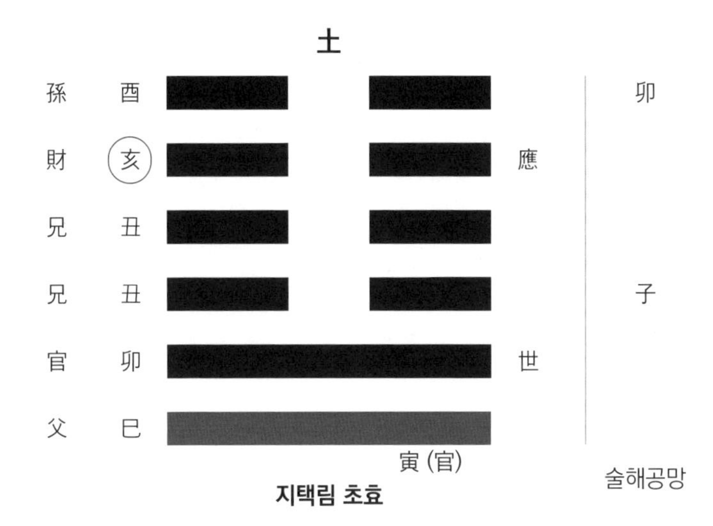

지택림 초효

응효가 필립스이죠? 공망, 거짓말입니다.

## T 모의고사 1등급 받을 수 있을까요?(수천수 삼효) 묘월/오일(자축공망)

코로나 바이러스로 인해 개학이 지연되어 전 세계의 일상이 마비되었습니다. 계속 모든 일정들이 미뤄지고 있어도 결국엔 봐야 할 시험이니 어수선해도 늘 준비는 해야 합니다.

수험생의 모의고사 성적을 점단해 봤습니다. 과목별 점단이 더 자세하게 나오지요?

"국어 1등급 받을까요?"

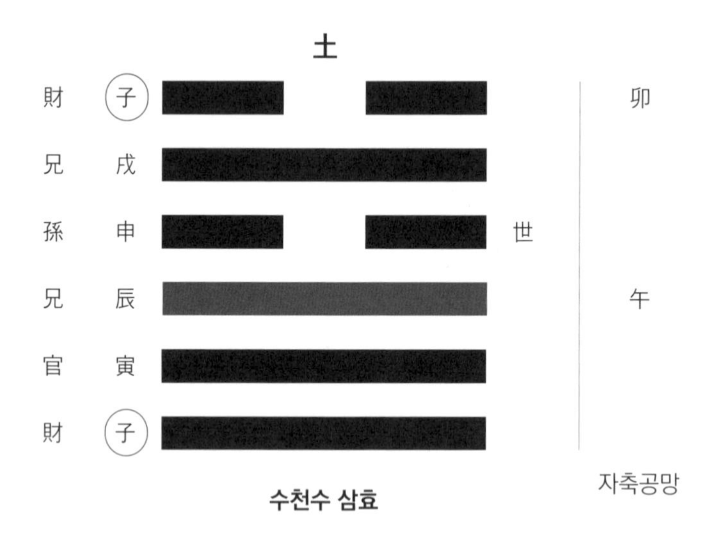


수천수 삼효

원래 잘하는 과목이고 실력이 있으나 쉬운 문제를 틀립니다. 형동은 남들 다 맞는 문제 혼자 틀립니다. 그래도 1등급은 가능^^

“영어 1등급 받을까요?”

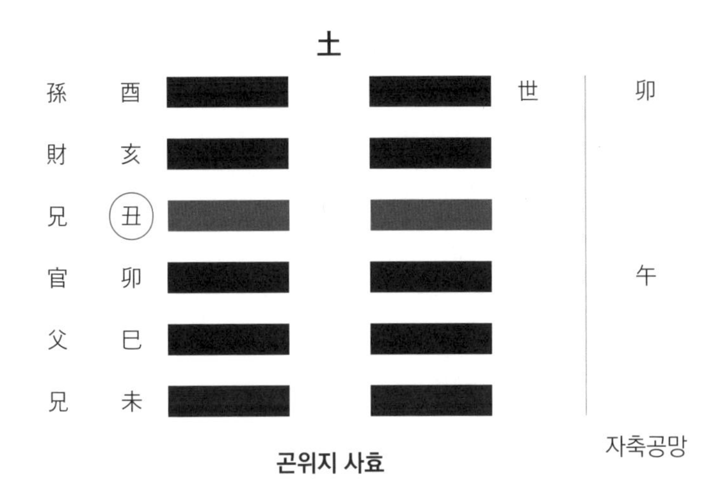

곤위지 사효

역시 국어와 같은 괘로 1등급은 받으나 약간의 실수가 있습니다.

“수학 1등급 받을까요?”

감위수 삼효

재동, 시험점은 꽝입니다. 내 실력도 미약하고 수학은 좀 많이 어려운 과목입니다. 공부방법이 맞는지, 현재 선생님과 같이 가는 게 맞는지 이것저것 점단했습니다.

## U 모 유명한 강의가 있는데…(뇌천대장 오효) 해월/묘일(술해공망)

“VIP 회원이라고 일 년 수강료가 오백만 원입니다. 하고 싶어서 신청은 했는데 이만큼의 가치가 있을까요?”

일단 그 강의가 쓸모 있는지 봤습니다.

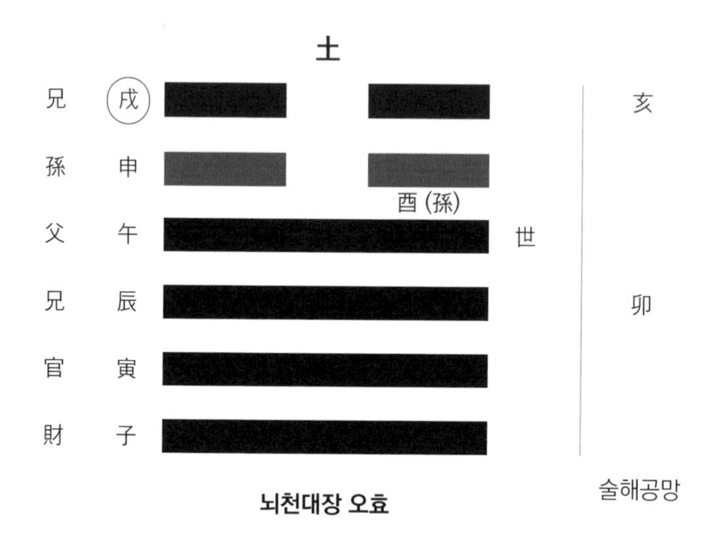


**뇌천대장 오효**

손효가 동하는 것으로 봐선 투자 종류의 강의인데, 가치는 있다고 합니다.

이제 결정은 본인이 하시면 되는데 투자 사설 강의라고 합니다.

부동산, 주식, 경매 뭐 이런 건데 금액이 꽤 크네요. 평생 공부라더니, 세상살이가 배우지 않으면 살아남기 어렵나 봅니다.

## 인간관계/소송/실물점

- 인간관계는 일대일 점사로 세응으로 나눠서 봅니다.
- 세는 우리 측이라 심리 정도만 나오고, 나머지 괘는 모두 응의 정보입니다. 세응, 동효의 생극제화로 통변하시면 됩니다.
- 소송에서는 세가 응을 극하거나, 동효가 응효를 극하면 이깁니다.
- 민사는 오래 걸리지만, 형사 소송은 이미 죄가 있는 상태이기에 형량을 줄이는 게 핵심입니다.
- 세나 응효가 공망일 경우 '소송을 빨리 끝내고 싶다.'입니다.
- 고소, 고발 사건의 경우 담당 수사관이나 변호사 선임 시 실력이나 나와의 합도 일대일로 점단합니다.

실물점의 핵심은 재물입니다. 왜냐하면 돈 안 되는 것은 찾지 않기에….

- 재의 위치로 통변하시고 상괘는 외부, 하괘는 집 안 또는 내가 관리하는 곳입니다.
- 차 안이나 사무실 직장도 모두 내괘로 움직입니다. 보통 내괘는 찾으나 외괘는 동해야만 찾습니다.
- 재공망은 못 찾고, 세효 재효 잡으면 내가 잘못 둔 것입니다.
- 초효는 바닥, 첫째 칸, 이효는 안방, 거실, 삼효는 현관문 쪽, 혹은 장롱, 세 번째 칸입니다. 오행으로도 판단 가능합니다.

**A 자꾸 돈에 손을 대는데… 고발할까요?(풍뢰익 이효) 술월/신일(진사공망)**

서울 모 강남의 요지에서 편의점을 4개 하시는 분입니다. 새로 온 아르바이트가 첫 날부터 돈 통에 손을 대기 시작했는데, CCTV가 떡하니 있어도 안하무인입니다.

"이걸 확~~ 고발할까요? 아니면 아직 어린아이인데 인생을 봐서 그냥 타이르고 넘어갈까요??"

앞으로 이 아이가 어떻게 나올지 점단합니다.

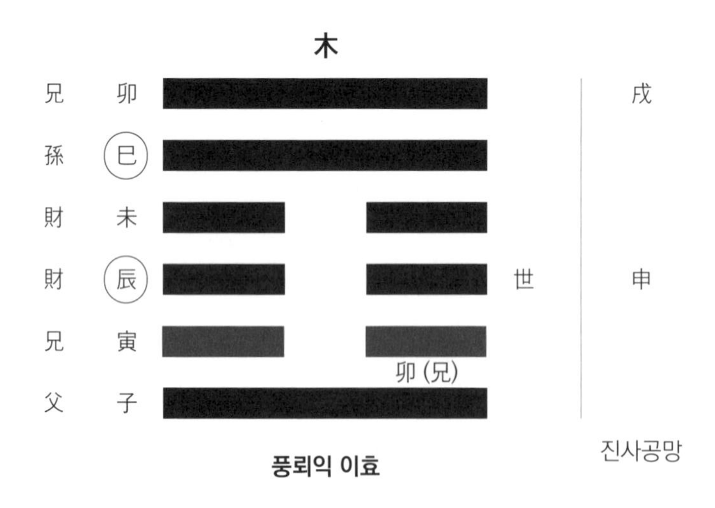


**풍뢰익 이효**

저 동하는 이효 형효가 핵심입니다. 응효, 저 아이는 월일 휴수하니 원래 정직하지 못한 사람입니다. 계속 돈을 더 많이 가져갑니다.

어쩐지 계속 야간만 고집하는 게 좀 이상하다고 했답니다.

사회 초년생인데 참 안타깝습니다.

### B 우리 아이가 폭언을 했다고 신고 당했다는데…(수택절 초효) 유월/인일(술해공망)

여학생 자녀를 둔 분입니다. 우리 아이가 학교에서 어떤 아이에게 폭언, 갑질, 왕따를 시켜 피해 아이가 담임에게 울고불고 정신과 상담을 다닌다고 합니다.

그 반과 학교가 발칵 뒤집혔고, 우리 아이는 광분한 상태입니다.

상대 아이가 계속 거짓말을 한다고, 다른 아이들은 우리 편이라고 합니다. 이럴 때는 우리 아이와 상대방을 일대일로 점단합니다.

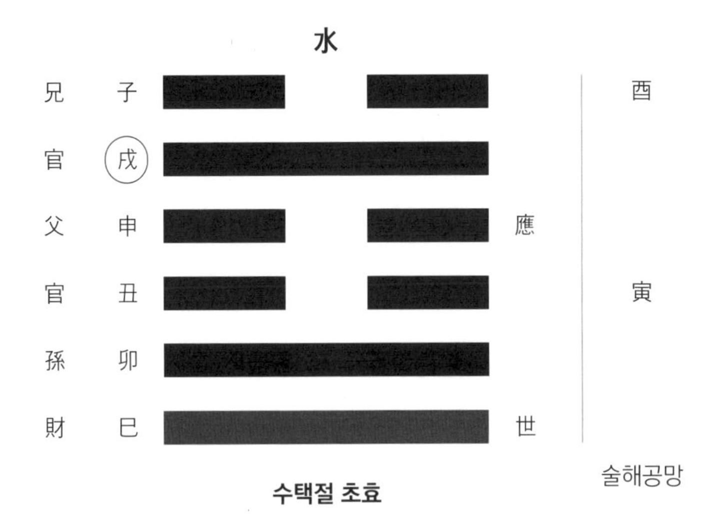

수택절 초효

둘 다 거짓말이 아닙니다. 각자 서로 이유가 있으나 세효 초효가 사화로 동해서 응효 사효 신금을 화극금 합니다.

둘 다 서로 잘못하고 있으나 결과는 우리 아이 승입니다.

괘에서 이 두 사람은 사신합으로 엄청 친했던 친구이나, 서로의 감정싸움에 온 학교가 휘말린 모양입니다.

판세는 우리 아이가 피해자로 해결이 되니 상대방이 또 분기탱천하겠습니다.

이번 달 내내 이 문제로 시끄러우나 우리 아이는 무탈!!
하지만 상대 아이는….

## C 700일에 찾아가면 증거를 찾을까요?(택화혁 오효) 진월/신일(진사공망)

상간녀로 가정이 풍비박산 난 분입니다. 지난번 이혼도 마지막으로 판사 앞에 가면 끝인데, 남편의 의도적인 시간 지연으로 못 가서 처음부터 다시 이혼 소송을 해야 했던 분입니다.

상간녀와 끝내는 조건으로 아이들 면접교섭권을 인정해 줬는데, 속마음은 이 두 연놈들이 700일 기념으로 꼭 만날 것으로 보여 증거를 잡아 판사에게 제출해 면접교섭권을 박탈하려는 계획입니다.

"그럼 이 두 사람, 만날까요?"

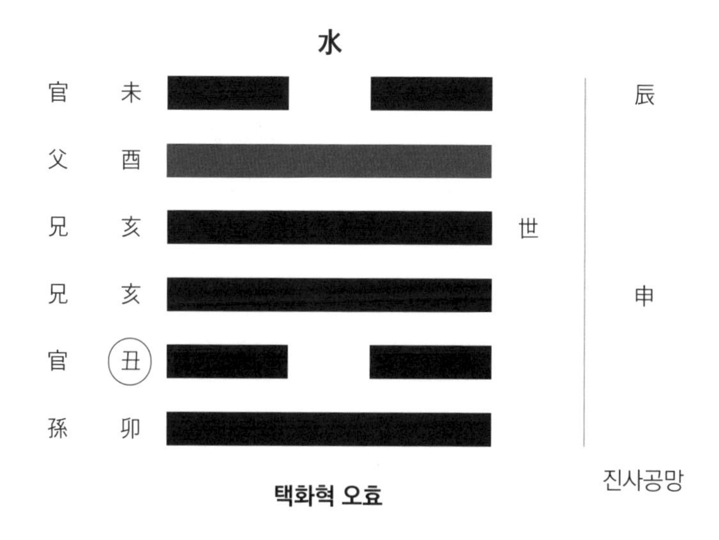


택화혁 오효

세효 사효, 남자가 동효 부효가 동하니 계속 연락을 하고 있지요?
하지만 응효 여자는 공망, 만나지 않습니다. 이미 여자는 마음이 떠난 상태입니다.

상간녀는 아이 셋의 유부녀였으나 이혼당했고, 이분의 남편과 700일 동안 사실혼 관계였습니다. 하지만 일전에 상간녀가 딴 남자와 여행을 갔고, 이후 남편과의 관계가 틀어졌다고 합니다.

**D 밀린 밥값 소송 중인데 받을 수 있을까요?(간위산 초효) 술월/미일 (인묘공망)**

"함바 식당으로 공사장에 인부들 식대인데, 약 3천만 원입니다.
현재 소송 중인데 받을 수 있을까요?"

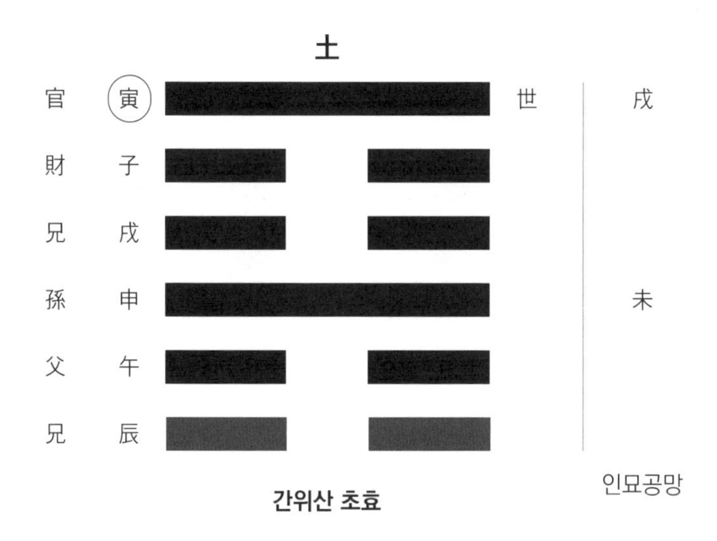


간위산 초효

아이고, 저 동하는 형효는 '어림도 없다.'입니다. 단 백만 원도 받을 길이 없습니다. 돈도 안 보이고 받을 운도 없고….

소송을 준비하면서 알아보니, 모든 재산이 여자 앞으로 되어 있어 지급하라는 판결이 나왔으나 받을 길이 없다고 합니다.

사장은 외제 차에 금붙이를 주렁주렁 매달고 다닌답니다. 11월, 12월에는 그래도 약간의 돈이 보이니 노력해 보는 수밖에 없습니다.

## E 상간녀 소송을 하려고 합니다(곤위지 초효) 자월/술일(오미공망)

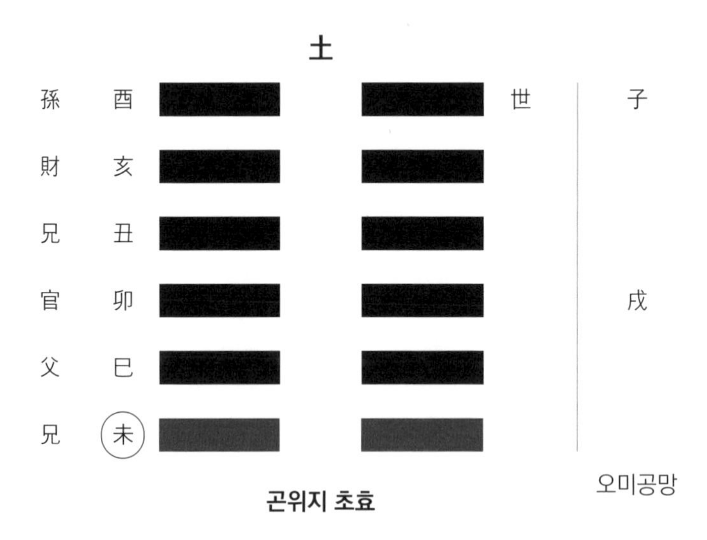


곤위지 초효

소송은 세가 응을 극하면 이깁니다.

세효 상효가 응효 삼효를 금극목으로 누르고 동효가 세효를 도와주니 깔끔하게 승소합니다.

상간녀 소송에서 승소해야 이혼에서 위자료를 많이 받을 수 있는데 상간녀가 돈이 별로 없는 것이 단점입니다.

축월 지나면 승소해도 받을 돈이 별로 없습니다. 그래도 심리적 압박이라도 받아야 하니 소송을 접수했습니다.

이후 소송은 이겼으나, 월급 가압류로 상간녀의 최저 생계비를 제외한 월 30여만 원을 받았는데, 몇 달 후에 친정엄마를 가구원으로 등재해 2인이 되어 월급보다 최저 생계비가 높게 되었답니다.

하여, 승소하였으나 돈은 못 받게 되었습니다.

## F 40대 초반의 남자분의 점사(지화명이 초효) 묘월/미일(신유공망)

"제가 고발된 사건이 곧 판결이 나는데… 승소할까요?"

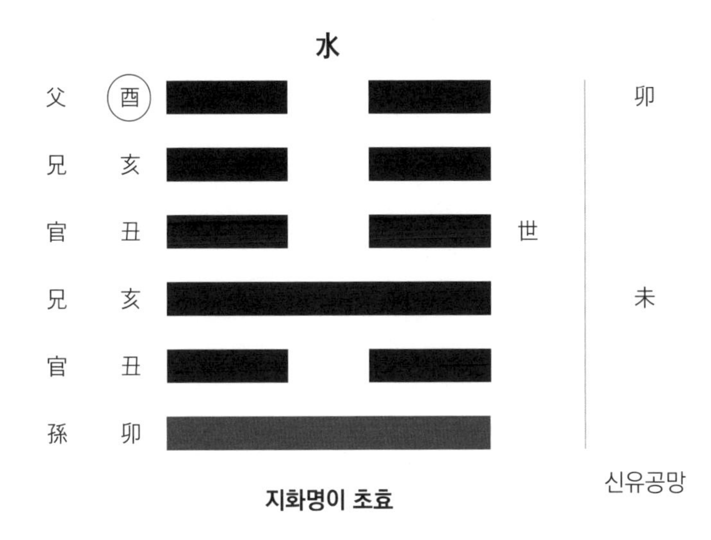


지화명이 초효

손효가 동하지요? 깔끔히 승소합니다. 난 잘못이 없고 지금까지도 많이 시달렸습니다. 시각에 따라 상대도 이유는 있으나 우리 편이 승소합니다.

### G 무협의 처분 받을 수 있을지(뇌화풍 이효) 해월/신일(술해공망)

미성년자인지 모르고 담배를 판매한 사실이 밝혀져서 경찰 조사를 앞둔 분입니다.

바쁜 곳이기도 하고 손님이 담배를 피면서 들어와서 담배를 찾기에 신분증 확인을 할 생각을 못 했는데, 이 미성년 학생이 다른 곳에서 범죄 행위를 하다 경찰에 발각되었고, 담배의 출처가 이 편의점으로 밝혀져 조사를 받게 되었답니다. CCTV 영상에 담배 피우는 장면이 잡혀 있고, 절대 고의가 아니었으니 무혐의 처분을 꼭 받고 싶다고 합니다.

무혐의가 될지 봤습니다.

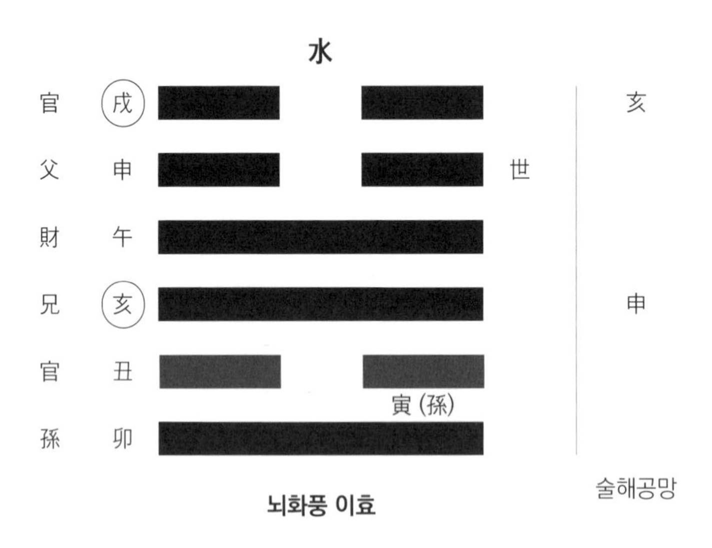


음… 일단 관이 동하니 소송을 피할 수 없고 비용이 나가는 것도 막을 수 없습니다. 손효가 지세하니 내년 인묘월에 송사가 끝난다면 가능하다고 봤습니다.

• ○○행정사가 좋을지?

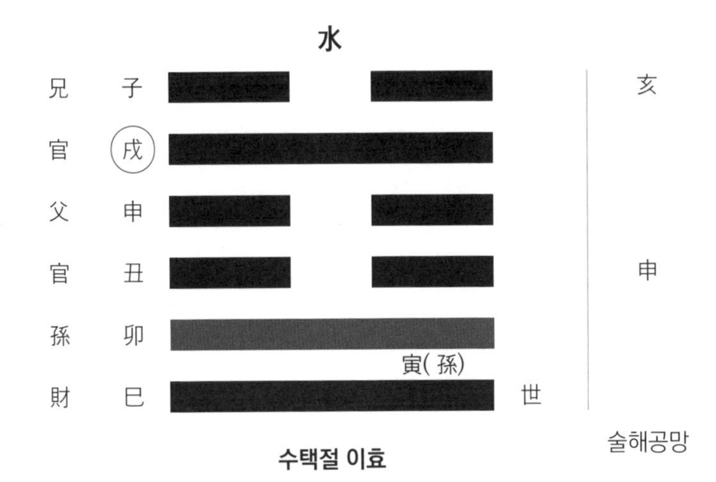


**수택절 이효**

그래도 손이 동하니 합격!

• □□행정사가 좋을지?

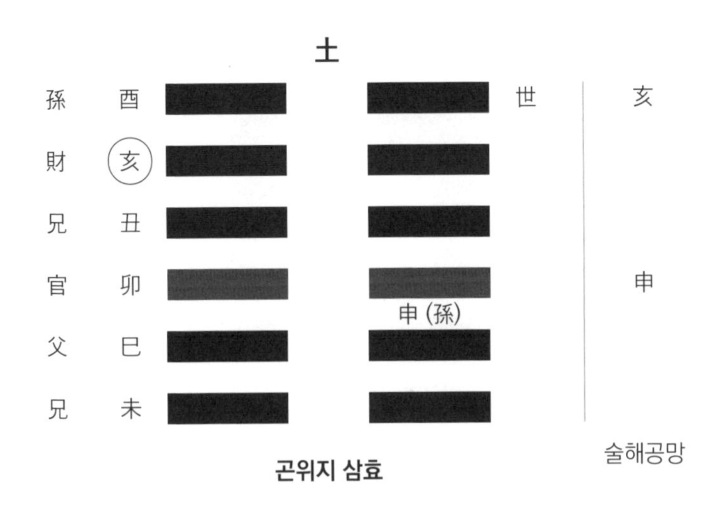


**곤위지 삼효**

관동으로 꽝입니다. 잘못하면 행정처분에 벌금 휴업으로 전과기록이 모두 남는다고 합니다. ○○행정사로 정했고 무혐의 처분에 과징금 오십만 원이 나왔고, 당연히 전과기록도 없다고 합니다.

## H 유치원 원장이 저를 아동학대로 신고한다고 합니다.(산택손 무동) 미월/사일(자축공망)

야간 돌봄 선생님입니다. 야간에 자는 아이들을 돌보는 일이 업무인데, 아이들을 재우고 옆방에서 잠시 유치원 업무를 본 것이 아동학대라며 신고한다고 합니다.

일단 상식적이지 않지요? 이 선생님은 업무를 보지 말라는 말도 없었고 아이들이 자는 모습을 뚫어지게 지켜보는 게 의무라는 말을 듣지 못했다고 합니다. 결국, 감정적 대응이라는 뜻인데….

이 사건이 아동학대라면 이 사실을 알고 방치한 원장도 아동학대가 아닌가 하는 생각이 듭니다. 상대가 어떻게 나올까요?

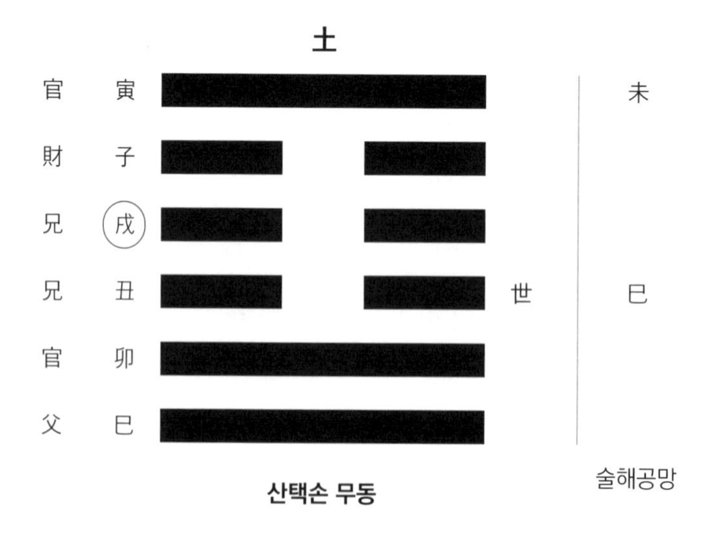


산택손 무동

세효 형효로 의심하고 있고 응효 관효로 우리 측을 목극토 하고 있습니다. 상대는 월일 휴수하니, 사실 음해하는 수준입니다.

목극토이니 우리도 준비를 해야 합니다.

우리 쪽은 변호사를 선임하고 직장 내 갑질과 괴롭힘, 임금체불로 소송을 준비 중입니다. 오산 소재의 24시 어린이집이라는데, 월급도 안 주는 그런 교육기관이 있다니….

## Ⅰ 지난 연휴에 동료와 술자리에서 싸움에 휘말린 분의 점사(뇌지예 삼효) 술월/신일(진사공망)

"상대가 먼저 때렸는데 우리 두 사람이 더 때렸다고 특수폭행이라고 합니다. 상대의 상처가 어디서 생겼는지 모르겠는데 우리 두 사람한테 맞아서 생긴 거라고 주장했답니다. 상대가 합의해 줄까요?"

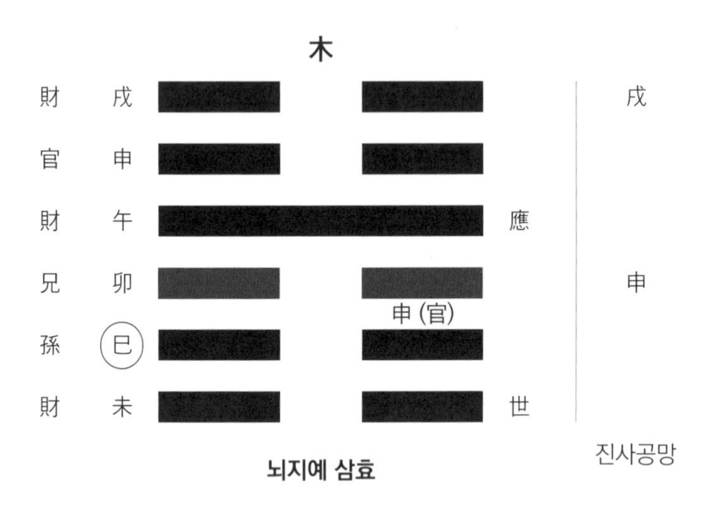

뇌지예 삼효

상대는 응효 오화로 월일 휴수하니 정직하지 못합니다. 게다가 나는 동효 형효에 맞으니 불리합니다. 하지만 상대가 목생화 화생토로 나를 생해 주니,합의금만 잘 제시하면 합의해 줍니다. 상대가 '먼저 시작한 것은 인정하나 두 사람에게 일방적으로 맞았다.'고 주장하고 전치 4주의 진단이 나왔다니 못 믿겠다고 합니다.

여자들도 요즘 몸싸움 많이 합니다. 심심치 않게 보는 점사입니다. 이후 이 점의 주인공과는 잘 합의가 되었으나 같이 연루된 친구와는 합의가 안 되어 친구는 검찰로 넘어갔다고 합니다. 이 사건을 계기로 그 친구와도 소원해졌답니다.

## J 아파트 등기가 언제나 나올까요?(화산려 이효, 상효) 진월/묘일(진사공망)

서울시 한강변 어디쯤 꽤 비싼 아파트를 갖고 계신 분이, 새로 지은 지 3년이나 지났는데도 등기권리증이 안 나왔다며 전화를 주셨습니다.

본인의 설명은 이전 소유자 약 40여 명에게 아파트가 지어지기 전에 보상을 잘못해 줘서, 전 소유자들이 집단 소송을 제기해 등기가 안 나왔다고 합니다.

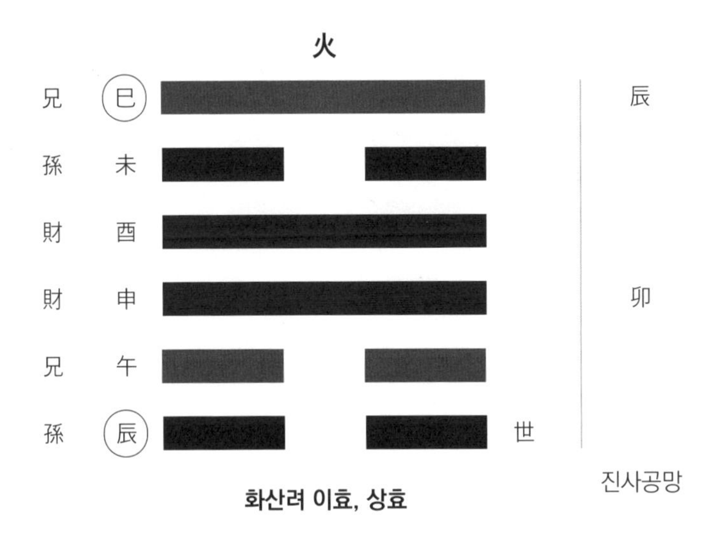

화산려 이효, 상효

이 괘는 소송은 의미가 없이 형효만 동합니다. 아직 기약할 수 없으니 '내 재산의 가치가 줄어든다.'로 '미정이다, 시일을 줄 수 없다.'가 답입니다.

## K 남편이 공판중인데요…(산택손 사효) 진월/축일(신유공망)

5개월째 문서 위조로 감옥에 간 남편. 부인이 언제 나올 수 있는 지 봤습니다.

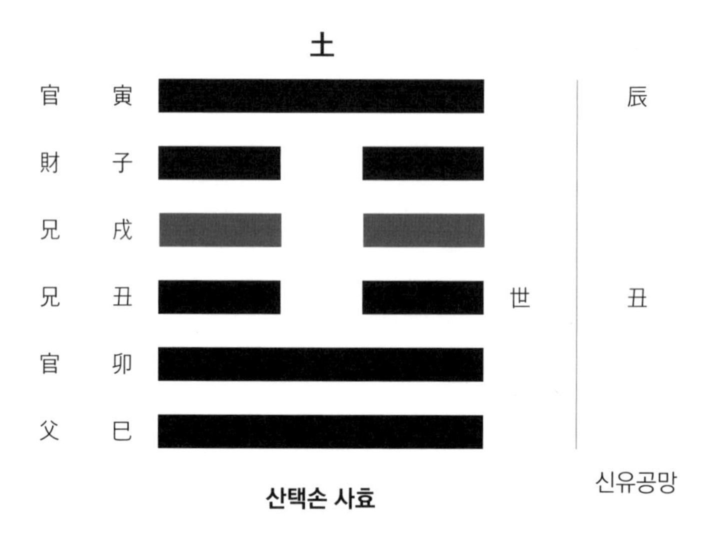


**산택손 사효**

마지막 공판을 남겨 놓고 있는 상태이고, 남편은 회사 직원 모두 같이 잡혀 가서 2~3년만 있으면 되니까 기다리라고 하는데, 이 괘는 '죄가 무겁다.'입니다. 남편 관효가 휴수하니 죄가 있고, 형효가 동하니 나올 기미가 안 보입니다.

나오려면 손효가 동해야 하는데 손공망이라….

하늘이 꿈도 꾸지 말라는 뜻입니다.

## L 고발당했습니다.(풍화가인 이효) 사월/사일(자축공망)

"회사에서 불미스러운 일로 고발당했는데 지금 대기발령 중입니다. 어찌 될까요? 살면서 처음 당하는 일이니 뭘 어떻게 해야 할지 모르겠습니다. 자꾸 나쁜 생각만 들고, 고충처리위원회가 내일 열릴 텐데…."

나를 고발한 A가 녹취록이 있다는데 아무리 생각해 봐도 없을 것 같다고 합니다.

- 녹취록 있나요?

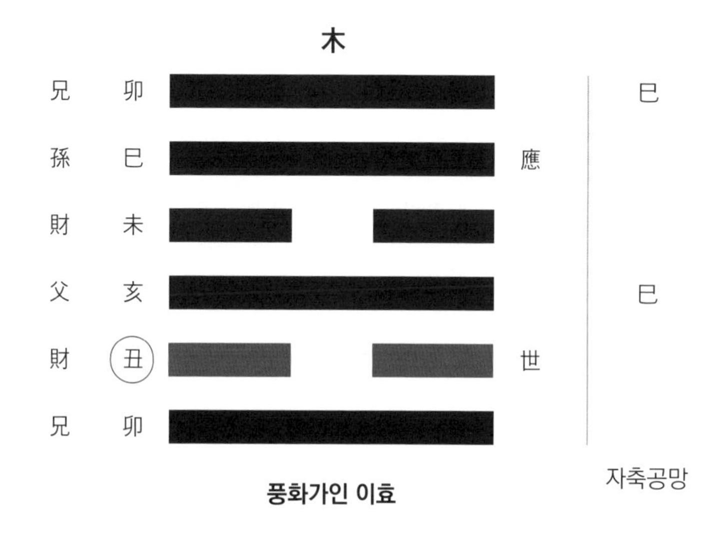

풍화가인 이효

응효가 월일 왕상하죠? 있습니다!!

• 상대방이 고발했다는 내용이 사실인가요?

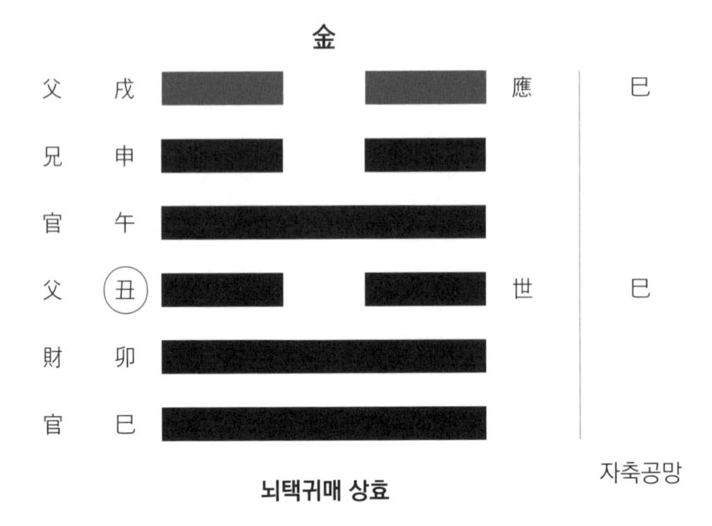


아니, 뭐 이런 경우가?

상대방이 진실이고, 우리 쪽 문점자는 공망이니 거짓에 감추고 싶은 것이 많습니다. 하늘이 잘못이 너에게 있다고 합니다.

이분은 여자 직원 성희롱으로 고발되었고, 아직도 소송은 진행 중입니다.

**M 우리 아들이 피해자로 전치 8주가 나왔습니다.(화택규 무동) 오월/미일(오미공망)**

일방적으로 맞고 길가에 쓰러졌는데 지나가는 행인들이 아무도 도와주지 않고 혼자 의식이 들어 119에 신고했답니다.

눈에서 계속 피가 나오고, 코뼈도 골절되어 수술했다고 합니다. 현재 병원비만 오백여만 원이 나왔는데, 어찌된 일인지 가해자가 아직 병원비 처리도 안 해 주고 경찰에서 검찰로 이관됐다는 문자만 받았답니다. 아들이 병원비 모두 합쳐서 3,500만 원에 합의하자고 했는데, 가해자가 들어줄까요?

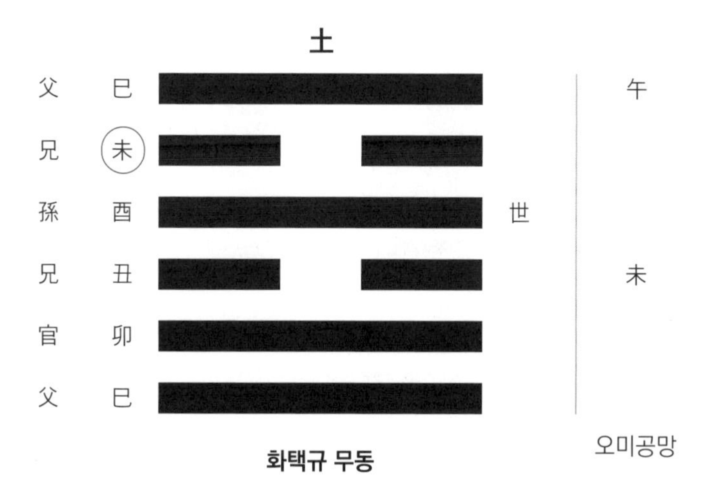

화택규 무동

무동은 '변화 없다, 이 상태로 쭉~~ 간다.'

물음에 답하자면 '절대 안 해 줍니다.'

검찰로 가서 재판받으면 가해자가 불리해질 텐데 웬일인지 갑질입니다. 결국, 이분은 변호사를 사서 소송해 승소했으나 가해자가 돈이 없어 한 푼도 못 받았고, 가해자는 복역 중입니다.

### N 땅 보러 온다고 했는데 갑자기 매수자 장인이 돌아가셨다고(뇌화풍 사효) 인월/해일(자축공망)

우리 문점자는 빨리 처분해야 하는 상황. 모든 것이 빚이어서 잘못하면 생사를 바꿀 수도 있는 운입니다.

"이 부동산이 두 달 동안 땅 보는 것을 미루다가 내일 오기로 일주일 전에 약속한 것인데… 너무 어이없고 황망해서 죽고 싶은 심정입니다. 저 부동산 업자 말이 사실일까요?"

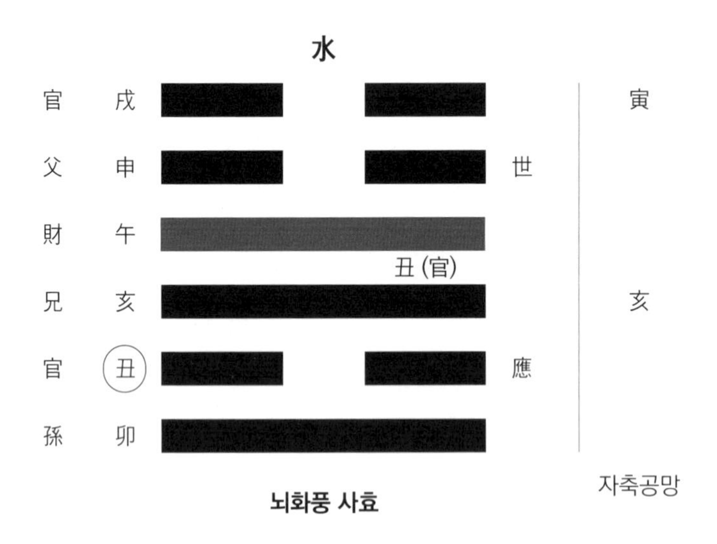


뇌화풍 사효

역시… 혹시나 했는데 다 거짓말입니다. 이 사람만 희망으로 생각하고 있었는데 하늘이 무너집니다.

세효 오효 부효로 걱정근심이 태산입니다. 응효 부동산 공망이지요? 맨날 거짓말에 계속 약속을 바꿉니다. 다른 부동산을 찾아야합니다.

## O 계약금 환불 가능할까요?(화풍정 삼효) 진월/진일(오미공망)

파주 어딘가의 대단지 미분양 오피스텔을 구경 갔다가 아드님이 덜컥 천만 원 주고 계약하고 왔답니다. 이후 여기저기 알아보니 내가 미쳤다고, 이거 어쩌냐고….

아들의 말은 회사 쪽에서 계약금이 구천만 원인데, 천만 원만 내고 했으니 나머지 계약금 팔천만 원을 내야 해지가 된다나 뭐라나….

일단 저 천만 원을 돌려받을지 봤습니다.

화풍정 삼효

저 삼효에 재효가 동하는 게 보이시죠? 받습니다!!

**P 물품 대금을 결제 안 해 줍니다.(뇌택귀매 삼효) 묘월/미일(신유공망)**

"납품한 회사에서 첫 거래인데 잔금을 안 줍니다. 일전 점사에서 4월이나 되어야 받을 수 있다고 했는데, 그쪽 회사 자금 관리 직원이 갑자기 죽어서 늦어진다고… 사실일까요?"

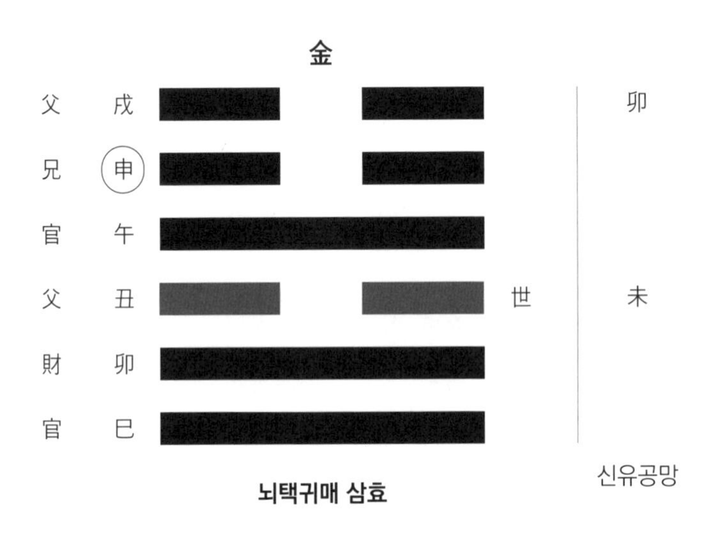


상대방을 응효로 봤습니다. 응효가 술토로 일에 생 받으니 이건 팩트입니다.

"그렇다면 언제 돈 주나요?"

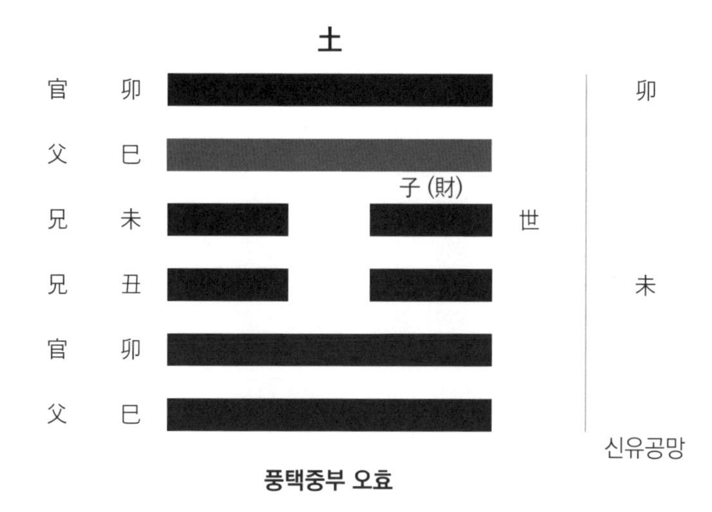

풍택중부 오효

음… 아직 돈이 안 보입니다. 당장은 어렵고 겨울이나 되어야 합니다.

## Q 새로 입주하는 아파트(뇌지예 상효) 술월/자일(인묘공망)

"하자 소송을 주민들이 준비하는데 여기 참여하는 게 좋을지…."

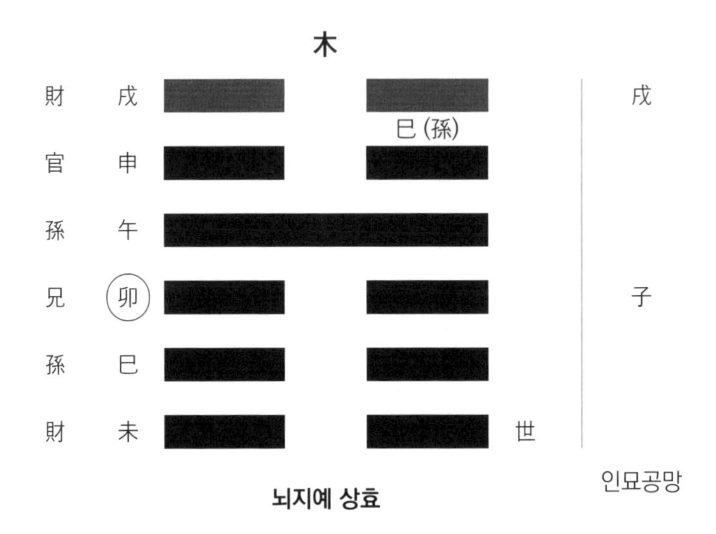


뇌지예 상효

요즘 전세고 월세고 하나도 안 나가는데 새로 입주하는 곳이라 말썽도 많습니다. 주민들이 자발적으로 시행사와 소송하려고 하는데… 저 상효의 동하는 재효가 보이시죠?

답은 매우 길!!

돈을 잡고 움직이니 크게 형통합니다.

## R 지갑 잃어버렸어요!(천화동일 삼효) 유월/해일(자축공망)

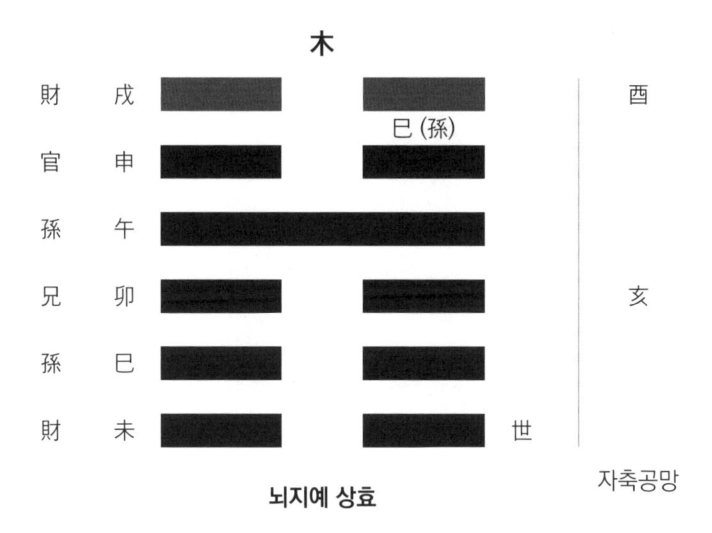

뇌지예 상효

멀리서 움직이는 지갑이 보입니다. 외괘에서 움직여도 재효가 동하면 '찾는다!' 세효 재효는 '내가 잘못 두었다.'

찾을 수 있는 날을 알려드렸는데 그래도 못 찾았다고 다시 점단한 괘는?

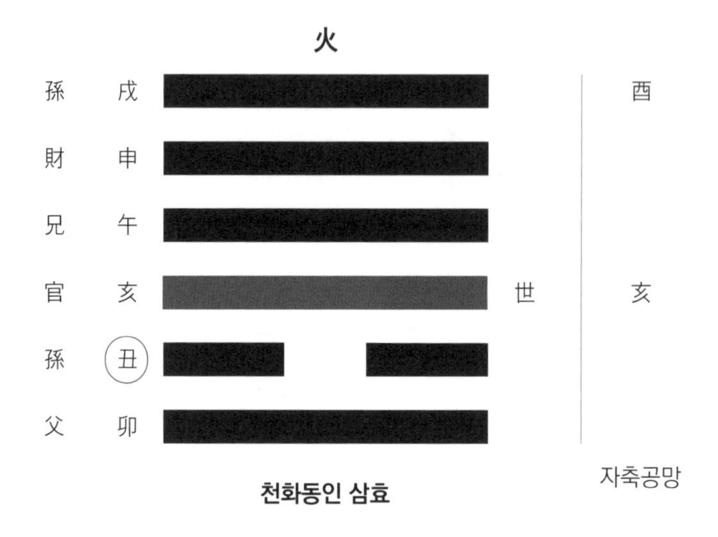

천화동인 삼효

두 번째 보는 괘입니다. 내 마음만 동하지요? 월에 재가 나왔으니 유월에 반드시 찾습니다.

이분은 음력 6월 마지막 날에 지갑을 찾았는데, 외괘에서 동하니 길거리에서 잃어버렸습니다.

돈은 거의 없었지만, 신분증과 쿠폰과 지갑은 돌아왔습니다.

## S 통장을 분명히 챙겼는데 어디 두었는지…(택화혁 사효) 술월/인일 (진사공망)

분명히 부부가 통장을 확인하고 봤는데 찾다 찾다 못 찾아서 연락이 왔습니다. 단순하게 어디 있는지….

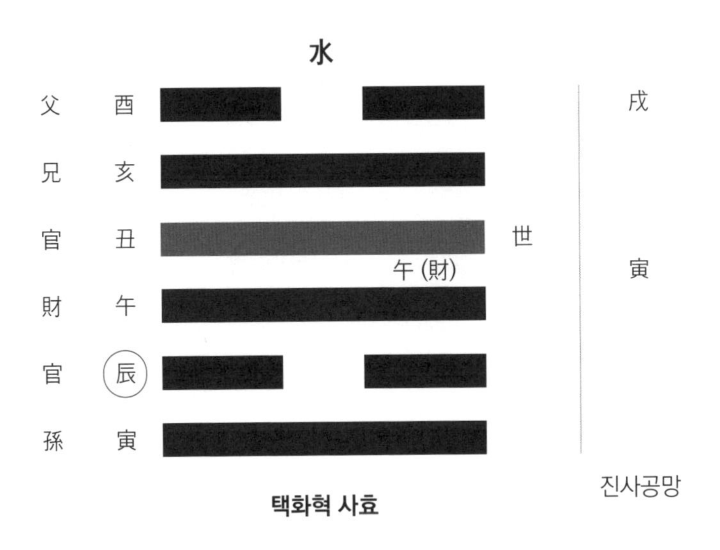


택화혁 사효

금방 안 보이네요. 내괘에 있으니 집 안은 맞는데 삼효에 복신으로 있어 치 되거나 충 될 때 찾습니다.

일단 오시가 유력한데 점친 시간이 오시니, 금방 찾습니다.

"금방 찾아요. 서랍 3칸 높이."

역시 오시가 끝나기 전에 찾았답니다, 세탁기 위에서.

## T 등기권리증 어디 있을까요?(지산겸 이효) 신월/해일(술해공망)

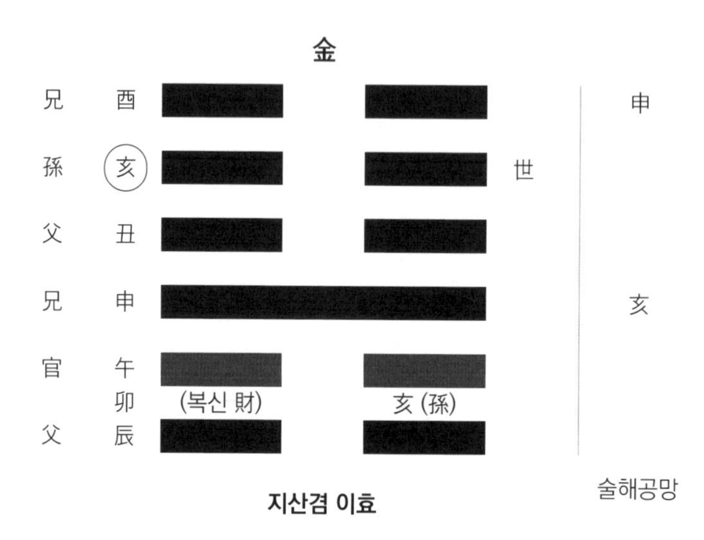

지산겸 이효

문서가 이효에 복신으로 잘 숨어 있으나, 이효가 동하니 바로 찾습니다. 집 바닥에서 한 칸 정도의 높이입니다.

이게 12시경인데 찾았다고 바로 연락이 왔습니다.

### U 새로 이사 간 집에 2주 정도 지났는데(이위화 이효, 사효) 진월/미일(신유공망)

"새로 지은 빌라여서 시설도 깔끔하고 위치도 좋고 마음에 들어 이사 온 지 2주 정도 지났습니다. 주인 분들도 무척 좋으시고요. 그런데 얼마 전에 집에서 항상 쓰고 있는 보석함이 없어졌습니다. 귀걸이나 반지 등등, 아주 비싼 것들은 아니지만 얼추 계산해 보니 300만 원 넘는 금액이라 열심히 찾아 봤는데 대체 이게 어디로 갔을까요? 항상 화장대 위에 놓고 자주 쓰는 것인데 보석함이 아예 안보입니다. 드나드는 사람도 없는데…."

혹시 도둑인지, CCTV 달고 싶다며 보석함이 어디 있는지 괘를 내었습니다.

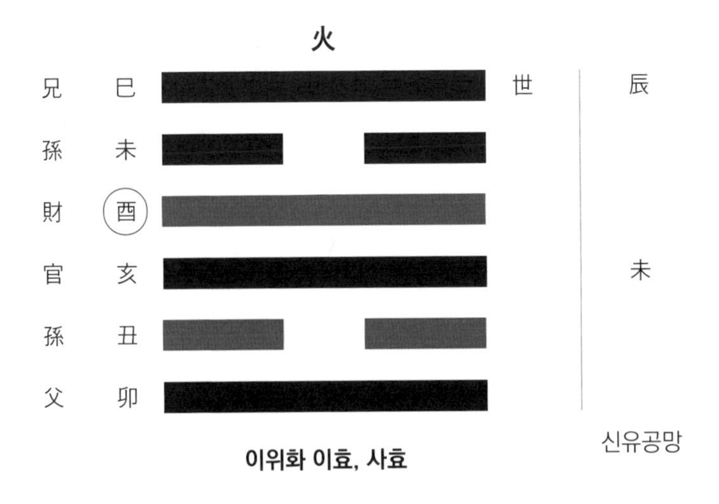

이위화 이효, 사효

왜괘라도 동하면 반드시 찾습니다. 현관 앞이니 가슴 높이 정도 위치… 찾기만 하면 되니 상관없지만 생뚱맞게 왜 저기서 움직이는지?

이분은 약 3개월 후에 신발장 창고에서 찾았습니다.

## 우려점/질병점/기타

- 육효가 가장 빛을 발하는 점사입니다.
- 여기서는 용신, '주인공이 동효에 극 받지 않는다.'가 핵심입니다.
- 가장 단순하면서도 신비한 결과를 얻습니다.
- 질병점에서 관공망은 병명이 없고, 손공망은 약이 없거나 약효가 없는 것입니다. 형효만 동하면 돈만 쓰고, 부효동은 치료, 수술의 의미입니다.
- 질병의 당사자가 공망인 경우 동효에 맞아도 무탈합니다.

## A 새우리 딸 잘 있나요?(택천쾌 이효) 미월/축일(술해공망)

"서른이 넘은 딸입니다. 집 나간 지 2달이 다 되어 가는데 연락도 안 되고…."

무탈한지 봤습니다.

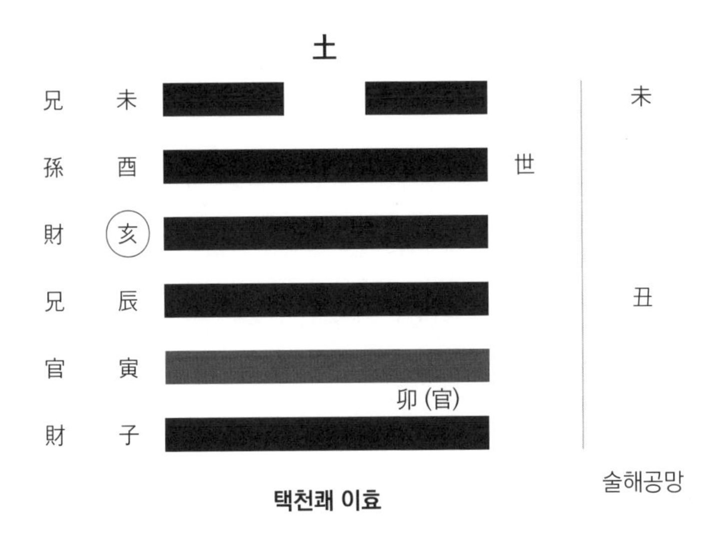


택천쾌 이효

세효 손효로 희망 용신 잡았습니다. 동효에 극 받지 않으니, 잘~ 있습니다. 저 집에 들락거리는 남자가 좀 의심스럽기는 한데 우리와는 관계없어 보입니다.

직장은 다니고 있는지?

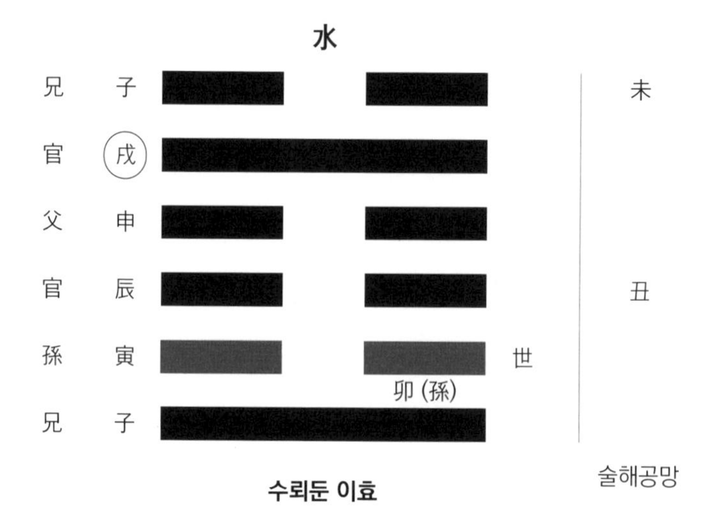

수뢰둔 이효

아이고, 저 가택효에서 동하는 손효가 보입니다. 방구석에 누워서 뒹굴뒹굴… 의지도 없고 직장 나와도 안 갑니다.

엄마 전화를 무시하고 안 받아서 도통 어디 있는지 모르겠다고, 이렇게 심사가 뒤틀리면 집을 나가는데 어찌 할지, 참 난감한 엄마입니다.

이 딸의 마음은?

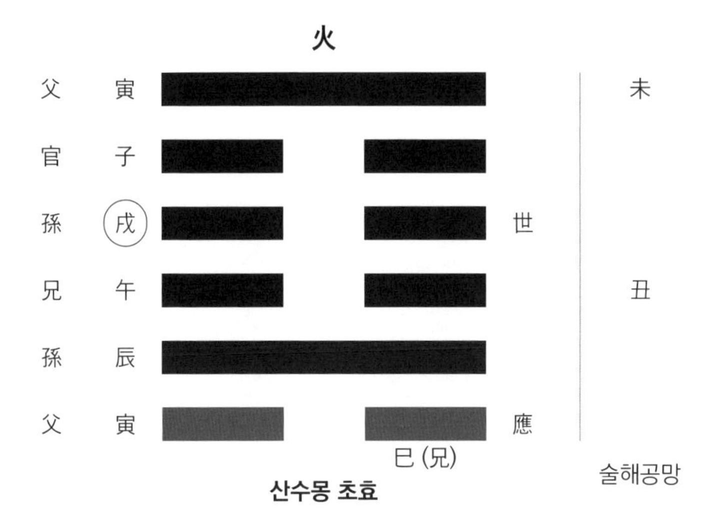


엄마와 딸 세응으로 봤습니다.

"엄마!! 나한테 걸리기만 해 봐라, 으이 씪!!"

동하는 응효 손효가 세효 엄마를 마구 때립니다. 절대 엄마가 못 이깁니다. 돈 좀 아껴 쓰라고 했더니 가출 실행… 곧 들어오나 또 반복됩니다.

### B 우리 이쁜 아기 요즘 어떤지(뇌화풍 상효) 오월/술일(진사공망)

이제 갓 돌이 되는 아기, 엄마가 점을 보다 궁금해서 묻습니다.
하긴, 말을 못 하는 아기이니 궁금하지요??

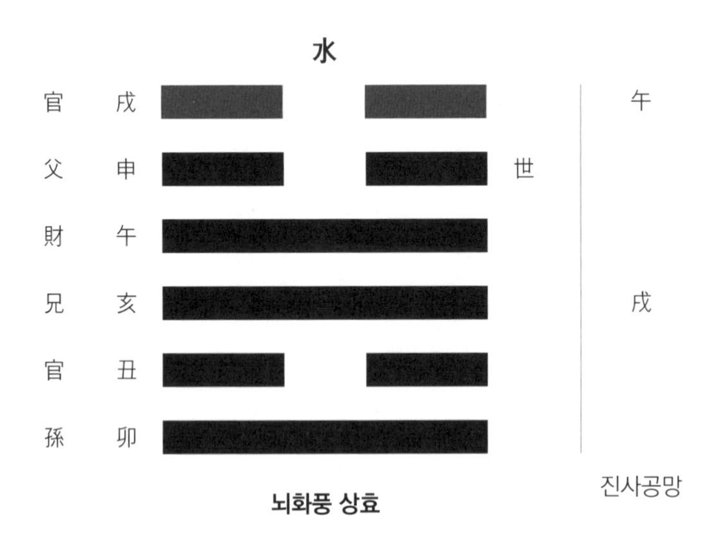


뇌화풍 상효

우리 아이 손효로 월일 휴수하고 동하는 관효로 힘들어 합니다. 영민한 아기라 눈치도 빠르고 다 알고 있습니다. 엄마 우는 거 싫다고, 울지 말라고 합니다.

엄마만 바라보는 아기의 눈망울이 보입니다.
아기엄마 구박 좀 해 줬습니다.

## C 아기 언제 올까요?(택산함 상효) 사월/술일(오미공망)

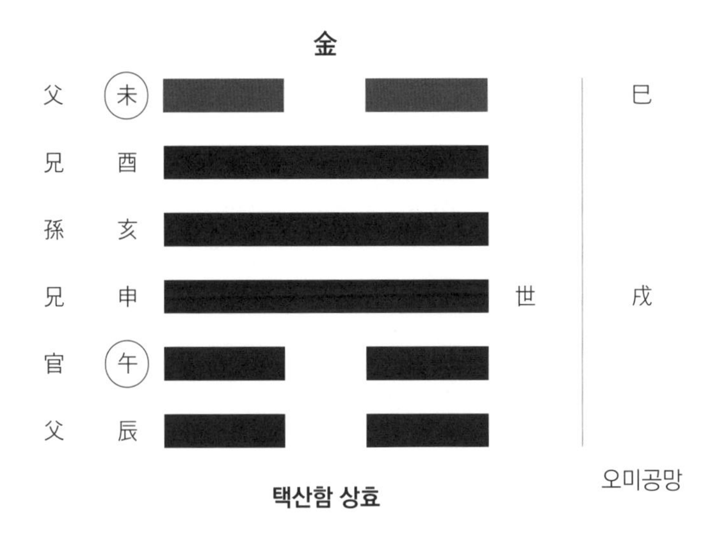

택산함 상효

자손점에서 가장 경계해야 할 것은 부효인데, 저 상효에서 동하고 있으니 토극수로 미토가 해수를 바로 때립니다.

아기가 오기 어렵습니다. 나는 갖고 싶으나 남편은 반대하고… 이래저래 어렵습니다.

**D 아기 언제 올까요?(풍화가인 삼효) 진월/미일(진사공망)**

인공수정 시도 중인 분입니다.

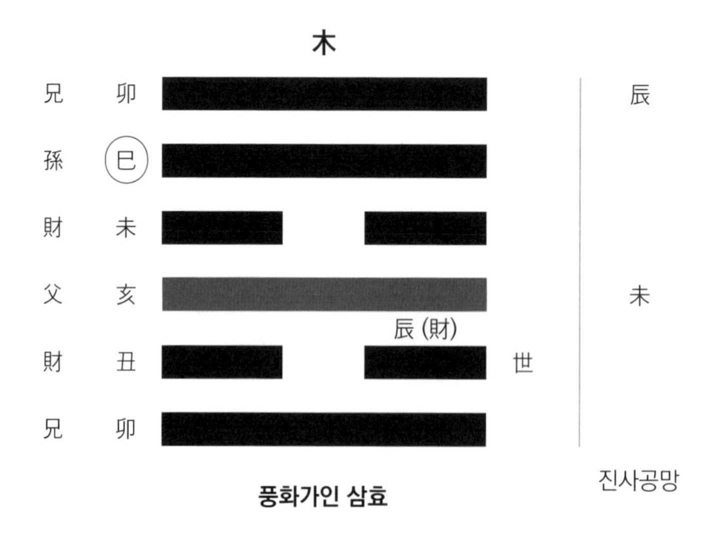

풍화가인 삼효

저리 왕하고 동하는 부효가 보이시나요? 자손은 어렵고 어렵습니다. 몇 차례 실패했고, 곧 난자 추출하려고 한답니다.

과다 호르몬 때문인지 온몸이 푸석해 보입니다. 몸은 아직 버틸 만하지만, 자손은 안 보입니다.

## E 아기 언제 올까요?(수풍정 삼효) 해월/진일(신유공망)

예쁜 새내기 부부의 점사입니다. 질문 그대로 괘를 냈습니다.

수풍정 삼효

이런… 아이를 문점했는데 하늘은 질병이라고 답을 주셨습니다.

저리 관효가 왕하니 쉽지 않은데, 일단 병원에 가시라고 했습니다.

관련 질병이 있다고 하는데 병이 나을지?

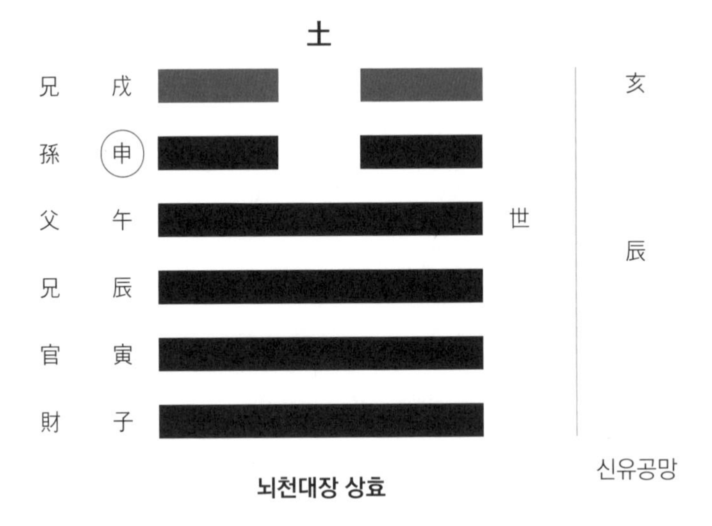

**뇌천대장 상효**

음… 세효 부효는 질병일 경우 치료 거부의 의미, 약도 없고 고생만 합니다. 현재 치료하다 중단한 상태로 너무 힘들고 차도가 없어 어찌해야 할지 모르겠다고 합니다.

너무 몸이 약한 상태로, 결국 저 질병으로 인해 아기가 못 옵니다. 자궁내에 난자가 포도송이처럼 쌓이는 질병인데, 약으로 난자를 없애야만 한다고 합니다.

병원을 바꿀 것을 추천했습니다.

## F 자꾸 가위에 눌리는데…(택산함 오효) 술월/인일(인묘공망)

건강한 20대 청년이 밤에 잠을 잘 못 잔다고 합니다.
혹시?? 일단, 꿈이 무엇인지 봤습니다.

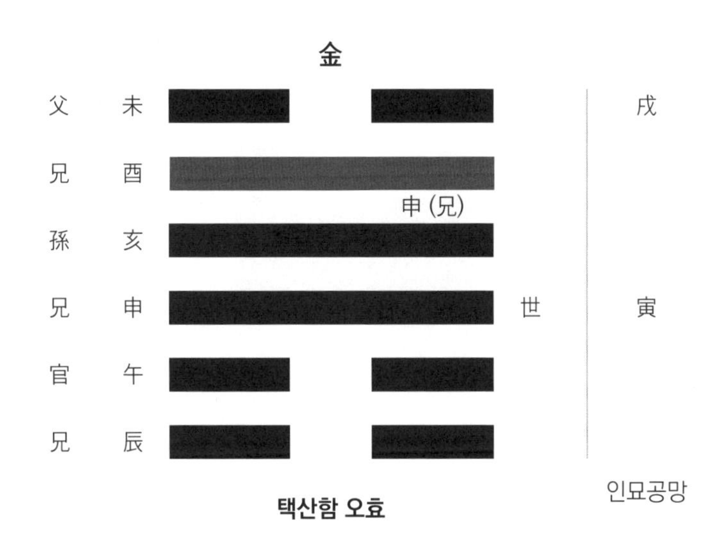


**택산함 오효**

화들짝 놀라는 모습이 보입니다. 계속 찾아옵니다. 저 천장 밑에서 내려다보시는 분.

관귀가 있나요?

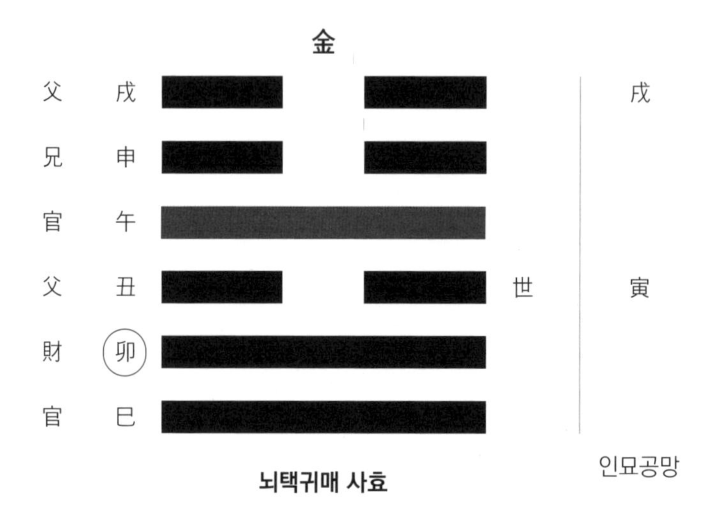

**뇌택귀매 사효**

음… 저 사효에 동하는 예쁜 여자 관귀. 밤마다 나를 쳐다봅니다, 매일….

아침마다 온몸이 아프고 파김치가 돼서 일어난다고 합니다. 관귀가 저리 밤마다 계속 온다면 사람의 진액이 모두 빠져나갑니다.

## G 반지 잃어버렸어요.(화풍정 사효) 축월/유일(신유공망)

결혼도 아니고 사귀는 사이인데 커플링을 1캐럿 다이아몬드 반지를 받았답니다. 집에서 잃어버린 것 같은데 아무리 찾아도….

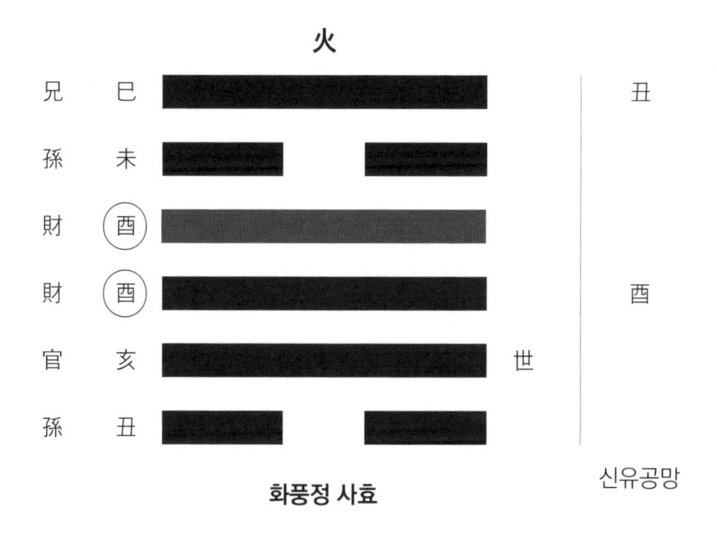

화풍정 사효

찾습니다. 동했으니… 왜괘라도 동하면 찾습니다. 내 눈에 딱 보입니다.

**H 어제 아이가 나갔는데 찾지 말라고… 편지를 지금 찾았어요.(택산함 초효) 자월/축일(오미공망)**

친한 동생의 아이인데 같이 찾으러 다녔다고 합니다. 언제 올까요?

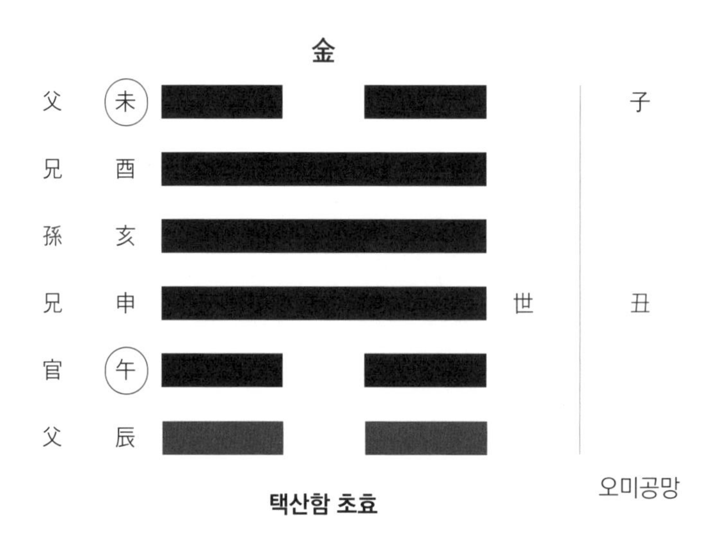


택산함 초효

아이는 무탈하고 초효 부효가 동하니 집 근처에서 배회 중입니다. 부효가 아이 해수를 극하니 바로 들어옵니다.

아이는 간섭받기 싫고, 부모님이 내 가출의 원인입니다. 하늘은 부모도 잘못이라고 찍어 주셨고, 이 아이는 친구 때문에 간신히 버티고 있습니다.

들어온다고 하지만, 일시적이니 부모님의 무한한 애정과 관심이 필요합니다.

## I 강변북로에서 접촉사고가 났어요.(수지비 이효) 해월/사일(자축공망)

아침에 출근하다 뒤차가 제 차를 살짝 받았는데, 상대방은 오히려 제가 후진하다가 접촉사고가 났다고 합니다. 차도 멀쩡하고 나도 괜찮은데… 제 운세가 나쁜 걸까요?

이 사건이 나에게 어떤 영향이 올지 봤습니다.

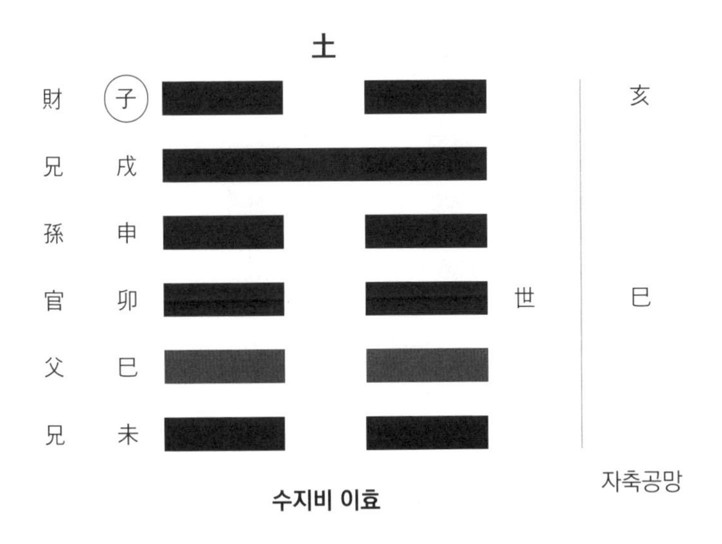

수지비 이효

계속 저쪽에서 연락이 옵니다. 우리 쪽은 신경이 쓰이긴 하지만 점의 이치는 동효이니 아무 상관이 없습니다.

계속 연락이 오고 있다는데, 또 전화 오면 보험사 연결하시라고 말하면 됩니다. 우린 아무 문제없습니다. 상대방이 거짓말을 하고 있으니 보험사가 알아서 해결 해 줍니다.

**J 우리 아이가 집 나가서 안 오는데 지금 안전하게 있나요?(천지비 초효) 술월/축일(인묘공망)**

질문 그대로 아이가 무탈한지 봤습니다.

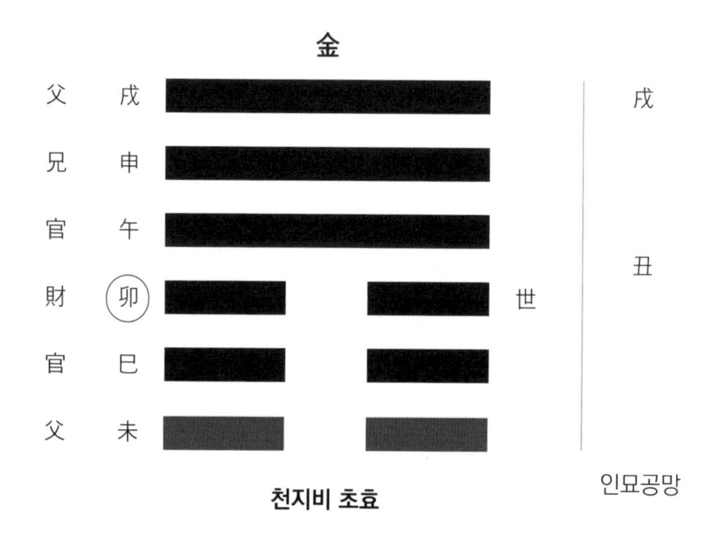


천지비 초효

복신이라 무탈하기는 한데, 잔뜩 겁먹고 있으나 전혀 집에 올 마음이 없습니다. 지금 이동 중이라만 나오니 언제 온다고 답을 드리기 어렵습니다.

물 수 자만 찍어주니 물 근처에서 찾으라 답을 받았는데, 결과적으로는 수원이었습니다.

집에서 상당히 먼 곳인데 다행히 찾았고 무탈하다고 합니다.

## K 연구비가 반려됐습니다.(뇌지예 상효) 축월/자일(오미공망)

보통의 경우 연구비는 받을 때 많이 괘를 보는데, 이분은 집행한 돈을 후에 청구하시는 경우인가 봅니다.

상부에 올렸는데, 반려됐다고… 잘못하면 3천만 원 이상 개인이 물어내야 한다고 합니다. 10년 동안 똑같은 행사의 예산인데….

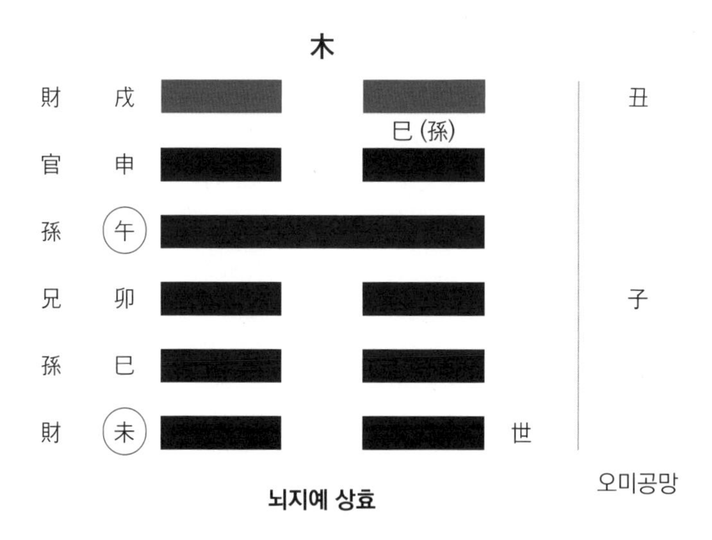


세효가 극 받지 말자!! 무탈합니다. 상대도 너무 무리한 요구를 하고 우리 측도 완벽하지 않고, 두 가지 건으로 클레임을 걸었는데….

• A건

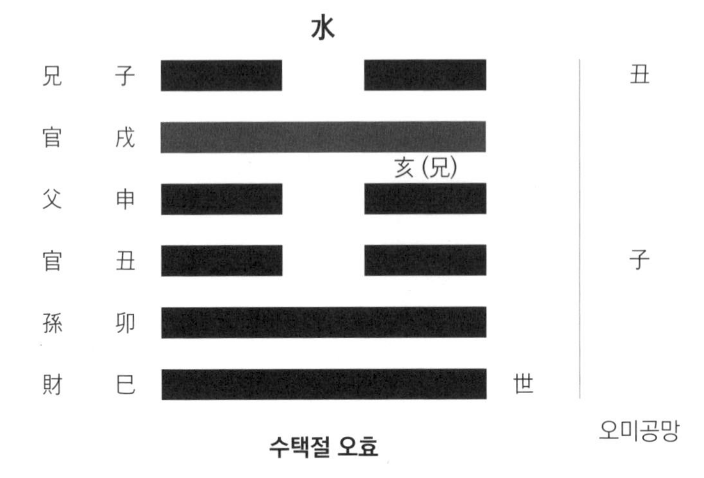


수택절 오효

세효가 왕상하고 동효에 극 받지 않으니 무탈합니다. 우리 쪽의 타당한 이유가 있는 것으로 전혀 문제될 것이 없습니다.

• B건

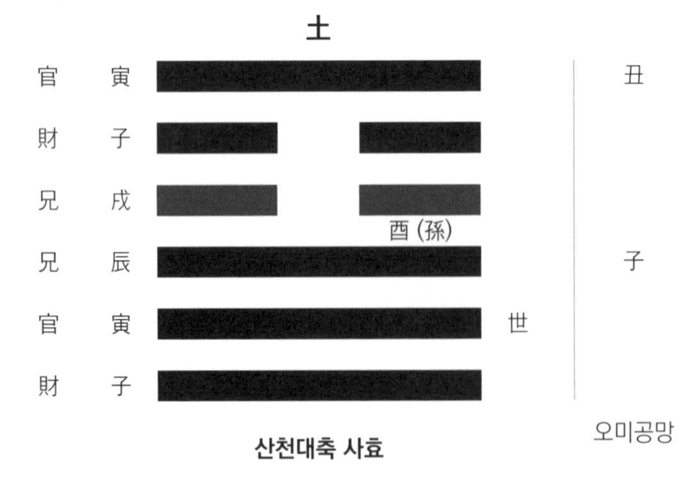


산천대축 사효

과다지출했다고 상부가 보고 있으나 우수 인력에 대한 꼭 필요한 지출을 증빙하면 됩니다. 이미 돈이 나와 있으니 서류만 더 보완하면 큰 문제없습니다.

### L LH 대출이 거절되었습니다.(지수사 삼효) 축월/자일(오미공망)

대출이 이사 가기 바로 전날에 보류되었다고 연락을 받았습니다.

당장 억대 넘는 금액이 안 나오는 건데 너무 무책임한 LH에 화도 나지만, 어이가 없다고… 뭔가 수습이 되려면 다시 계약서를 써야 하는데, 아직 부동산에서 연락이 없다고 합니다.

이도 저도 못 하고 발이 묶인 상태라 답답하여 계약서를 쓸 수 있을지 봤습니다.

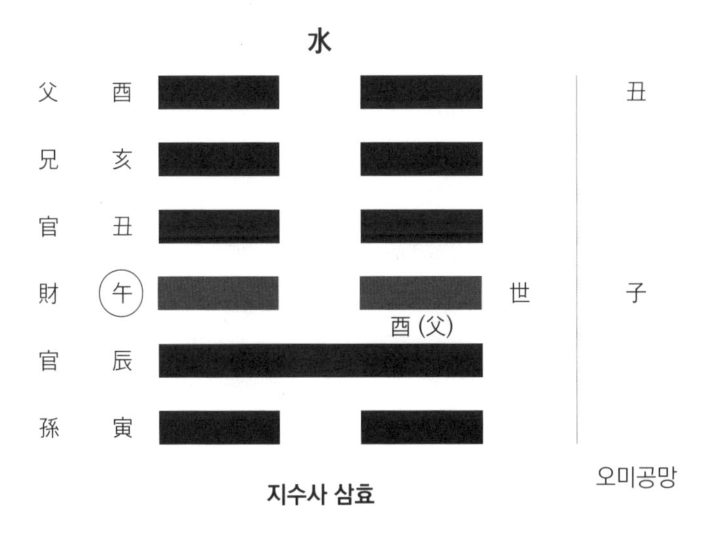

지수사 삼효

세효가 재효 잡고 움직이니, 아직 계약은 아닙니다. 세효가 움직이면, '안 한다, 갈등한다, 상황이 달라진다.'

이후 법무사에게 약 2주 후에 연락이 오고 대출은 두 달 후에 되었다고 합니다.

### M 다시 신을 모셔도 될지(지산겸 오효) 해월/진일(오미공망)

30년 무업에 종사하다 그만둔 지 10여 년 되신 분입니다. 자식들 일이 안 풀리고 자식에게 대물림 할 수 있다는 신(神)선생님*의 말에 다시 신당을 차려볼까 하는데…. 해도 괜찮은지 봤습니다.

이 점사의 핵심은 재효입니다. 재효가 왕상하면 신을 받아도 됩니다.

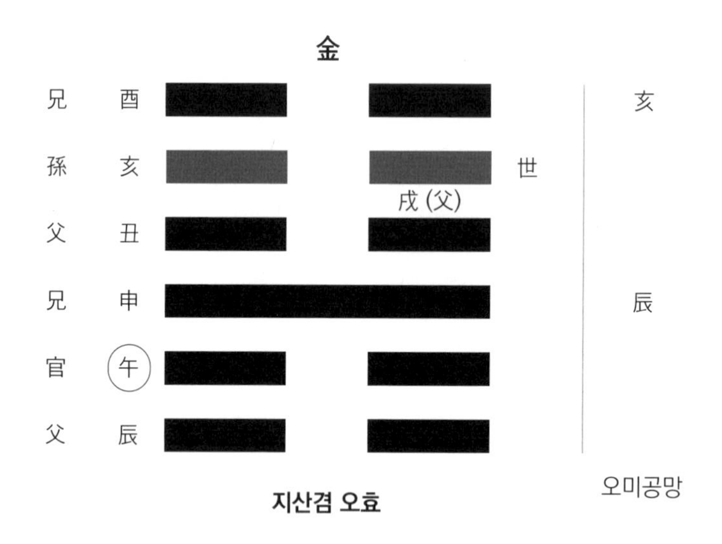


지산겸 오효

세효, 동하고 있지요? 갈등지상입니다. 아직 확신이 없고, 신의 모습은 어디에도 안 보입니다. 결국 현재 계신 할머니 신으론 부족하고 다른 신을 모셔야 신발이 나옵니다. 신선생님은 명산대천을 다니며 기도해야 모실 수 있다고 하는데, 점괘는 '내가 안 한다.'입니다. 물론 신도 없고….

---

* 신(神)선생: 무당에게 신을 내려주는 스승 격의 무당을 말한다. 신선생에게 새로이 신을 받는 무당은 신(神)제자라고 부르기도 한다.

## N 친정엄마가 빵소니 교통사고로…(화택규 이효) 해월/미일(술해공망)

친정엄마가 지난 주말에 빵소니 교통사고로 혼절하고 기억이 일부 없는데 정작 본인은 괜찮다며 병원을 안 가십니다.

딸이 답답하여 본 점괘는

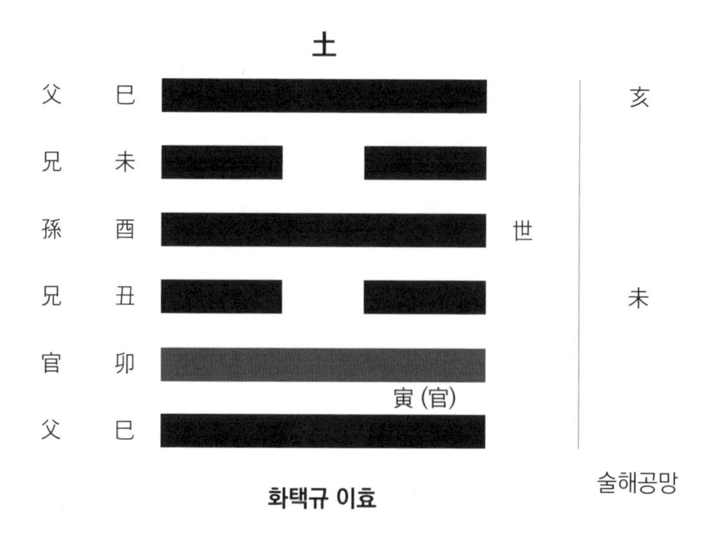


화택규 이효

주인공은 엄마이니 부효, 동효에 극 받지 않으니 생사가 달린 것은 아니나 저리 관이 강하니 많이 아픕니다. 빵소니라 병원비도 걱정 되고….

빵소니 잡을 수 있을지?

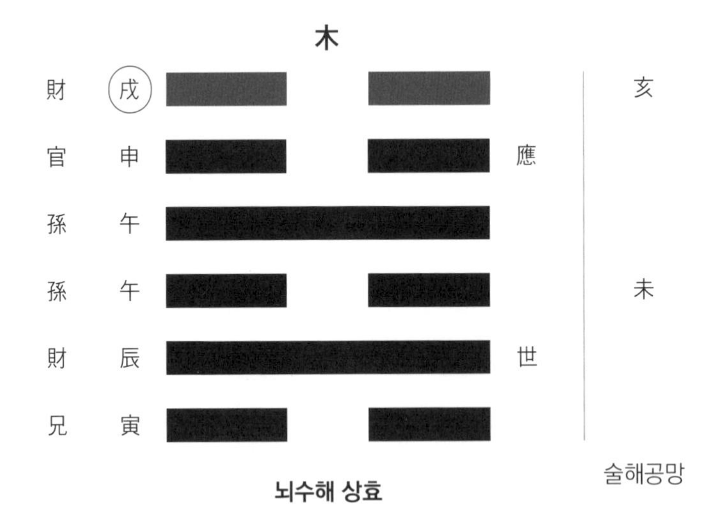


이건 어렵습니다. 상대 응효를 동효가 생해 주니 잡기 어렵습니다. 실제 CCTV를 확인해 보니 차번호가 모두 안 보여 경찰이 어렵다고 했답니다. 시간이 오래 걸려도 꼭 잡아 달라고 당부했다고 합니다.

## O 갑자기 상갓집 가야 하는데…(화뢰서합 오효) 해월/오일(술해공망)

핵심은 동효에 극 받지 말자!!

"부모님이 가지 말라고 하는데, 가도 될까요?"

친하지는 않지만 업무상 가야만 하는 곳입니다.

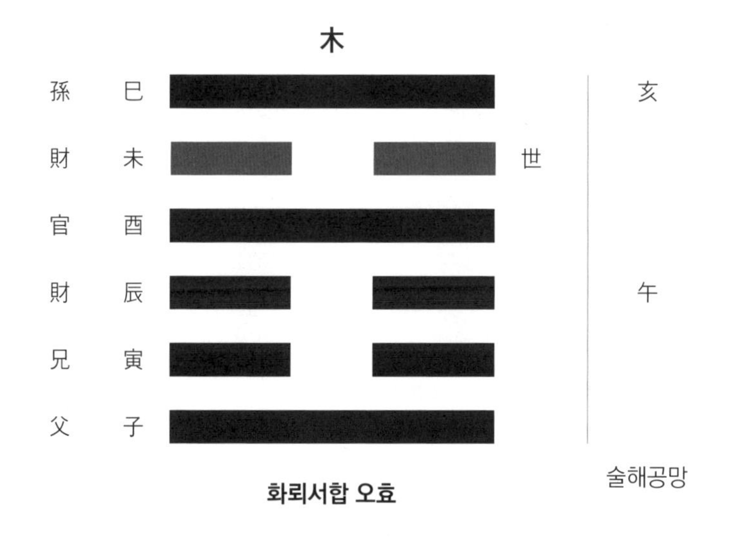

화뢰서합 오효

무탈하지요? 무탈하고 가는 것이 본인에게 득이 된다!!
정말 확실하게 알려줍니다.

## P 아이가 계속 가위에 눌려요.(간위산 삼효) 자월/묘일(오미공망)

얼마 전 중2 아들이 한밤중에 자다가 가위에 눌려 울면서 쫓아왔다고 합니다. 자기 방으로 안 간다고 해서 고전했는데, 계속 가위에 눌린다고 합니다. 우리 아이에게 유혼이 있는지 봤습니다.

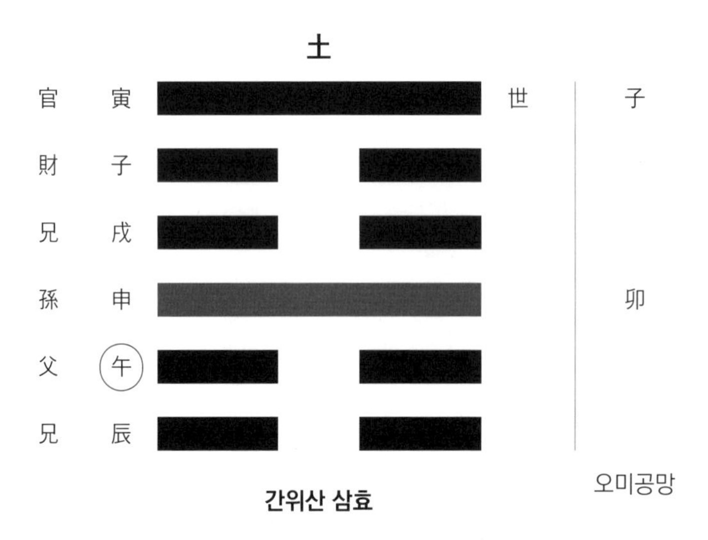


간위산 삼효

일단 동효가 손효이니 괜찮습니다. 현재 정효에 관귀는 목관귀로 예쁜 여자와 남자입니다.

요즘 새로 침대와 책상을 구입했다고 합니다. 셀프 처방을 알려 드렸으니 곧 좋아집니다.

## Q 중고차 사려는데 뭐가 더 나을지(산화비 사효) 묘월/미일(자축공망)

- A중고차

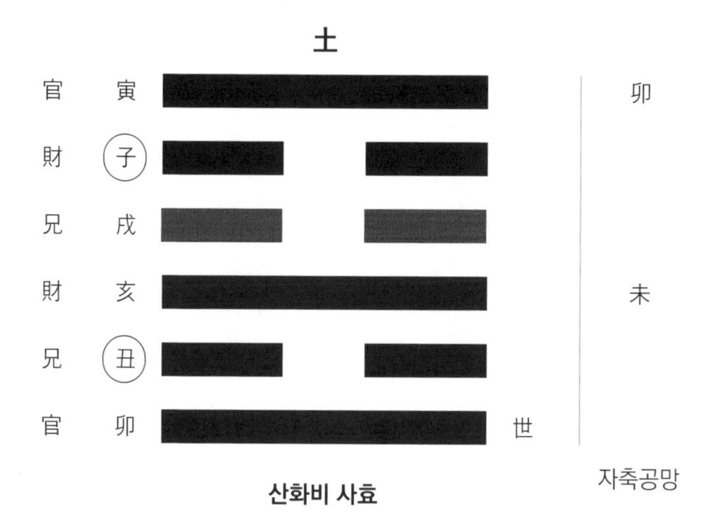


이 괘는 재효가 주인공입니다. 차는 재물로 통변합니다. 이 차가 마음에 쏙 드는 차인데 시세보다 비싸게 구입하는 것이며 사면 내 돈이 왕창 나갈 일이 지천입니다. 이 차는 땡!!

• B중고차

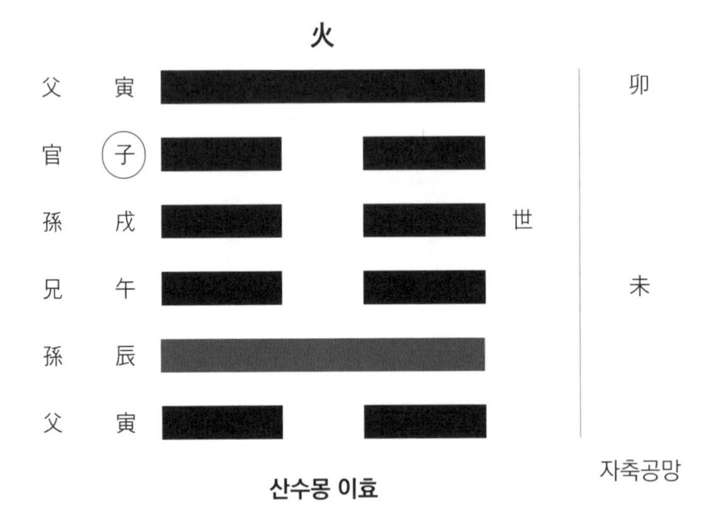


손이 동하니 무엇보다 안전합니다. 상태도 좋고 계약하러 간다고 했으나, 육충이라 오늘은 못 합니다. 뭐, 아무튼 이 차는 권할 만합니다.

## R 코로나 확진됐어요.(뇌수해 이효) 묘월/진일(신유공망)

올해 가족 중에 유난히 이 학생만 건강운이 안 좋았던 분입니다. 학교 선생님에게 옮았다는데…. 가족이 모두 격리되고 멘붕입니다.

다행히 이 학생은 엄마의 현명한 조치로 학교 및 가족 모두 음성이 나왔고, 다른 학교는 추가 확진자가 계속 발생하고 있답니다.

우리아이가 빨리 나을까요?

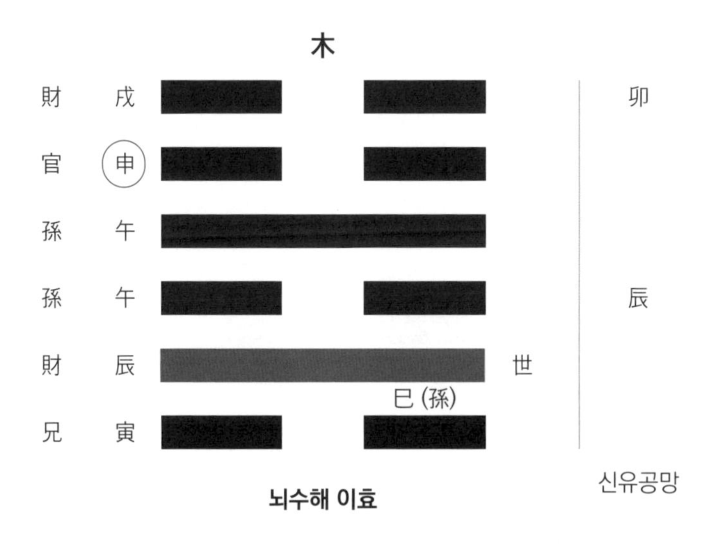


자손도 왕하고, 밥도 잘 먹고… 괜찮습니다.

같이 격리된 아이와 방을 같이 쓰는데 하루 종일 전화기만 붙들고 있어서 엄청 화난다고, 대체 언제나 공부하겠냐고 합니다.

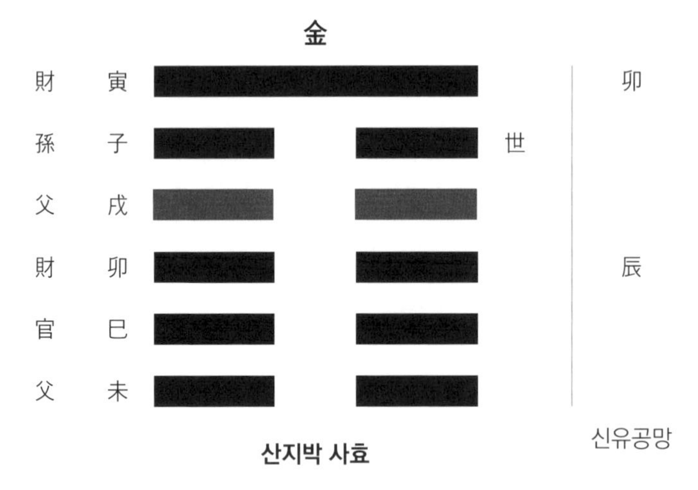


**산지박 사효**

음… 계속 저럴 거 같은데, 강력하게 하지 말라고 해야 합니다.

밥 먹을 힘도 없고 집에 가고 싶다고 자꾸 전화 오는데 지금 몸 상태가 어떤지?

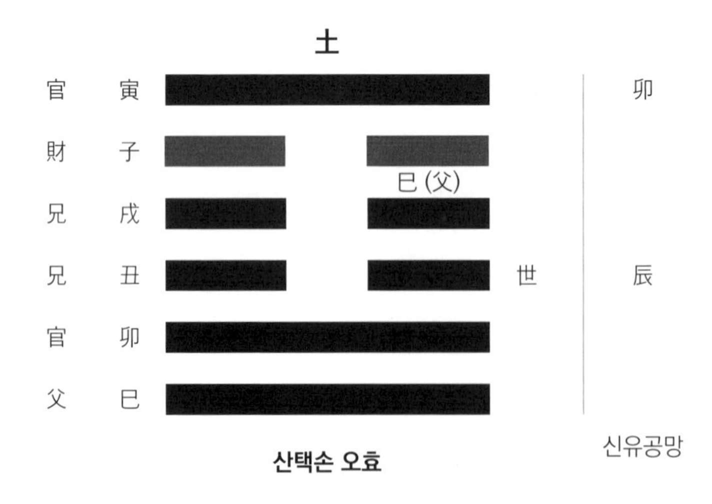


**산택손 오효**

아무것도 하기 싫고 아픈 게 맞습니다. 그래도 손공망이 곧 풀리니 내일부터 더 좋아집니다. 미성년의 학생이 확진되니 진짜 가족이 모두 정신이 없다고 하시네요.

**S 성형수술 재수술입니다.(화산려 삼효) 진월/유일(진사공망)**

"어느 곳으로 해야 할까요? 제가 아니고 엄마가 쌍거플 수술후 대인 기피증이 생겨서 꼭 이번에는 잘 되어야 합니다."

몇 달 전에 막연하게 수술운을 봤을 때 그닥 득이 아니라는 괘가 나온 분입니다. 이럴 때는 병원과 날을 잘 골라야 합니다.

- A병원

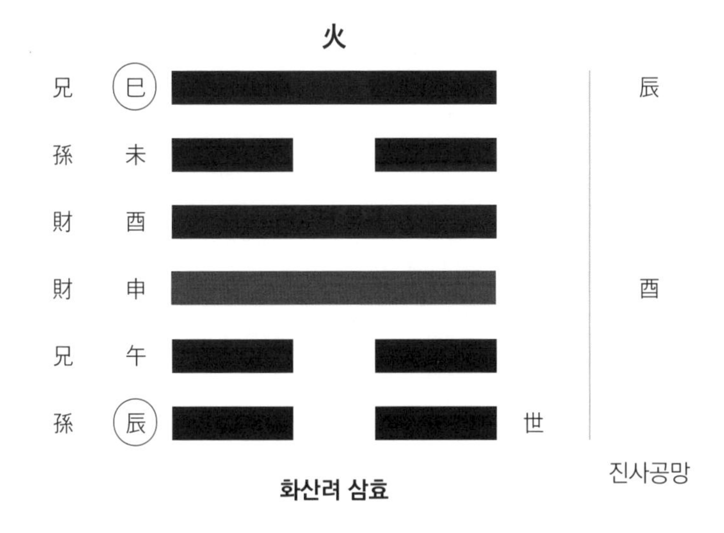


화산려 삼효

재효 동으로 부효를 극하기에 매우 나쁩니다.

• B병원

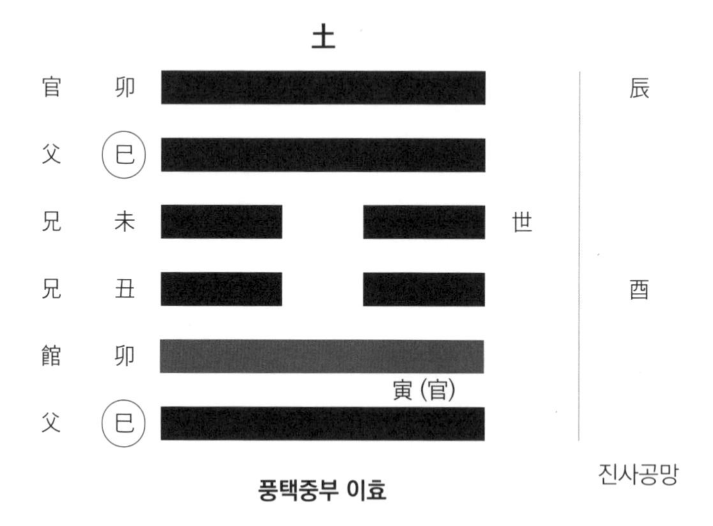

풍택중부 이효

이건 뭐 크게 잘 되는 것은 아니나 관이 퇴신하니 그래도 근심을 덜게 됩니다. 하여 후자를 권했으나, 엄마가 A병원을 가신다고 합니다.

이후 이 엄마는 수술을 미뤘다고 합니다.

## T 신호위반 찍힌 것 같은데…(지수사 사효) 묘월/유일(술해공망)

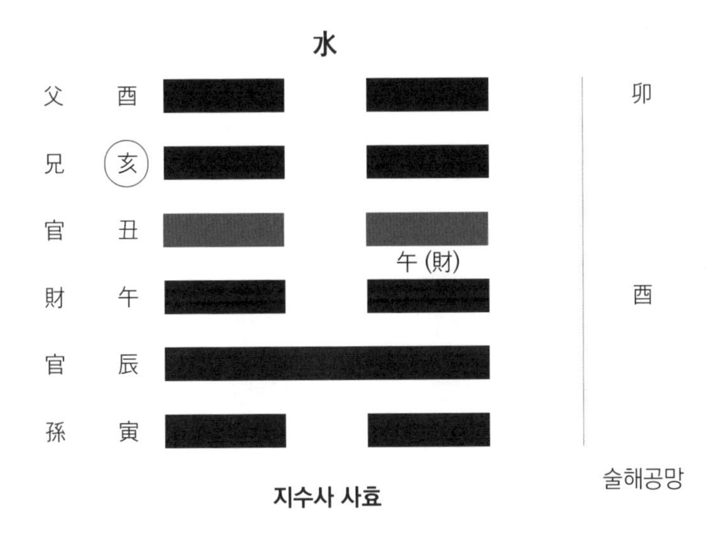


저 동하는 관효, 찍혔습니다. 자주 다니던 길인데 신호가 갑자기 생겼다고, 얼떨결에 못 서고 지나쳤답니다.

다행히 월파라 이달은 무탈할 수 있으니, 육충으로 통변했습니다.

결국 맞았습니다. 신호위반 아니랍니다.

## U 코로나 백신 맞으려고요.(뇌지예 사효) 미월/진일(술해공망)

백신의 부작용이 염려되는 건 사실이나 만사 불여튼튼이라고….
지병이 있는 분들은 더더욱 조심해야 합니다.

"백신 맞아도 무탈할까요?"

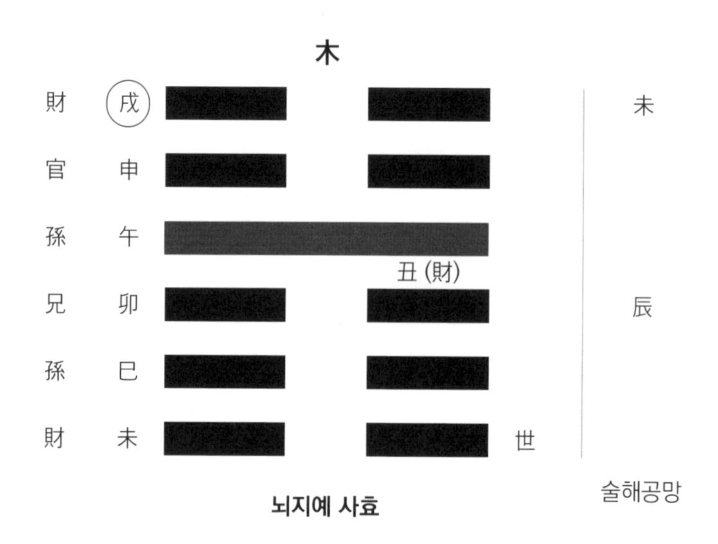


동효에 극 받지 말자. 걱정할 필요가 없습니다.

보통은 이렇게 받으면 아무 날이나 맞아도 되는데, 그래도 걱정이라면 접종일 선택 후 괘를 냅니다.

"이날은 무탈한가요?"

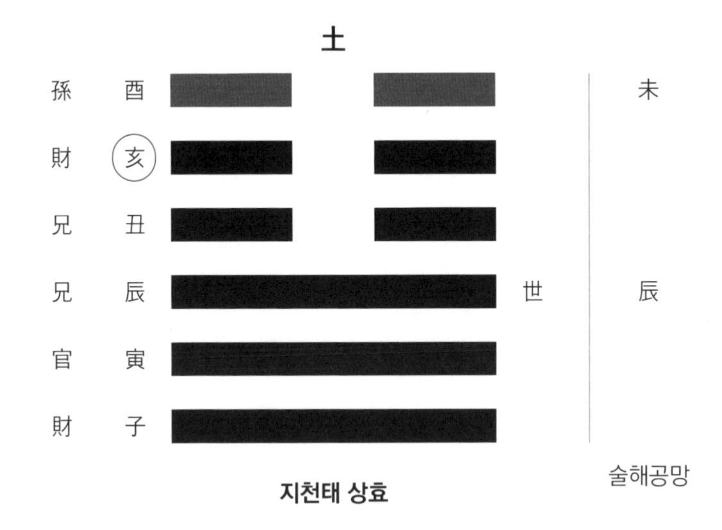

지천태 상효

무탈한 날입니다.

## V 암보험 계속 해지하라고 합니다.(화택규 초효) 오월/신일(인묘공망)

"현재 유병자이고, 질병 사실을 고지하고 암보험을 가입했습니다. 약 보름 정도 지나고 가입 승인이 됐다고 했는데, 보험설계사가 좀 애매한 부분이 있다며 해지하고 3개월 후에 재가입을 권유했습니다. 이 보험을 꼭 해지해야 할까요?"

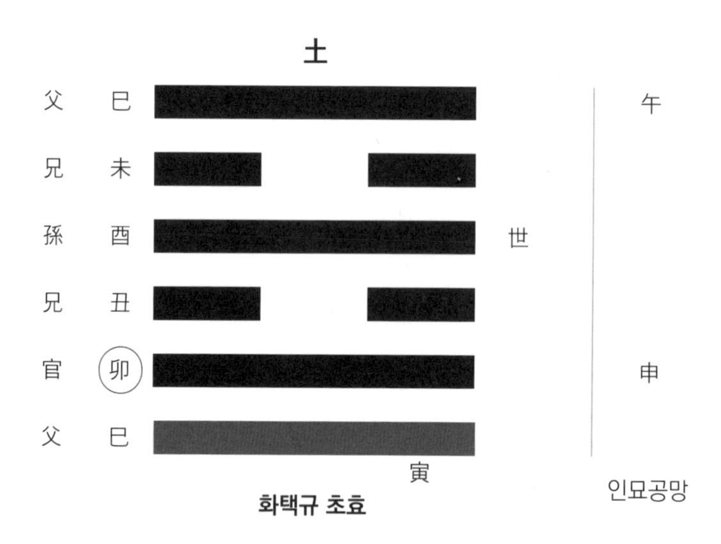

화택규 초효

설계사가 해지하라고 계속 전화합니다. 결국 '그 등쌀에 못 이겨 해지한다.'가 결과입니다.

"그렇다면, 3개월 후에 가입이 될까요?"

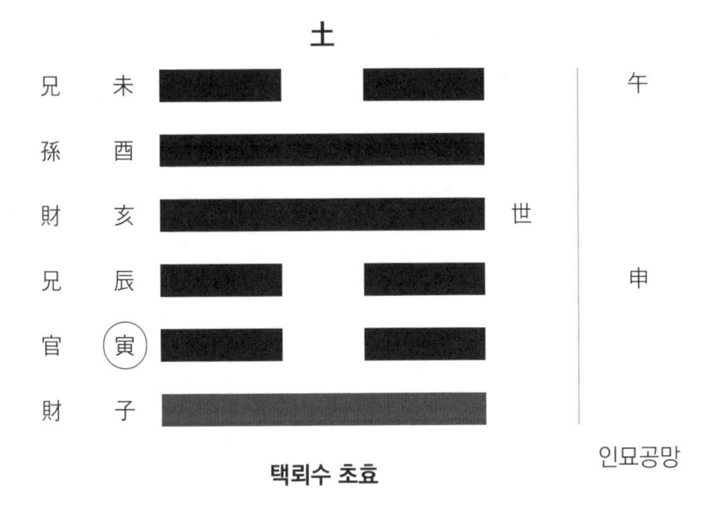


택뢰수 초효

아니요, 가입 못 합니다. 결국 못 드는 보험을 가입시켰다는 말인데, 다른 곳을 찾아보면 됩니다.

"현재 질병의 상태는?"

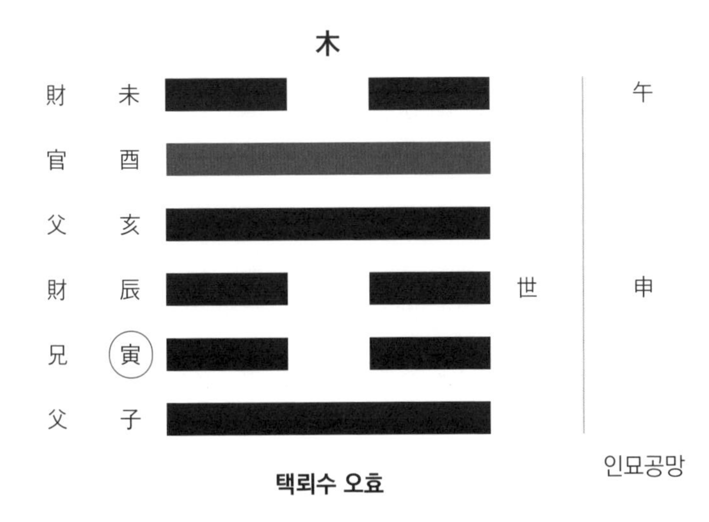


택뢰수 오효

질병도 강하고 나도 강하고, 낫는다고 말하지는 못 하지만 충분히 이겨냅니다. 완치가 어려운 병이라 평생 관리가 필요하다고 합니다.

## W 코로나 걸린 것 아니지요?(천화동인 이효) 사월/미일(술해공망)

"자가 격리 중인데 코로나에 걸렸으면 어떡하나요?"

온 가족이 다 나가 있고 본인 혼자 집에 있는데 화장실 한 개당 한 명이라 화장실 개수만큼 사람이 있을 수 있다고 합니다.

"코로나 걸렸어요?"

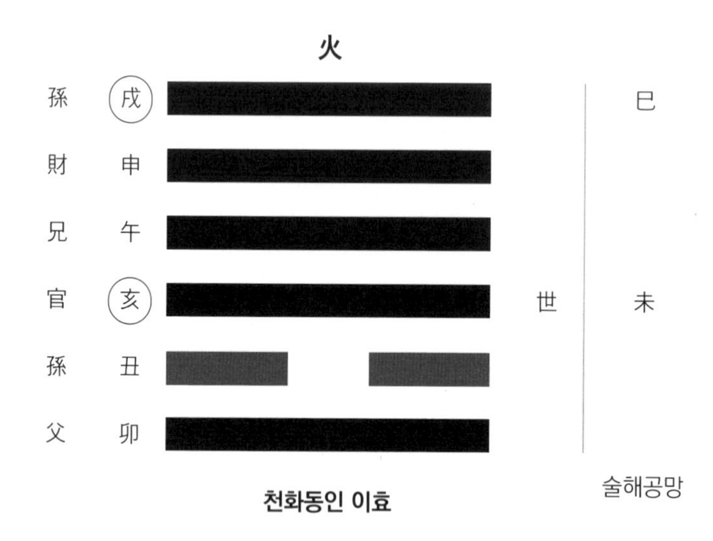

천화동인 이효

세효 형효 잡고 극 받거나 관효 동하지 말자!!

집에 틀어박혀 방구들 꺼지고 오만 잡생각만 하는구나!!

너만 걱정하니 신경 끄라고 합니다. 역시, 무탈합니다.

## X 이 병원에서 수술해도 될까요?(택화혁 이효) 해월/묘일(신유공망)

• A성형외과

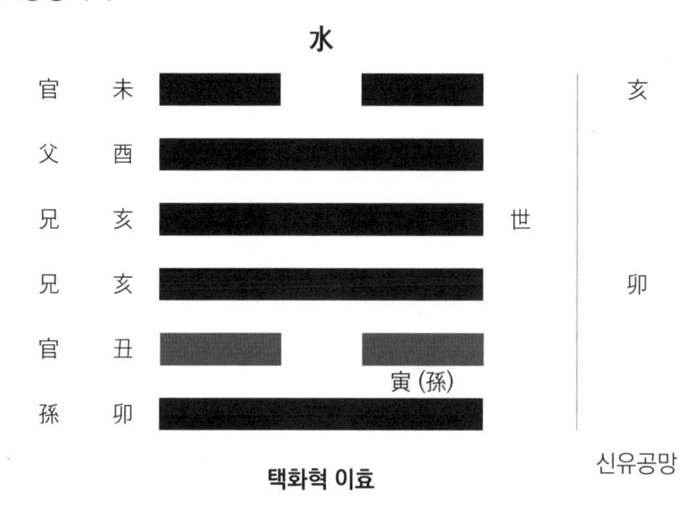


택화혁 이효

수술도 잘 되고 나도 편안합니다.

• B성형외과

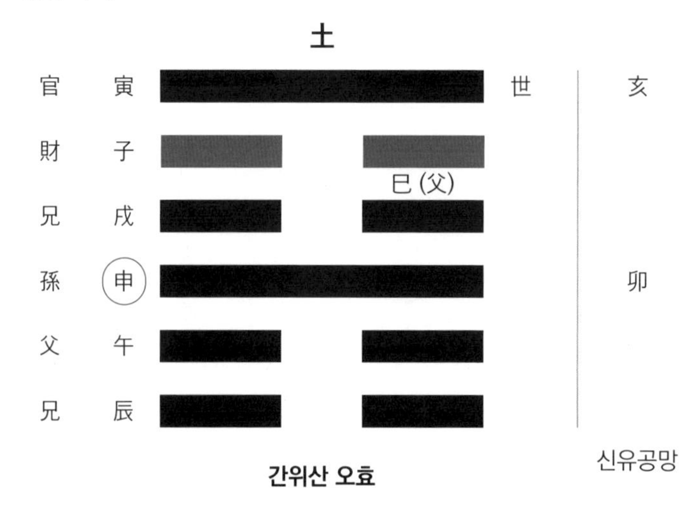


간위산 오효

음… 여긴 패스하는 게 좋습니다.

• C성형외과

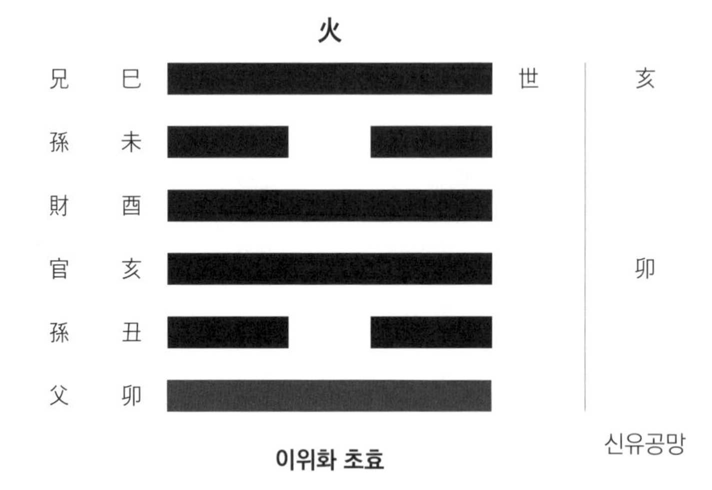


**이위화 초효**

여긴 수술수가 계속 보이니, 꽝입니다.

• D성형외과

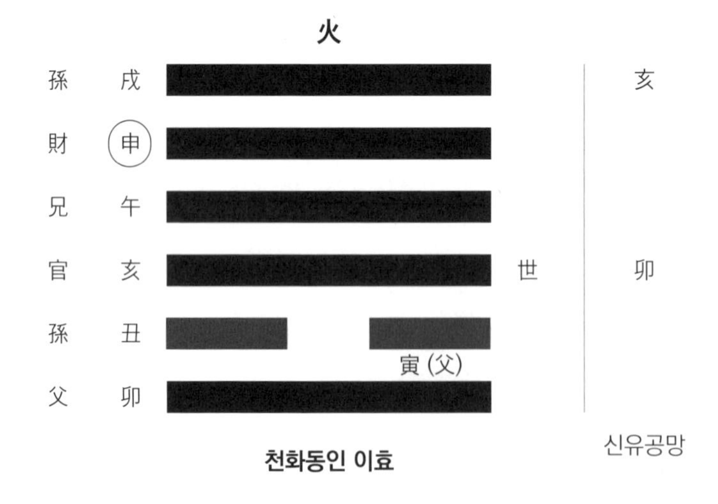


**천화동인 이효**

여기도 좋지만, A병원이 더 좋습니다. 마침 A병원에서도 할인을 크게 해 준다고 하네요. 중년 여성들의 가장 성형하고 싶은 수술 부위는 가슴 성형이랍니다.

## Y 아… 저 코로나인가요?(산지박 오효) 술월/신일(오미공망)

얼마 전 꿈자리가 너무 뒤숭숭했는데, 갑자기 목소리가 안 나오고 온몸이 으슬으슬하다며 요즘 같은 때에 어디 다니기도 민폐인데 가족이 모두 코로나 아니냐고 한 걱정을 하는데, 정작 본인은 열도 안 나고 약간 가래만 있습니다. 왜 목소리는 안 나오는지….

"이거 코로나 맞아요?"

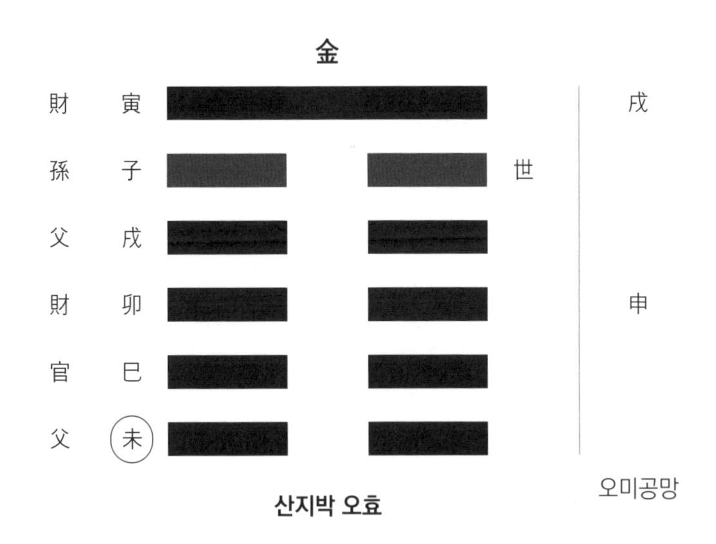

산지박 오효

세효 동, 너만 걱정한다!!

## Z 오랜만에 여행을 갑니다.(지천태 초효) 사월/해일(자축공망)

차를 빌려서 갈 건데, 지인에게 너무 늦게 말해서 떠나는 날은 무보험 차로 운행하는데 너무 걱정이 됩니다. 딱 하루인데 오늘 무탈할까요?

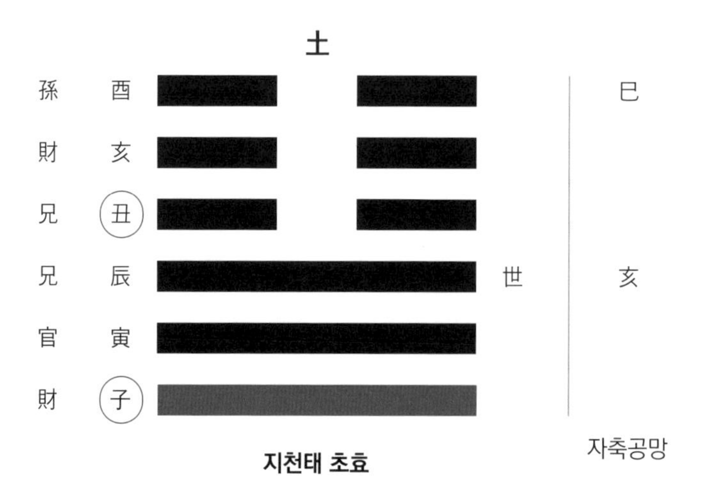

**지천태 초효**

결과는 무탈한데 저는 이 육충이 무엇을 의미하는지 참… 일단 돈은 깨지나 무탈합니다. 동함은 동하는 것으로 이미 상황은 끝났다고 했으니, 재미있고 좋으나 하루 종일 불안한 마음에 나는 두렵다고 합니다.

이후 전화가 옵니다.

"선생님, 그 점괘가 무슨 뜻인지 알겠어요. 저 딱지 끊었어요~! 끼어들기 금지인 차선에서 모르고 진입했는데, 바로 경찰차가 세우더라고요. 잘 몰랐다고 하니 싸게 2만 원짜리 끊었어요, 하하."

아, 이런 뜻이구나. 운행 초반이라는 힌트도 나왔는데….

무탈히 잘 가셨답니다.

## AA 살인사건이 났어요.(택산함 이효, 상효) 신월/유일(신유공망)

"근무하는 사무실 옆에 살인사건이 났어요. 같이 일하는 동료가 휴가 중인데 남편이 형사입니다. 그분이 바로 옆 사무실에서 조사중 이라고, 어수선하니 늦게 출근하는 게 좋겠다는 연락을 받았습니다. 좀 늦게 나와서 문을 열어보니 우리 사무실 문 쪽으로 피가 흘러들어왔어요…. 사장님은 피 냄새가 너무 안 좋아서 밖에서 안 들어오고 전화로 빨리 퇴근하라하고… 다들 휴가 중이라 혼자 사무실에 있는데 왜 이리 제 마음이 싱숭생숭… 괜찮을까요?"

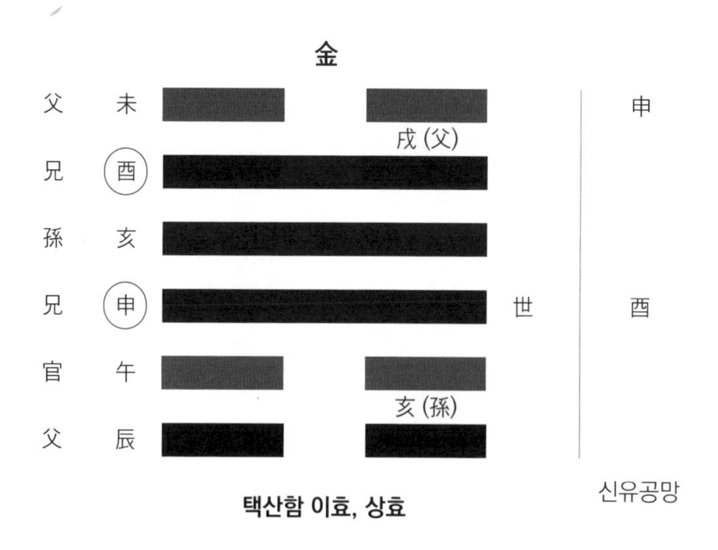

택산함 이효, 상효

무탈하나, 당분간 부효가 움직이니 좀 힘듭니다.

그래도 내가 왕상하니 무탈!!

## BB 치매보장보험을 가입하는 게 좋을까요?(산수몽 오효) 사월/축일 (인묘공망)

좀 특이한 주제입니다. 이 고객분은 사고로 20대 초반에 뇌수술을 하셨던 50대 여자분입니다.

현재까지는 매우 건강하게 살고 있는데, 뇌의 상당 부분이 죽어있는 상태라 늘 치매에 걸릴까봐 두려웠다고 합니다.

이 농협에서 나온 보험을 든다면 나에게 좋은지 봤습니다.

A) 100세 보장 치매보험

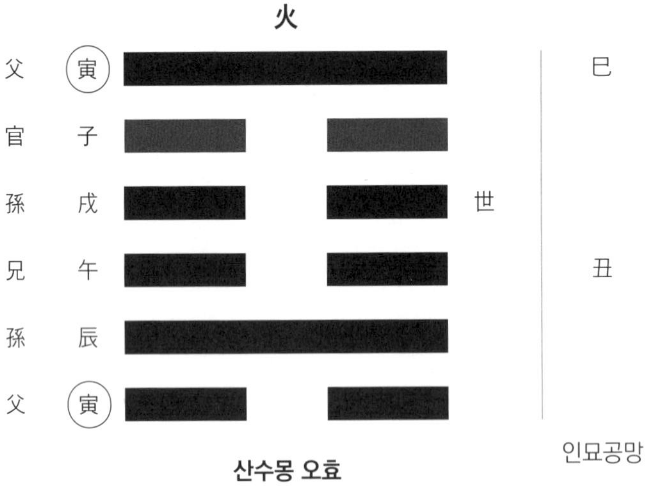

火

| | | | | |
|---|---|---|---|---|
| 父 | (寅) | ━━━━━ | | 巳 |
| 官 | 子 | ━━ ━━ | | |
| 孫 | 戌 | ━━ ━━ | 世 | |
| 兄 | 午 | ━━ ━━ | | 丑 |
| 孫 | 辰 | ━━━━━ | | |
| 父 | (寅) | ━━ ━━ | | |

**산수몽 오효**

인묘공망

동효가 알려주지요? 관효 동, 돈만 나가고 혜택도 없다.

B) 90세 보장 치매보험

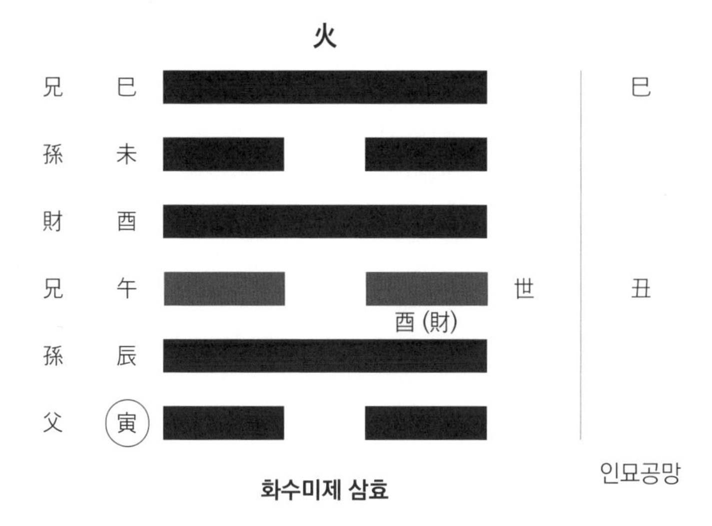


**화수미제 삼효**

내가 갈등한다, 세가 동하면 안 한다!

이제 답이 보이시죠? 이분은 치매보험을 들어도 크게 '덕 볼 일이 없다.'입니다.

### CC 아아, 너무 아픈데 부적이라도 써 주세요.(천수송 이효) 자월/해일 (오미공망)

이분은 50대 후반의 후덕한 외모의 소유자로 늘 구설에 주인공이 되는 분입니다. 상관견관 위화백단이라고 무관사주인데, 뭔 구설수를 그리 달고 사시는지… 아무리 주의를 줘도 내 맘대로 하시는 분입니다.

아파서 죽을 것 같은데 부적 넣은 지갑을 몽땅 잃어버려서, 몽땅 없어졌다고 울면서 전화가 왔습니다. 에효, 증상도 워낙 많고 치료도 안 되는, 그야말로 미치고 팔짝 뛰는 병으로 운기를 자주 타는 병입니다.

• 방아쇠증후군

열 손가락을 모두 째고 관절의 고름을 빼자고 의사가 권유했답니다. 전 분명히 하지 말라고 했습니다. 어차피 똑같을 거니까….

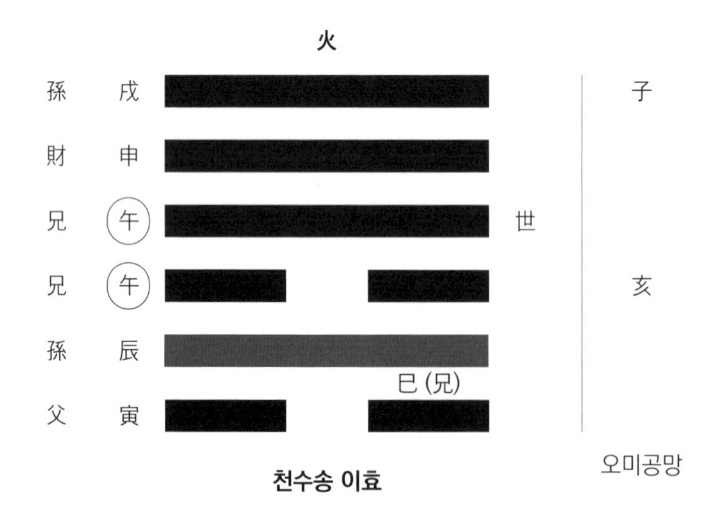

천수송 이효

월일에 관효니, 병세는 계속 지세하나 손효가 동하니 조금 차도가 있습니다.

• 불면증

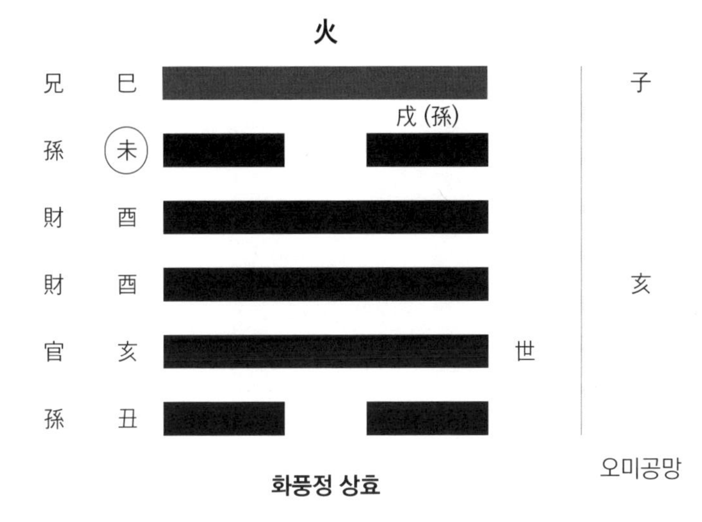


**화풍정 상효**

위 괘와 같지요? 월일에 관효가 지세하니, 중하고 오래된 고질병입니다. 계속 수면제 먹습니다. 일시적으로 약하게 손효가 움직이니, 약 먹으면 좀 낫고 안 먹으면 힘들고…. 수면제에 취해서 밤에 무의식적으로 냉장고를 털고 있답니다. 본인은 얼마나 먹었는지 기억이 잘 안 나고 너무 갈증이 난다고 합니다.

• 허리디스크/목디스크

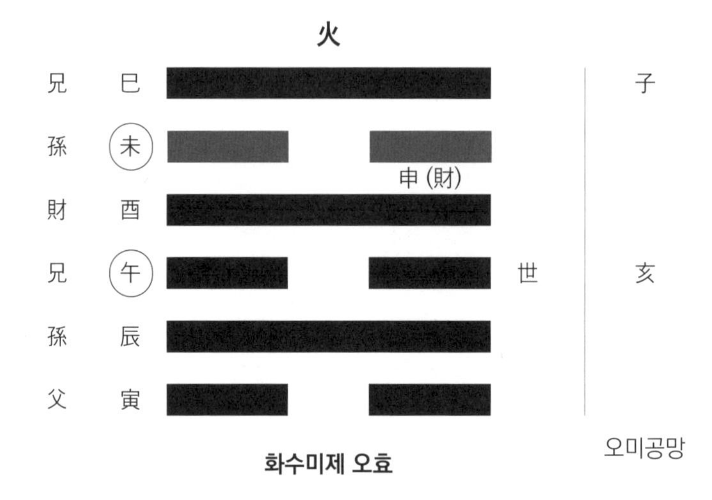

화수미제 오효

본인은 의심스러우나 그래도 손효가 동하니, 좀 나아집니다.

• 그렇다면, 신축년 건강은?

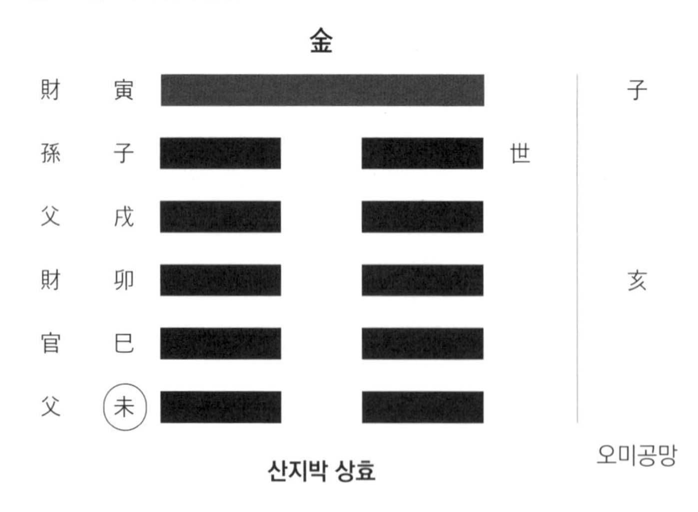

산지박 상효

세에 휴수하지만, 손효 잡았으니 길하고 재효는 질병점에서 별 의미가 없으나, 장기적으론 관효를 생하니 지켜봐야 한다는 뜻입니다. 또는 '음식 주의, 음식으로 인한 질병'이란 뜻도 포함됩니다.

### DD 1월부터 계속 계약이 깨지는데(화택규 무동) 인월/진일(오미공망)

“정말 미치겠습니다. 손님이 없는 것도 아닌데 계약 직전에 계속 깨지고, 하… 어쩌면 좋나요?”

신도시에서 부동산을 하시는 분의 점사입니다.

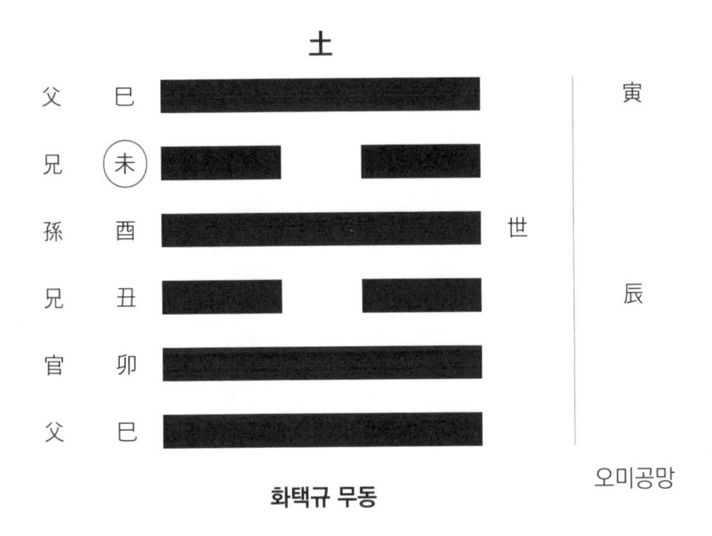


화택규 무동

이런, 모든 효에 재물이 없습니다. 게다가 무동은 ‘변화없다.’이니, 이 상태로 쭉~ 갑니다.

가을이나 되어야 풀리는데, 저리 형효와 관효가 지세하니 내 몫이 당연히 없습니다.

## EE 유치원 결정해야 하는데…(화택규 무동) 자월/묘일(진사공망)

"오늘 5시까지 유치원 결정해야 하는데, 뭐가 더 나은지 잘 모르겠어요."

일단 아기 엄마는 두 군데 선택지를 줬습니다.

- A유치원

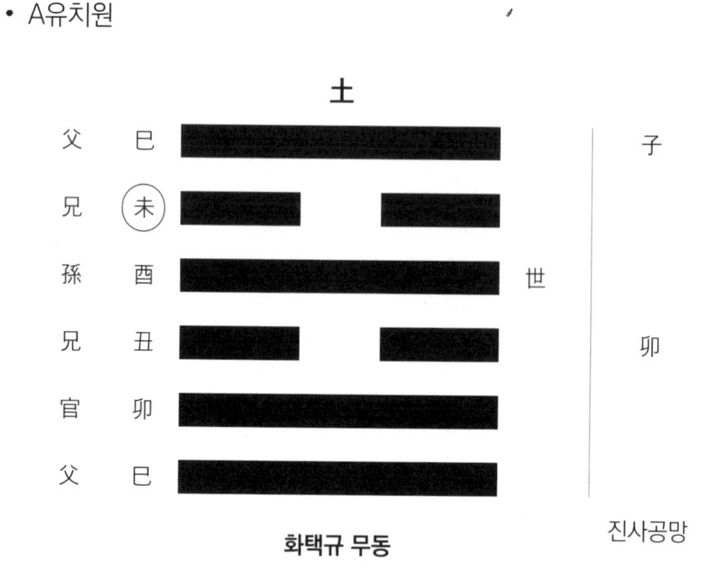


이곳은 신생으로 뜨는 유명한 곳인데 부효 공망, 학업으로 보면 소리만 요란하지만 재미있습니다. 우리 아이는 공부에는 관심 없고, 휴수합니다.

영어유치원이라고 합니다. 공부를 본다면 효과 없는 곳이지만, 유치원의 본래 취지라면 무해무득합니다.

• B유치원

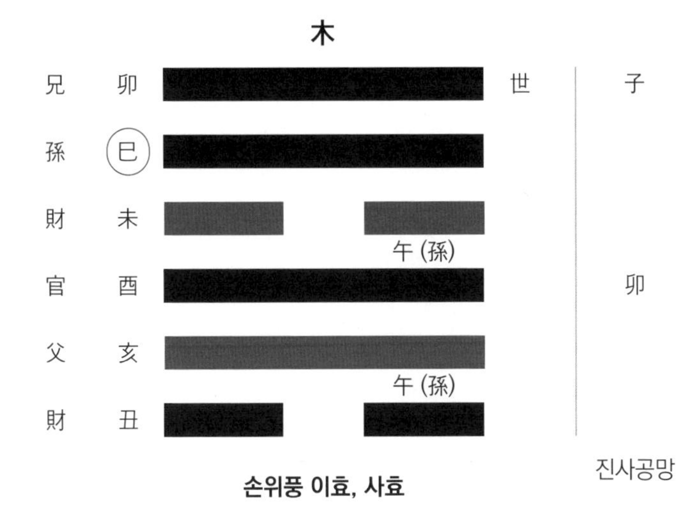


**손위풍 이효, 사효**

이곳은 규모도 크고 재미있는 곳, 게다가 아주 재미있습니다.

문제는 손효인데, 공망이지요? 엄마는 머리가 아픈데 우리 아이는 아무 것도 하기 싫고 안 다니고 싶습니다.

아이와 의논해서 잘 선택하면 됩니다.

## FF 남편이 생사의 기로에 서 있습니다.(화풍정 삼효) 축월/묘일(진사공망)

"호스피스 병동으로 가고 한 달이 지났는데 언제나 이 생의 끈을 놓을까요?"

74세 어머님의 점사입니다. 50년의 결혼생활, 이제는 불쌍해서 놓아주고 싶다고….

일전의 점사는 1월 5일이 지나야 돌아가신다고 했는데 자식들이 캐나다에 있는지라 한국에 나와 두 달 동안 육남매가 돌아가며 병실을 지키고 있고, 어머님은 자식 보기도 미안하고 남편도 불쌍하고….

연말에 캐나다 들어가서 급한 일 보고 와도 된다고 했는데 자식들 아무도 자리를 못 떠나고 있습니다.

언제쯤 돌아가실까요?

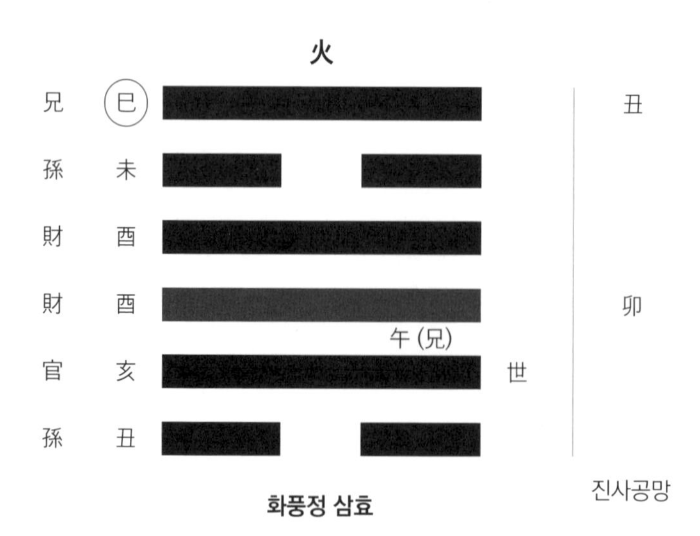

부인의 괘입니다. 세효 관효로 희망 용신 잡았으나 무척 휴수합니다. 아직 좀 남아있다고 했더니, 이젠 진짜 안 된다고, 빨리 가시게 해달라고 합니다.

어휴, 오늘은 택도 없고 내일과 그다음 날, 두 날 중에 속히 간절함을 들어 주셨으면 좋겠습니다.

이틀 후 오전 6시에 편안히 가셨습니다.

### GG 방탄소년단 콘서트 당첨될까요?(수택절 사효, 지화명이 이효) 인월/미일(신유공망)

이분은 생각만 해도 웃음이 나오는 분입니다. 방탄소년단의 '찐팬'으로 5년 동안 점괘로 티케팅에 매번 성공한, 하늘이 선택한 분입니다.

이번엔 날짜별로 3일 하는데, P석/R석을 따로 괘를 내고 이 자리에 당첨될지를 봤습니다. 우리 고객은 3일 모두 가고 싶은 분입니다.

3일 각각 P석/R석 6개의 괘를 보고 티케팅을 했는데, 어찌된 일인지 한 곳도 당첨되지 못했습니다.

우리 고객은 대체 왜 안 된 거냐고 대성통곡… 본인이 직접 뽑은 괘이니 뭐라 답할 수도 없고…

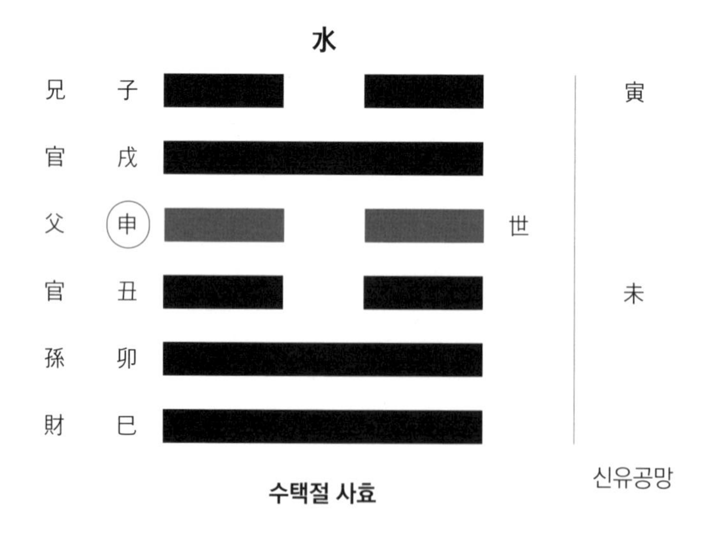


수택절 사효

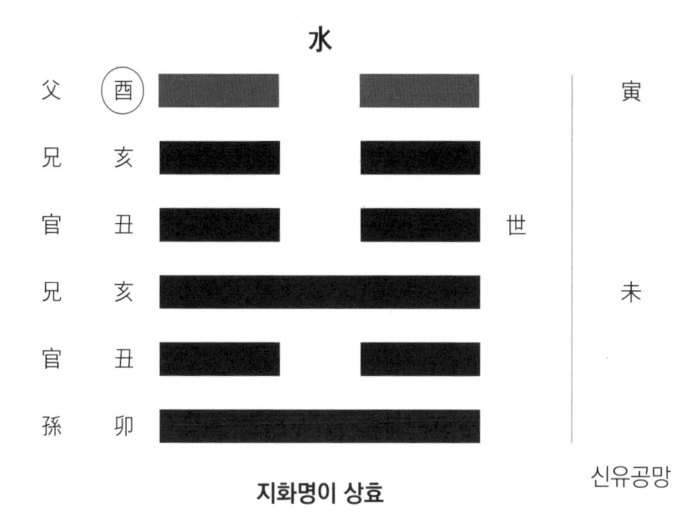

지화명이 상효

답이 너무 괴상하여 두 번이나 던졌는데 모두 질병이라고 하셨으니, 이날이 2월 6일 목요일입니다.

본인의 질병이면 세를 극해야 하는데 그것도 아니고… 하여간 이유는 모르겠으나 두 번이나 같은 답을 주셨으니, 일단은 기다려 보면 안다고 답해 드렸습니다.

이후 코로나바이러스가 심각해져서 우리 고객님이 혹시, 이 질병이 코로나 아니냐며 2월 11일 방탄소년단 콘서트가 취소될지 점단했습니다.

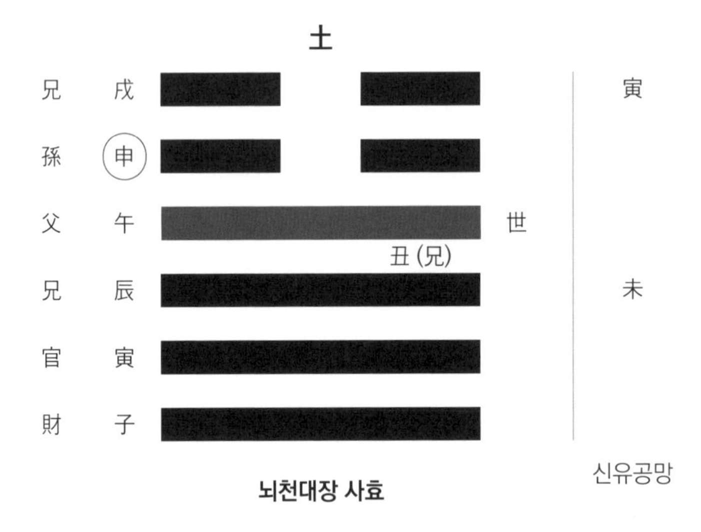

뇌천대장 사효

취소됩니다. 관효를 용신으로 보고 공망이기에 취소로 통변했습니다.

점을 믿고 기다리라고 했는데, 2월 25일 티케팅이 있으니 취소되면 표라도 소장하겠다며 인터파크 티케팅 성공하는지 봤습니다.

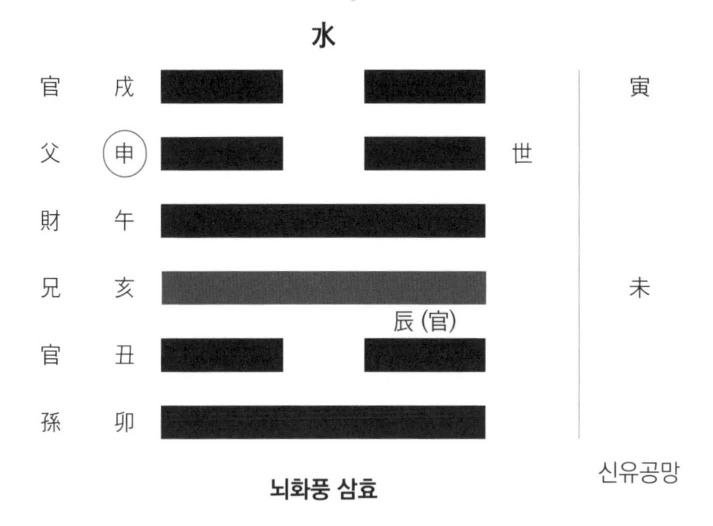

뇌화풍 삼효

세응으로 보고 세가 응을 극하거나, 응이 세를 생해 주면 표 잡습니다. 이 괘는 동효가 형변관으로 관의 도움으로, 즉 시스템의 도움으로 잡습니다.

표를 점괘대로 잡았으나 최종 2월 28일 콘서트 취소 통보가 왔답니다.

**HH 현재 병원에 7개월째 입원 중입니다.**(건위천 이효) 신월/유일(자축 공망)

“언제 낫겠습니까?”

63세의 그리 많지도 적지도 않으신 분의 점사입니다.

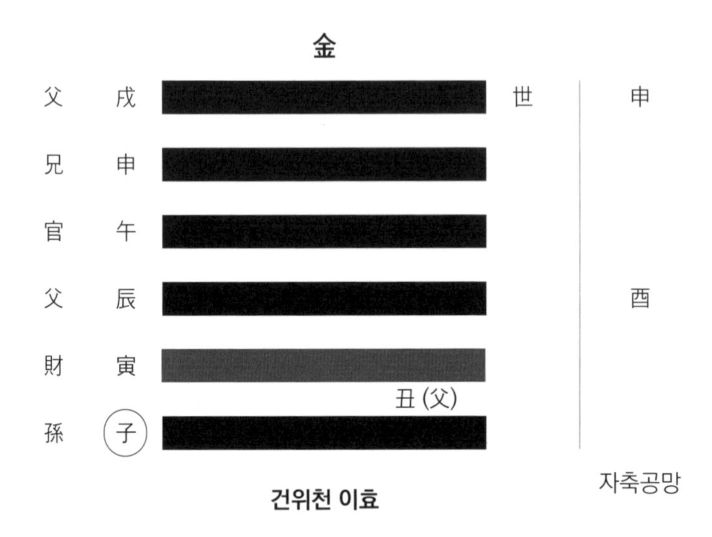

**건위천 이효**

세효는 월일 휴수, 관효 사효에 월일 휴수입니다. 나도 약하고, 병도 약하고 손효 공망입니다. 이건 환자가 나을 의지가 없고, 별것 아닌 병으로 입원했으나 차도도 없이 계속 병상만 지킵니다. 약이 안 보입니다. 암이면 수술수라도 보이는데….

무슨 병이냐고 했더니 혈액암으로 수술도 없고, 항암도 없이 7개월째 누워만 있다고 합니다. 점괘로는 별다른 방법이 없이 겨울까지 저 상태이며, 재가 동하니 조금씩 증세가 나빠집니다.

### II 친정아버지가 병환이 있으신데 급히 응급실로 실려 갔다고 연락이 왔어요.(수뢰둔 초효, 삼효) 미월/묘일(술해공망)

"연로하신 아버지가 원래 중증 당뇨와 치매 질환으로 투병 중인데, 갑자기 악화되어 급히 응급실로 가셨다고 연락이 왔습니다. 괜찮으실까요?"

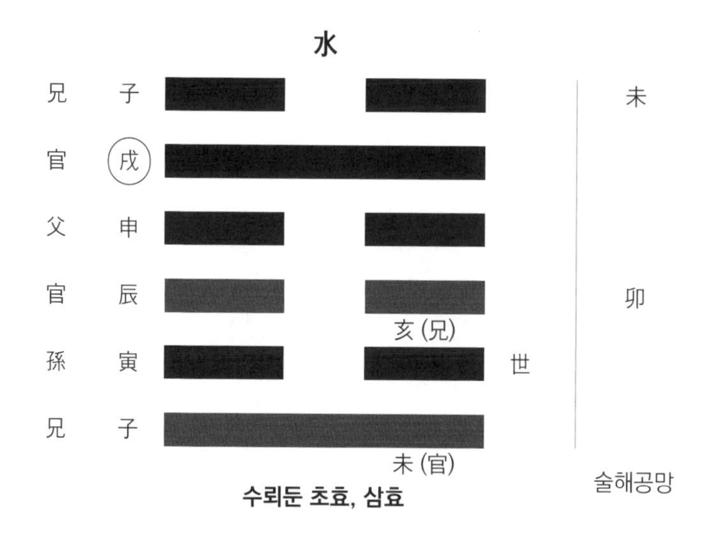

수뢰둔 초효, 삼효

아버님이니 용신 부효, 월에 생 받으니 왕상하나 공망, 즉 흠이 있는 상태로 봅니다. 아버님의 질병은 두 개. 아직 안 드러난 질병이 두 개입니다. 당장은 심각한 상태이나, 용신이 극 받지 않으니 무탈합니다.

이후 새롭게 췌장의 염증과 신장 질환이 발견되었고 이틀 후부터는 좋아지셨다고 합니다.

## JJ 남편 건강(화뢰서합 사효) 진월/진일(인묘공망)

작년에 대장암으로 점 보신 분입니다. 남편이 대장암 초기인데, 수술 안 하고 자연 치료 중이라고 점을 보니, 치료는커녕 질병이 지세가 왕하여 당장 병원에 가라고 했습니다.

이후 남편의 고통이 심해져서 입원 치료를 하는 중입니다.

"현재 항암만 하는데 상태는?"

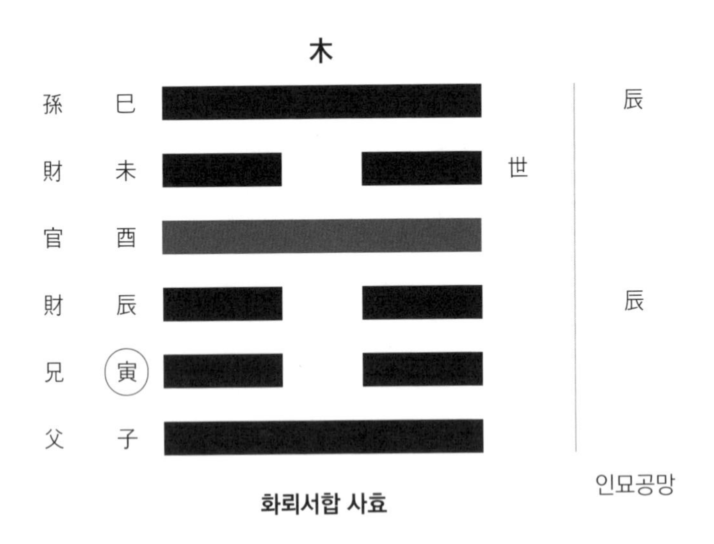

화뢰서합 사효

에이, 저리 관효만 동하니 치료한다고 말할 수 없고, 월일에 왕상한 관효는 너무 강해 무섭습니다. 뭐라 답하기 어려운 괘입니다.

마지막이 곧 오고 있습니다. 누가 이분에게 자연 요법을 권했는지….

## KK 안면 마비 언제 좋아질까요?(중택태 오효) 해월/오일(술해공망)

암 수술 후 안면 마비 부작용으로 고생하시는 분의 점사입니다.

요즘은 건강검진으로 조기에 발견해서 보통은 경증이나, 이분은 심한 상태의 수술이라 예후가 안 좋은 분입니다.

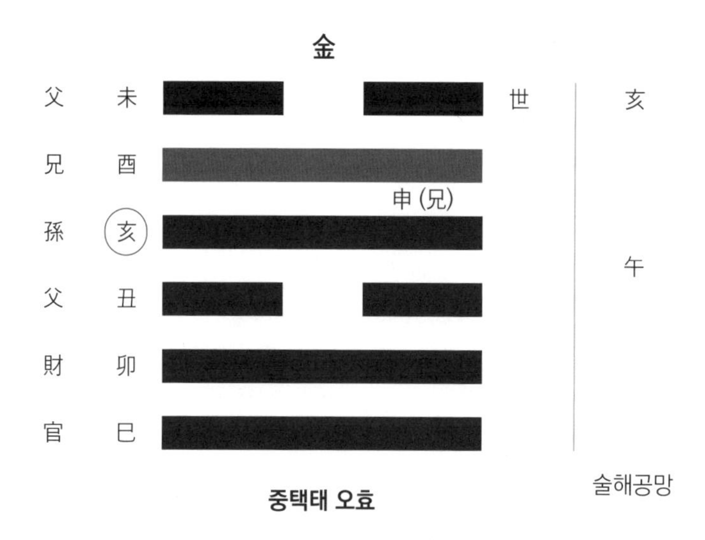

중택태 오효

내 몸이 너무 쇠약하고, 부를 잡았으니 열심히 치료를 한 것은 아닙니다. 형효가 동하니 돈은 들어야 하나, 퇴신하니 치료하면 해자월에 병을 털 수 있습니다.

## LL 제가 가르치는 아이가 혼수상태입니다.(산풍고 상효) 해월/미일 (자축공망)

가르치는 학생인데, 지속적인 두통으로 모든 검사를 해 봤으나 원인이 없어 부모와 아이 모두 손 놓고 있는 사이에 갑작스런 두통으로 응급실로 갔다고 합니다.

세브란스에서 뇌종양 선고를 받고 수술을 했는데 아직 깨어나지 못하고 있다고….

아직 너무 어린 나이인데, 이 아이가 무사할 수 있을지 봤습니다.

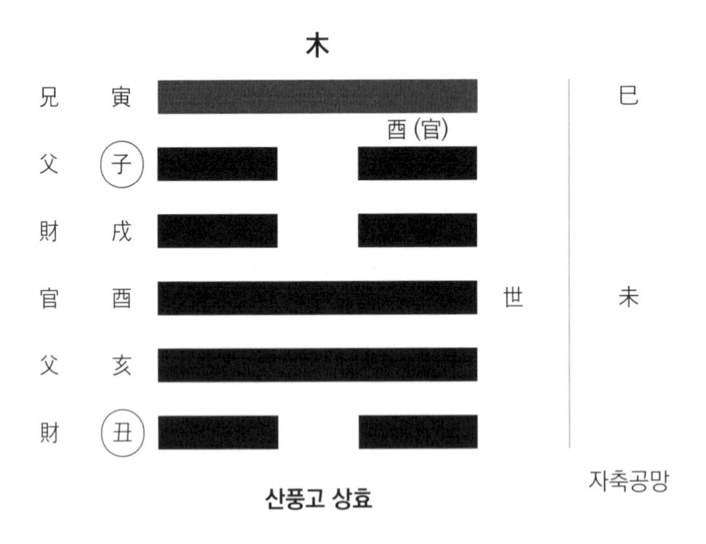


산풍고 상효

용신 손효는 월에 있으니 무탈하나 상효가 형변관으로 병이 지중합니다. 수술한 지 하루이틀 후에는 의식이 돌아와야 하는데, 아직 5일이 되도록 못 깨어나서 이러다 큰일이 나는 것은 아닌지, 모든 일이 손에 안 잡힌다고 합니다.

문제는 깨어나려면 최소 6일은 더 있어야 합니다.

**MM 내년에 부인과 수술예정입니다.(산뢰이 이효) 인월/진일(자축공망)**

"봄에 하려고 하는데 괜찮을까요?"

39세의 여성분이 계속 미뤄왔던 부인과수술을 더는 안 되겠다는 의사의 권유로 작괘했습니다.

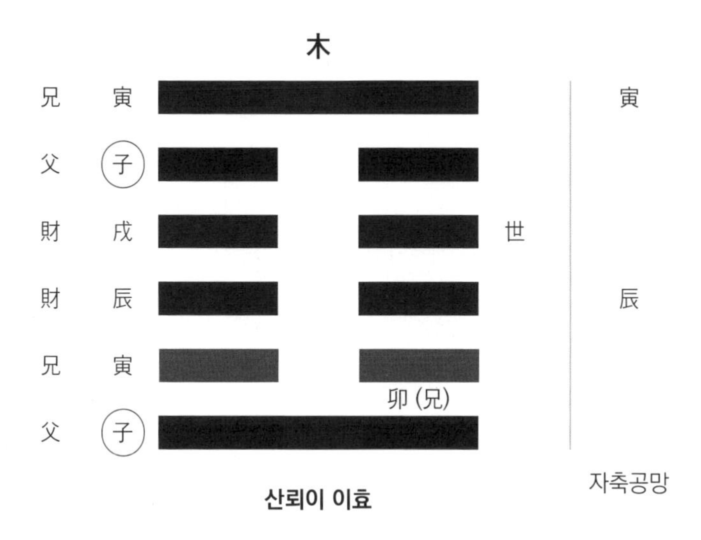

산뢰이 이효

세효는 극 받지 않기. 형효에 극 받으니, 수술이 잘 되지 않을 것으로 보입니다.

아마 보험을 들어서 세효가 재효를 잡은 것으로 보이나, 형효가 진신되니, 실제 개복을 하면 병이 더 위중함을 알게 됩니다.

이왕 할 것이니, 더 알아보고 결정하시라 했습니다.

**NN 집에서 넘어졌는데 발목이 부러지고 인대가 끊어졌어요.(수택절 사효) 술월/유일(인묘공망)**

"바로 수술할 건데 괜찮을까요?"

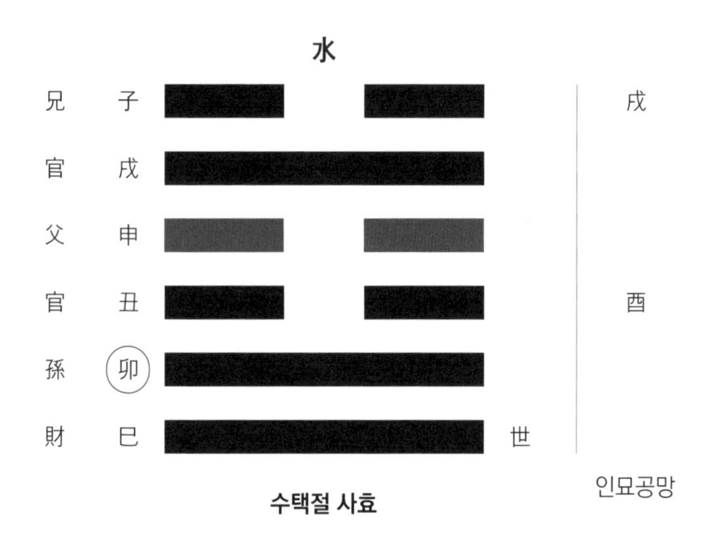


**수택절 사효**

60이 넘는, 유복하나 혼자 사는 할머니입니다. 돌봐줄 사람이 없어 지인이 낸 괘는 수택절 삼효.

저 관효는 형효 응을 바로 극하니 많이 고생합니다. 극도로 신약한 상태로 병을 감당할 힘이 없고, 수술 후에 예후도 안 좋습니다.

손효가 복신에 공망이니… 회복이 너무 더딥니다.

## 꿈 해몽/연락/날씨

꿈 해몽은 동효로만 읽습니다. 육효로 가장 난감한 괘이기도 합니다. 동효로 길흉만 읽기에 스토리를 만들기 어렵고, 각 효들을 유기적으로 꿈의 상징과 연관 짓기 어렵습니다. 동변효 뜻을 그대로 글자대로 통변합니다.

연락운은 고서에서는 직접 연락한다고 했으나, 실관의 경우 모든 연락 매체를 통해서 다 응했습니다. 연락이 없을 경우 5일 후 재점하라 했으나, 급한 것은 매일 재점해도 잘 맞았습니다.

날씨는 부효: 비/흐림
관효, 형효: 바람/번개/우뢰
재효, 손효: 맑음

매우 잘 맞는 점사입니다.

## A 꿈 해몽(수천수 사효) 유월/사일(자축공망)

꿈 해몽은 동효만 읽습니다.

"새벽에 흰 눈이 엄청 소복이 쌓인 눈길을 딸과 걷고 있었는데, 갑자기 산사태가 나서 앞쪽에 큰 도로가 무너져 내리는 것을 보고 냅다 뛰어 무너지는 길 끝 쪽을 잡고 간신히 올라와 살았습니다. 이게 무슨 꿈이죠?"

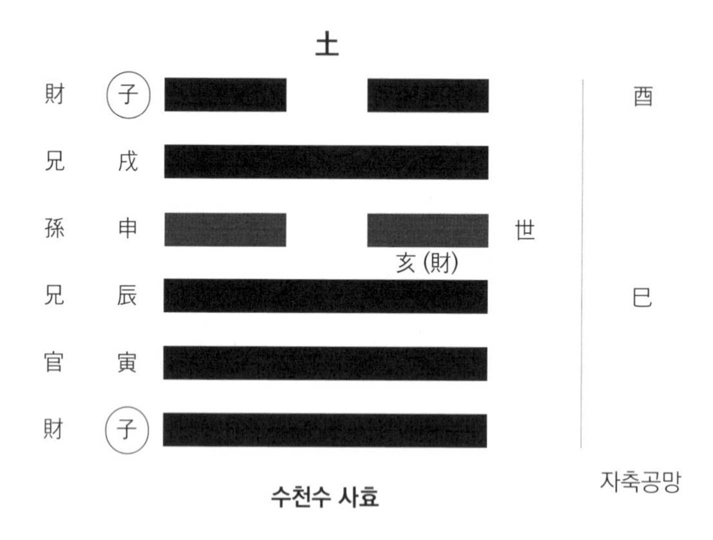


수천수 사효

세동으로 내가 열심히 일해서 돈 법니다. 현재 재공망이 2개 있는데 두 건 모두 안 나가는 부동산으로, 이 문제가 해결될 것으로 보입니다.

실제 두 땅을 모두 그해에 매매했습니다.

## B 과실주 걸러서 병에 담는 꿈(화풍정 삼효) 술월/미일(자축공망)

큰 유리병에 담가 놓은 오디 복분자술을 기분 좋게 걸러서 새 병에 담는 꿈입니다. 술 색깔이 예뻐서 좋은 꿈 같다고….

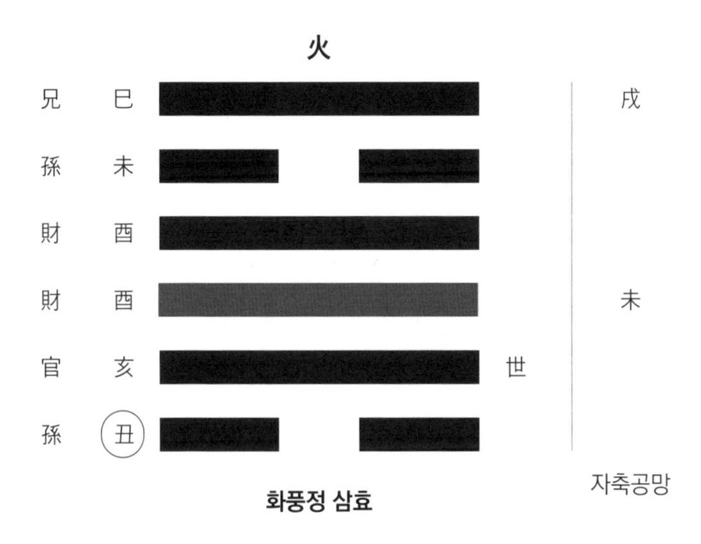

화풍정 삼효

손효와 재효가 크게 생 받는 꿈입니다. 대박 재수꿈입니다.

복권 추천!!

## C 김장하는 꿈(화수미제 상효) 신월/축일(진사공망)

"병환에 계신 고령의 엄마가 젊은 날의 모습으로 환하게 웃으며 김장 배추를 다듬는 꿈입니다. 이거 뭔가요?"

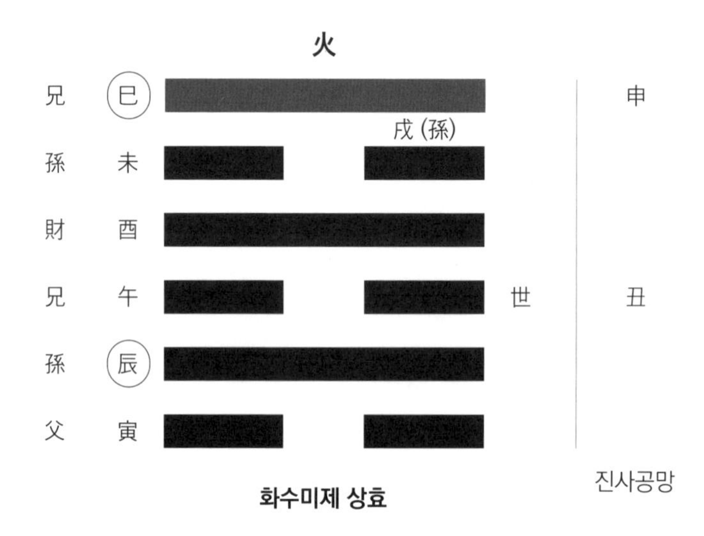


화수미제 상효

형변손이라 재수 꿈입니다. 큰돈 들어옵니다.

### D 해산물 도매상에서 조개를 종류별로 몇 킬로씩 일곱 가지를 사는 꿈

(이위화 초효) 신월/축일(진사공망)

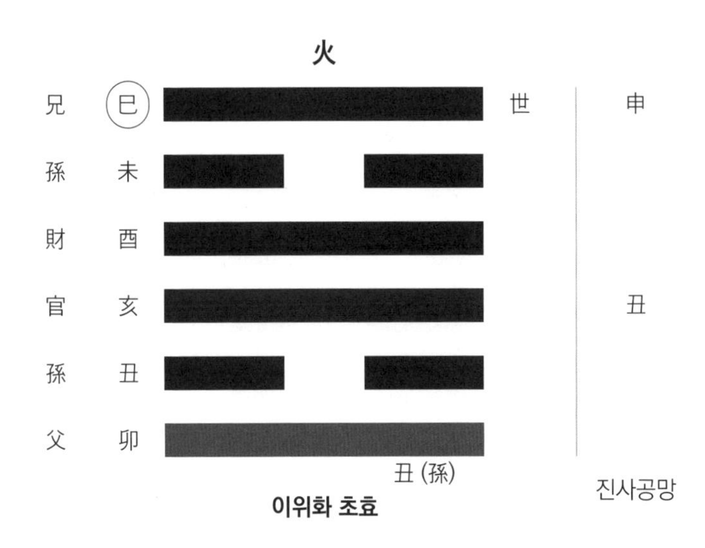


돈 준다고 연락 오는 꿈으로, 계약이 성사됨을 의미합니다.

## E 귀신이 드글드글한 꿈(뇌산소과 삼효) 술월/오일(인묘공망)

귀신인 것 같은데 계속 쫓아 다니면서 괴롭혀서, 나중엔 귀찮다고 소리 지르며 내쫓은 꿈입니다.

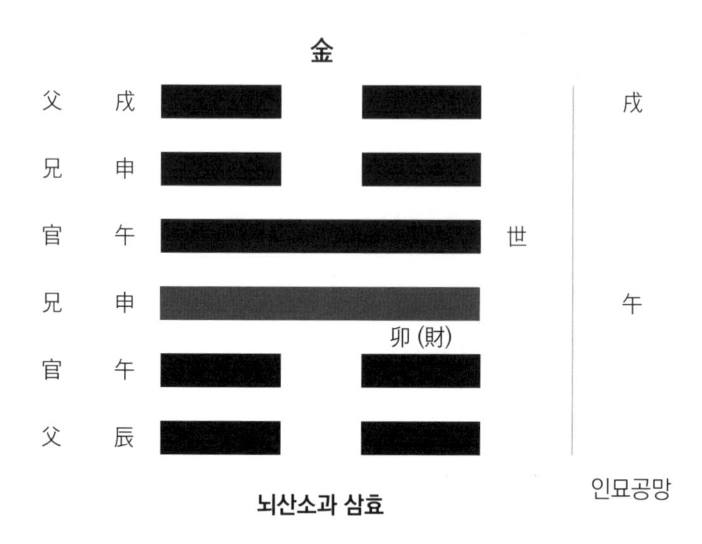


뇌산소과 삼효

이런, 형효동으로 돈 나가는 꿈입니다. 형변재이니 '돈이 좀 깎인다, 돈 나가고 들어온다.'로 통변합니다.

## F 좀비인지 뭔지(택수곤 삼효) 오월/사일(오미공망)

“애완견처럼 작은 개인지 뭔지 사람 얼굴을 하고 날카로운 이빨로 한 번 물면 마구 물어뜯는 놈에게 팔이며 다리며 뜯기다가 겨우 도망가고, 도망가고, 몇 번을 도망치다 깼어요.

남들에겐 멀쩡하고 나만 보면 덤벼드는 꿈입니다. 아, 진짜 기분 나빠요. 무슨 꿈일까요?”

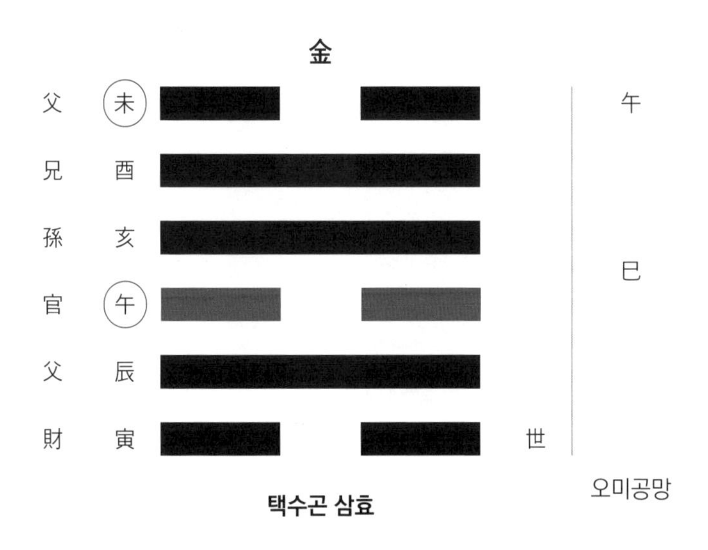

택수곤 삼효

다치거나 하는 것은 아니나 저 강한 관효는 결국 돈을 빼 갑니다. 빨리 꿈 팔고 와야 하는 분입니다.

### G 엘리베이터에 탔는데 공중으로 계속 올라가는 꿈(수천수 삼효) 오월/사일(신유공망)

"버튼을 눌러도 치솟아 올라가기만 합니다. 지붕 뚫고 푸른 하는 높이 높이…."

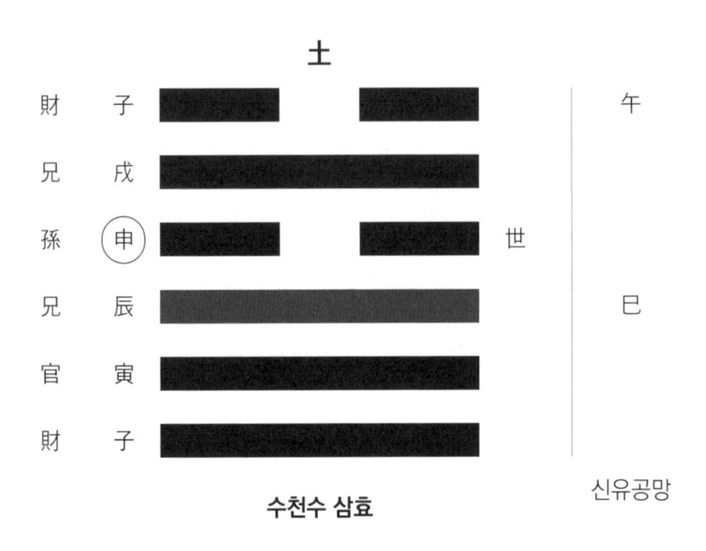

수천수 삼효

삼효는 형동, 돈 왕창 나갑니다!!

## H 재래식 화장실 똥 꿈(천수송 사효) 축월/신일(자축공망)

똥 꿈이 좋다고는 하는데, 자세한 내용은…. 뭐 아무튼 기분이 별로라서 문의한다고 합니다.

꿈의 뜻은?

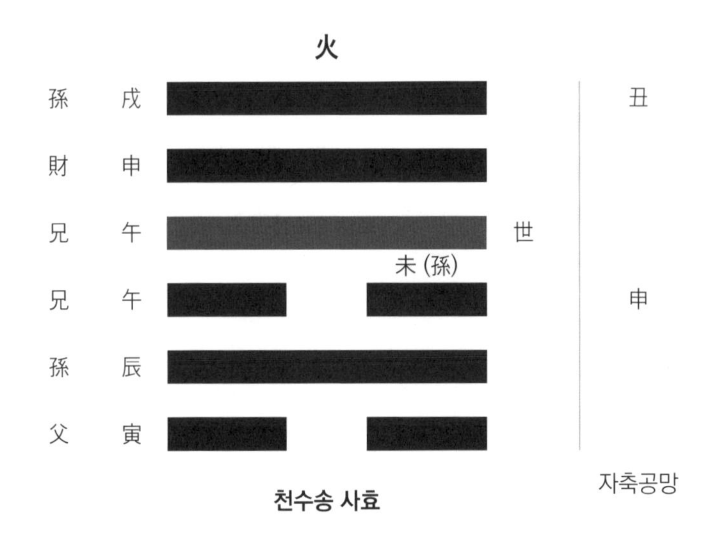


천수송 사효

형변손이라 엄청 좋은 재수 꿈입니다. 돈이 문 앞에 와 있습니다.

정작 본인은 "그런가??" 하셨지만 바로 꿈꾼 날 2건 계약 성사랍니다.

## I 사람들이 너무 많이 다니고 시끌벅적 너무 어수선한 꿈(화택규초효)

해월/해일(자축공망)

꿈을 거의 안 꾸는 분인데 거의 매일 꿈을 꾼다고 합니다.

"사람들이 잘 안 보이는데 이상하게 너무 많이 보이고, 일어나면 온몸이 찌뿌둥합니다. 무슨 꿈인가요?

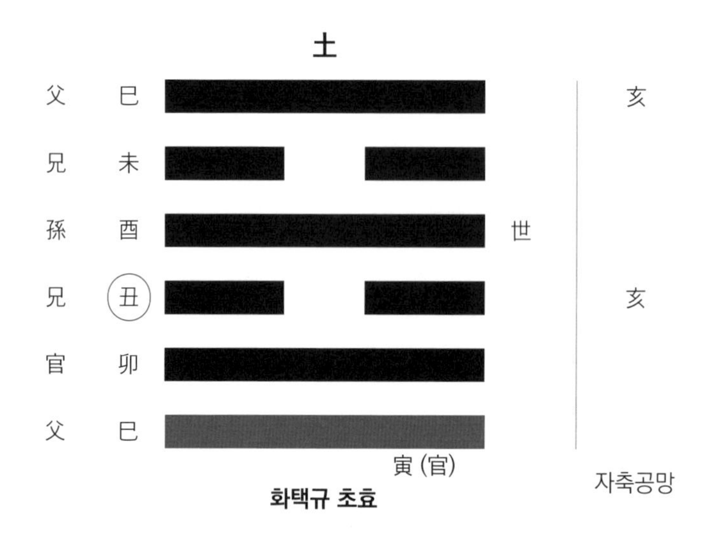

화택규 초효

이런, 무슨 조상님들이 저리 많은지? 재관이 투출되어야 좋은 소식인데 괘 하나에 변수도 너무 많습니다. 일단 조상님께 인사드려야 합니다. 힘없는 동효도 맞으면 힘드니까….

## J 남편과 같이 외출하는 꿈(손위풍 초효) 신월/오일(인묘공망)

"우리 부부는 같이 외출하는 경우가 별로 없습니다. 특히 잘 차려입고 나갈 경우는 없는데… 꿈에서 저는 아주 화려하게 갖춰 입고, 남편은 정장을 막 골라 입고 같이 기분 좋게 외출하는 꿈입니다. 이거 뭔가요?"

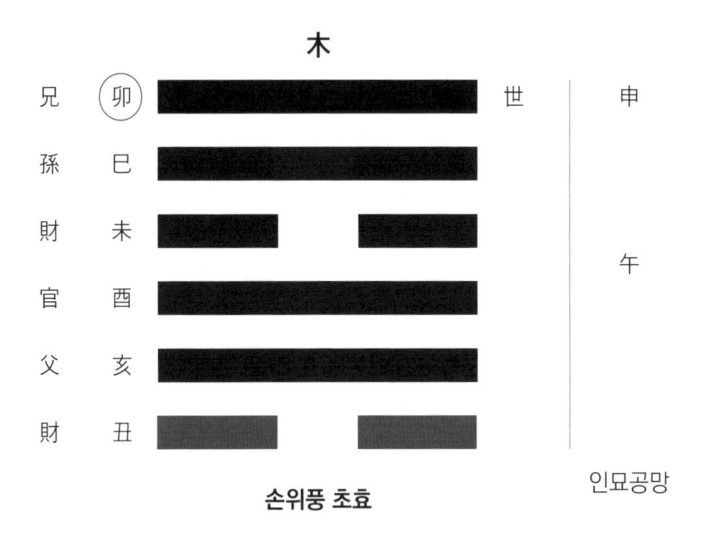

손위풍 초효

초효가 재동, 일진이 밀어주니 더할 나위 없이 좋습니다!!

끊임없이 돈도 생기고, 즐겁고… 이래도 좋고 저래도 좋고, 아주 좋은 꿈입니다.

### K 개털 속에 애벌레가 쓱…(뇌지예 오효) 묘월/자일(자축공망)

"개 세 마리가 집에 있는데 개털 속에서 벌레가 나와 윙윙 날아다녀요. 개털을 열어보니 노랗고 흰 애벌레가 우글우글 거리는 꿈입니다. 무슨 꿈인가요?"

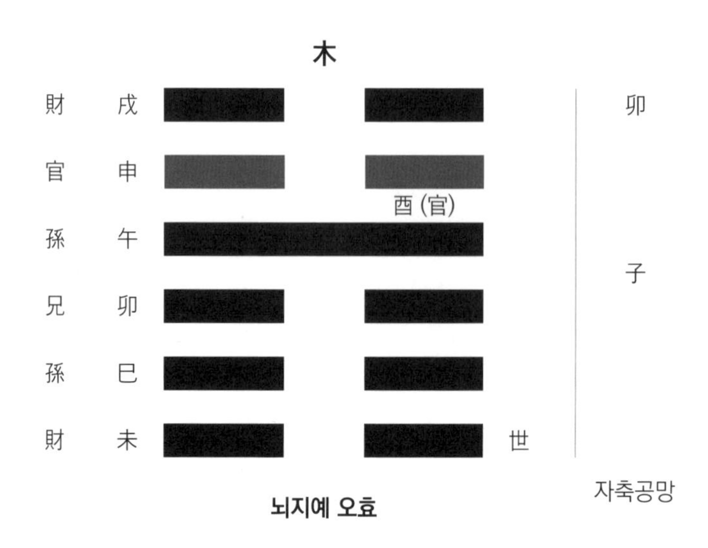


이런, 돈이 두 배로 나가고, 관재 구설… 무조건 꿈 파세요!!

## L 19금 연예인이 나오는 꿈(화수미제 오효) 자월/유일(오미공망)

오전 일찍 전화받은 내용입니다.

"나름 인지도 있는 연예인과 스릴 있는 밤을 보냈는데, 꿈이었네요. 사실 내 스타일은 아닌데 어쩌다 보니, 하하."

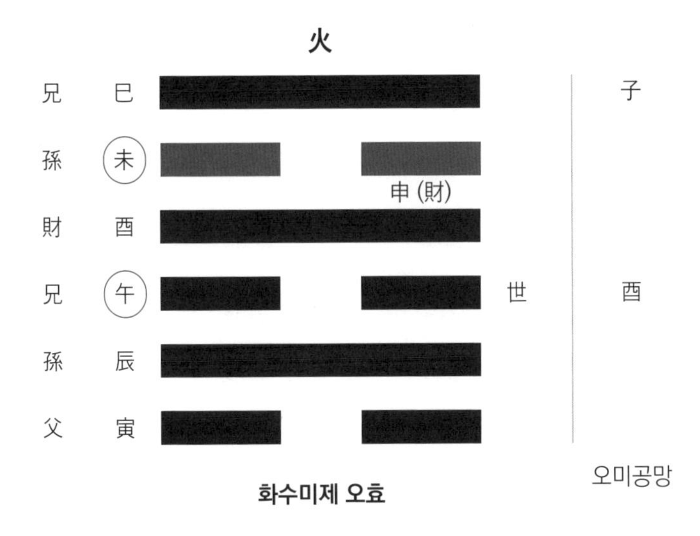


화수미제 오효

꿈에서도 좋고, 현실은 더 좋고, 왕성한 재물이 몰려오는 꿈입니다. 일진과 월이 왕성하게 밀어주는데 동변효도 재물이라⋯ 요즘 우리에게 꼭 필요한 꿈입니다.

## M 불상이 모셔져 있는 법당에서(천수송 사효) 유월/축일(신유공망)

"큰 요를 대각선으로 깔아놓고 자려고 하다가 깼습니다. 남편이 아는 스님이 새로 절을 짓는다고 해서 따라갔는데, 산속이 아니고 큰 고가도로 옆에 30층짜리 모텔 건물이었습니다. 안에 들어가 보니 법당이 여러 개이고, 각 법당에 다른 부처님들도 많고 이 건물을 개조해서 절로 쓸 거라고 합니다.

대웅전 같은 법당에 안이 꽉 차도록 큰 부처님이 세 분 계셨고, 저는 여기저기 구경 다니다가 웬 노보살이 자고 가라며 이부자리를 법당 안으로 주고 갔습니다. 아주 두꺼운 솜으로 만든 요와 이불, 이거 무슨 꿈인가요?"

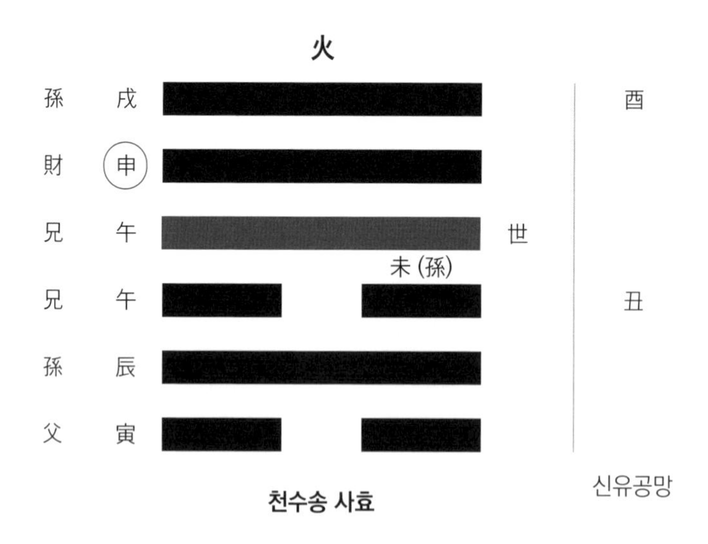


아마 부처님이 큰 재물을 주려고 보이셨나봅니다. 횡재수 대박 꿈!

### N 큰 개미 2마리가 졸졸 따라 다녀서 확~ 죽인 꿈(택지췌 사효) 신월/유일(진사공망)

"무슨 꿈일까요?"

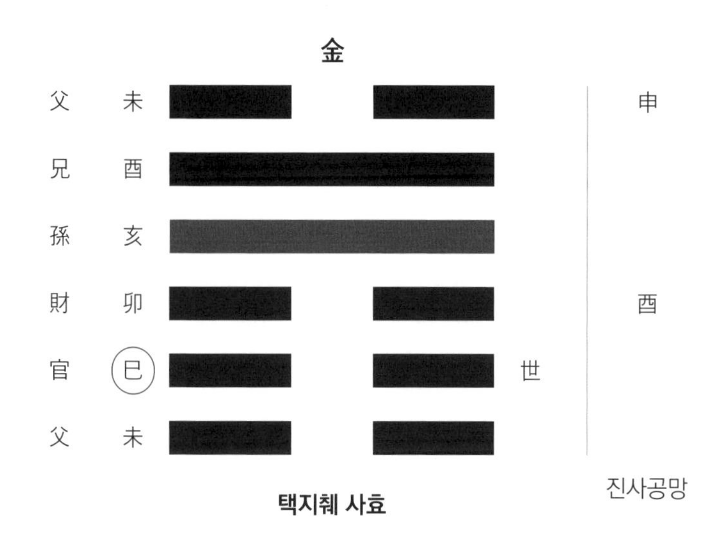


택지췌 사효

근심이 해소되고, 돈 주는 꿈입니다.

"아하, 기분 좋은데요?? 답답한 게 확 내려갑니다."라고 문점자가 크게 웃은 것이 기억나는 점사입니다.

## O 속눈썹이 길어지는 꿈(수천수 사효) 신월/오일(진사공망)

"거울을 보는데 속눈썹이 길어져서 제 눈이 깊고 선명하게 보이는 꿈입니다. 보통 일반적 꿈 풀이로는 좋은 꿈 같은데, 무슨 뜻인가요?"

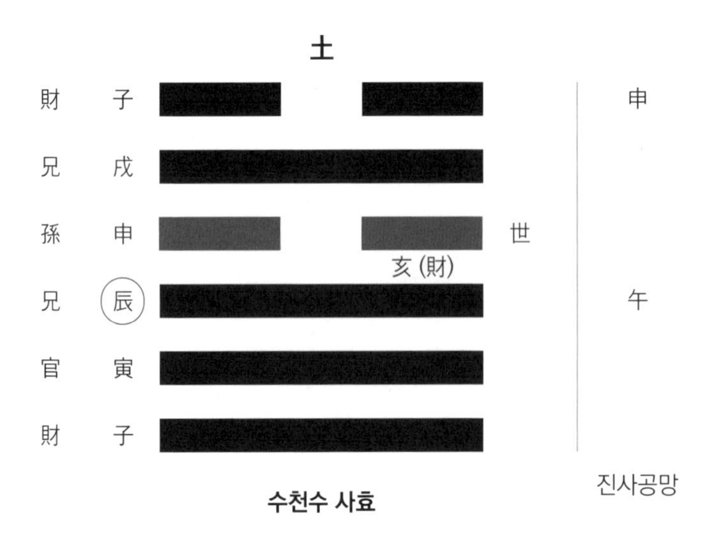

수천수 사효

길몽!! 우리 선조들은 재물꿈을 특히 길몽이라고 했는데, 재수없다는 말은 재를 뜻하는 숫자가 없다는 말로, 육효점에서 그 말의 기원을 찾을 수 있습니다.

## P 지인들이 시체가 되어 관 속에 즐비하게 누워서 화장을 기다리는 꿈
**(풍천소축 삼효) 묘월/진일(술해공망)**

멀쩡한 사람이 갑자기 죽더니 관속에 누워 화장을 기다리고, 그런 관들이 주욱 늘어져 놓여 있는데 본인은 그 관들 사이에서 멍청하게 서 있다가 깨었답니다. 무슨 꿈일까요?

**풍천소축 삼효**

일진이 왕하게 밀어주고 재효가 동하니 큰돈이 오는 꿈입니다.
이달 내내 일이 없어 울상인 분인데, 대 길몽!!

## Q 소변 보는 꿈(산화비 오효) 신월/자일(오미공망)

"분명히 크고 좋은 건물의 화장실에서 오줌을 쌌는데, 바닥과 변기 속에 나뭇잎들이 떠다니고 슬쩍 보니 남자들 세 명이 내가 볼 일 보는 것을 히히덕거리며 보고 있었어요.

중간에 일어서서 나오지도 못하고, 기분이 완전 별로였습니다. 무슨 꿈일까요?"

보통 대변 꿈은 재물인데….

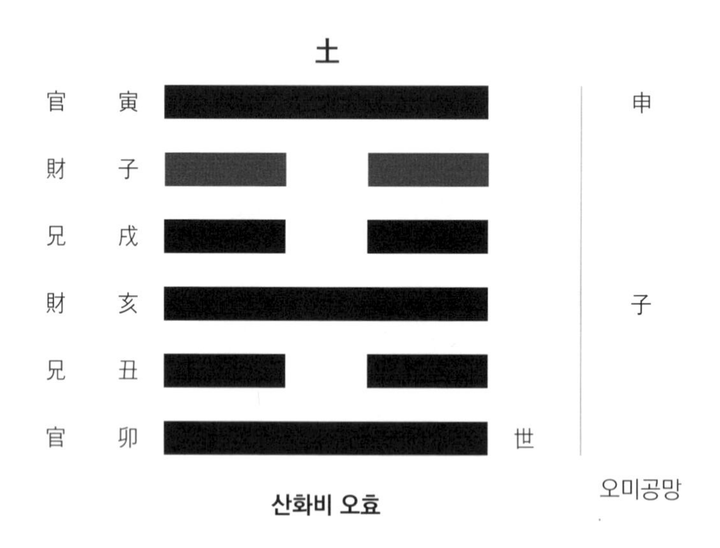


산화비 오효

재동에 재일진이라, 쭉 돈 들어옵니다!!

**R 군대 간 아이가 원인 모르는 병에 걸려 병원에서 진료 받는 꿈, 무슨 꿈인가요?(풍수환 사효) 미월/유일(자축공망)**

아침 일찍 가슴이 철렁 내려앉는다며 무슨 꿈인지를 물었습니다.

꿈 내용이 병원에서 한참 진료를 받는데 무슨 다 큰 아이가 왜소증이라며 남들보다 작은 병이라니, 꿈속에서도 무슨 소린지 어이상실입니다. 바로 친구들 모임에 가서 신세한탄을 하다 깼다고 합니다.

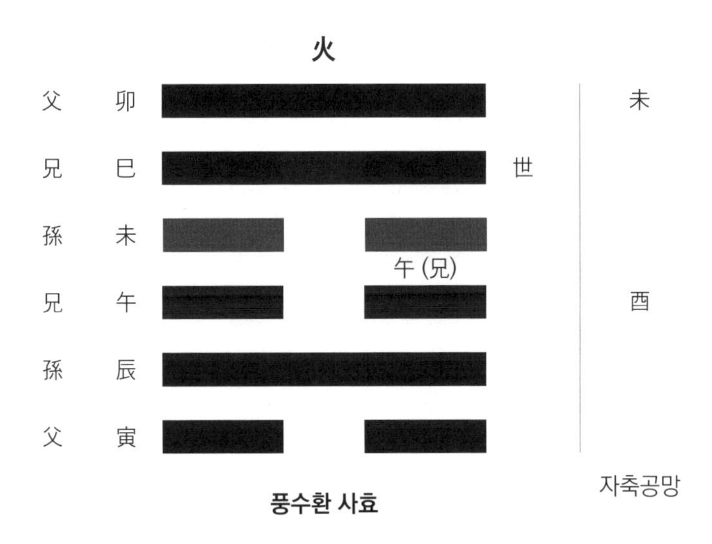

풍수환 사효

심란하나 무탈하고 좋은 꿈!!

**S 벌레가 발뒤꿈치를 파먹어서 한쪽이 잘려나가고 발이 고름과 피범벅이 되는 꿈을 꿨습니다.(산천대축 오효) 오월/해일(진사공망)**

"너무 끔찍해서 며칠이 지난 지금까지도 밥맛이 뚝 떨어졌어요. 하도 생생해서 지금까지 소름끼쳐요… 무슨 꿈인지 점쳐 주세요~"

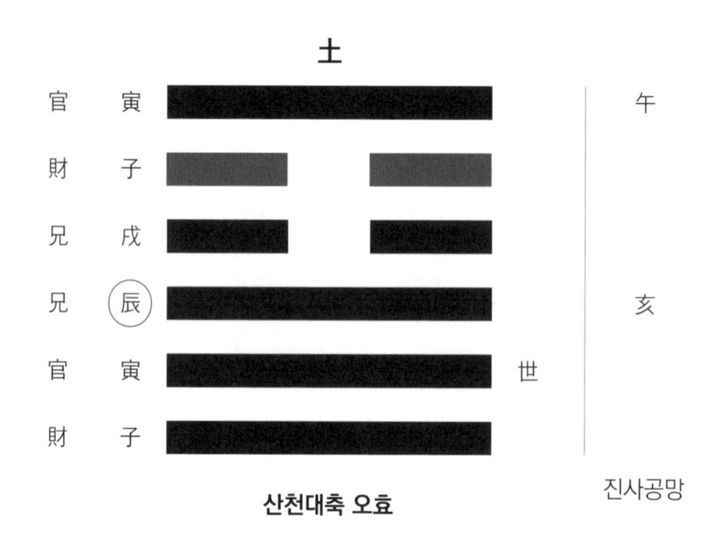


재동! 즐겁고 돈 생깁니다.

**T 다이어트 주사 효과 있을까요?(뇌화풍 사효) 미월/해일(신유공망)**

"6년 동안 계속 몸무게가 증가하고 있고 이제는 과체중 단계는 지났다고 합니다. 배고픔을 참기 어렵고 식욕은 왕성, 소화는 돌도 씹어 먹을 나이입니다. 대한민국에서 여성으로 사는 것은 참 힘든 일입니다. 요즘 좋다는 삭센다 주사 맞으려고 하는데 효과 있을까요?"

살을 병으로 보아 용신을 손으로 봤습니다. 워낙 예민한 성격에 피부 트러블이 많아서 혹시 부작용이 더 큰 건 아닌지?

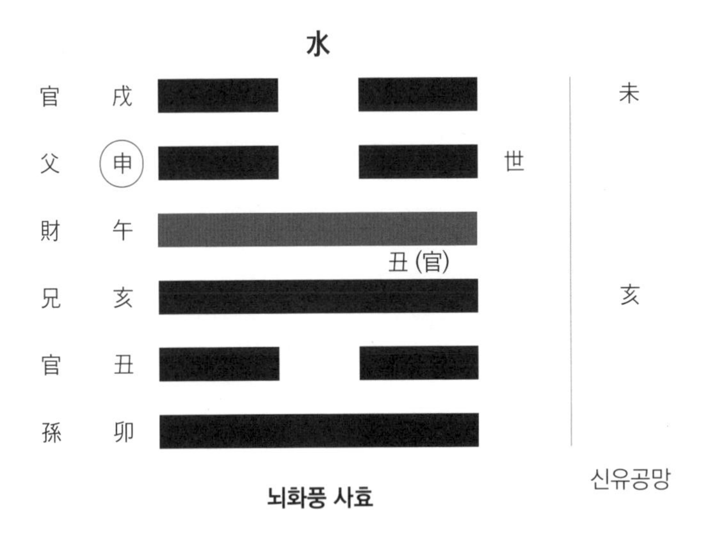


뇌화풍 사효

손이 동하니 살은 빠지나 내가 좀 힘들어집니다. 하지만 세가 왕하니 본인이 버텨냅니다. 하지만 부작용이 예상됩니다.

이 점사는 7월의 점사로, 현재 주사를 맞는 중입니다. 효과는 대단한데 주삿바늘 자리가 간지러워 고생하고 있답니다.

## U 노산인데 무탈할까요?(산천대축 초효) 자월/인일(오미공망)

41세의 산모가 다음 달 출산인데 무사히 자연분만 가능할지 물은 괘입니다.

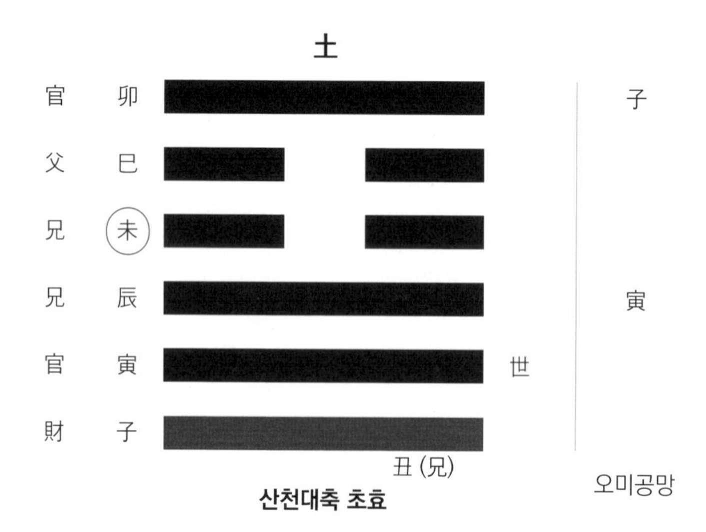


**산천대축 초효**

동효에 극 받지 말자!! 세효도 손효도, 손은 복신이라 안전하고 월에 생을 받으니 건강합니다.

자연분만이라면 진이 깨지는 술일이나, 치 되는 신일, 합 되는 유일에 출산합니다.

## V 내기에 이길까요?(산지박 오효) 술월/진일(신유공망)

내기에 이기려면 '세가 응을 극한다, 아니면 을이 세를 생해 준다, 동효가 응을 극한다'가 이기는 공식입니다.

"처음으로 프로선수와 필드에 나가는데 창피당하는 것은 아닌지,
같이 가는 ○○○와 내기할 건데 이길 수 있나요?"

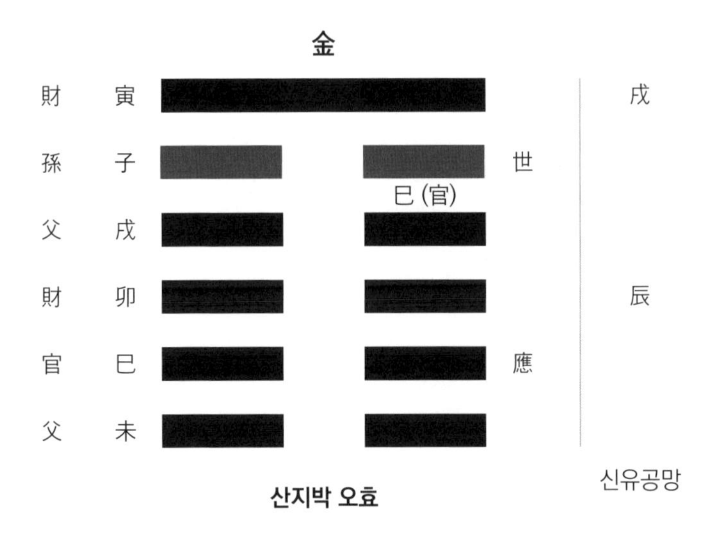


산지박 오효

세효가 수극화 하다가 사화로 변하니, 처음에는 우세하나 결국 비깁니다!!

## W 귀 뚫어도 괜찮을까요?(뇌택귀매 사효) 해월/자일(인묘공망)

오늘의 점사는 꼭 귀를 뚫고 싶은데, 몇 년 전에 귀를 뚫고 난 후유증으로 근 1년 동안 염증 치료를 다닌 여학생의 점사입니다.

의사의 간곡한 권유로 귀걸이를 뺐습니다.

초등 2학년 때의 트라우마가 깊게 남아 부모님도 귀 뚫는 것은 안 해주고 싶은데, 저리 막무가내로 고집을 부린다고 합니다.

그때 본 점사는 '10월 이후에 하면 무탈하다.'였는데, 지금은 한 달이 더 지난 상태입니다.

며칠 전 이 여학생이 뚫은 상처도 다 아물었고 귀걸이도 익숙해져 있는데, 밤에 자꾸 뒤척이다 깬다며 오늘만 빼고 자도 안 막히는지 봤습니다.

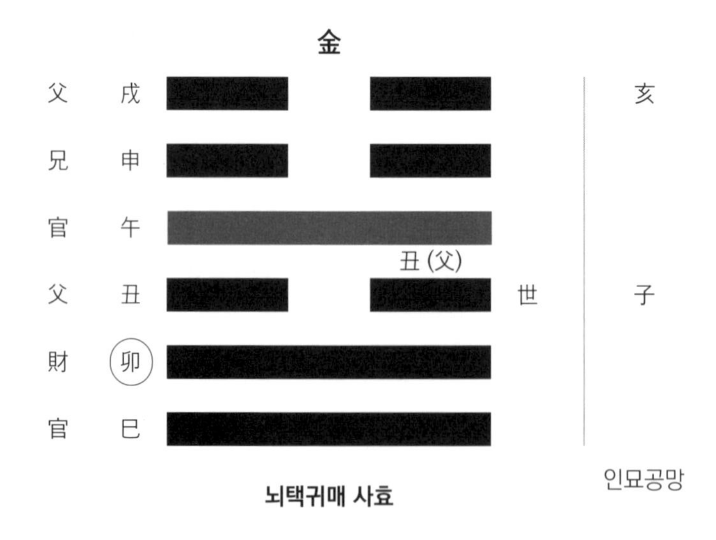


뇌택귀매 사효

동효에 극 받지 말자! 무탈합니다.

## X 제주도 가족여행 갈 건데…(산수몽 이효) 술월/술일(인묘공망)

“이런 것도 점을 보나요?”

“네~ 당연히 봅니다.”

온 가족 모두 바쁜 일정 맞춰 가는 귀한 시간인데, 비용도 상당하고 잘못하다간 여행 가서 가족 싸움으로 가출하는 아이들도 있습니다.

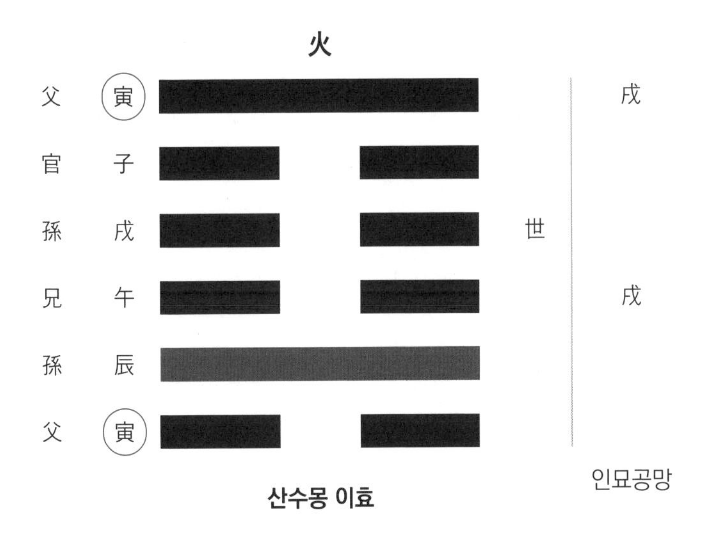

산수몽 이효

저 왕하게 동하는 손효가 보이시죠? 아이들도 너무 행복하고 즐겁게 보내고 온답니다. 완전 재미있는 가족여행입니다.

# 신비육효

1판 1쇄 발행 2023년 6월 5일

지은이 별주부 선생님

교정 신선미 편집 유별리 마케팅·지원 김혜지

펴낸곳 (주)하움출판사 펴낸이 문현광

이메일 haum1000@naver.com 홈페이지 haum.kr
블로그 blog.naver.com/haum1000 인스타 @haum1007

ISBN 979-11-6440-300-4(03180)

좋은 책을 만들겠습니다.
하움출판사는 독자 여러분의 의견에 항상 귀 기울이고 있습니다.
파본은 구입처에서 교환해 드립니다.